Josh Kelley

Voll Jesus. Null Druck.

Glauben ohne schlechtes Gewissen

Deutsch von Renate Hübsch

BRUNNEN
Verlag GmbH · Giessen

© der deutschen Ausgabe: 2016 Brunnen Verlag Gießen
Lektorat: Konstanze von der Pahlen
Umschlaggestaltung: Jonathan Maul
Umschlagillustration: shutterstock
Satz: Uhl + Massopust, Aalen
Druck: Hubert & Co., Göttingen
ISBN Buch 978-3-7655-2067-9
ISBN E-Book 978-3-7655-7657-3

www.brunnen-verlag.de

Den beiden Menschen, denen dieses Buch vor allem zu verdanken ist:

Marilyn Kelley – meiner Teampartnerin in jeder Hinsicht:
von Kindererziehung über die Arbeit in der Gemeinde
bis hin zum Schreiben dieses Buches.

Bruder Jack, C. S. Lewis – über dich möchte ich sagen, was du einmal
über George MacDonald gesagt hast: „Ich habe nie die Tatsache
verschwiegen, dass ich ihn als meinen Meister betrachtet habe;
ja, ich glaube sogar, dass ich niemals etwas geschrieben habe,
worin ich ihn nicht zitiere."

Inhalt

Bevor es losgeht

Ich habe dieses Buch in der Annahme geschrieben, dass die meisten meiner Leser Christen sind und sich in der Welt des evangelikalen Christentums auskennen. Wenn das auf dich nicht zutrifft, freue ich mich trotzdem, dass du dieses Buch liest. Vielleicht hilft es dir, den christlichen Glauben in einem neuen Licht zu sehen. Zugleich bitte ich um Verständnis, wenn manche Bezüge vielleicht nicht sofort verständlich sind.

Alle Geschichten in diesem Buch sind wahr und so wiedergegeben, wie ich mich daran erinnere. Manchmal habe ich unwesentliche Details verändert, um die Identität von einzelnen Personen unkenntlich zu machen.

Meine Geschichten können vielleicht den Eindruck vermitteln, dass ich in einer gesetzlichen Gemeinde oder einer sehr strengen Familie aufgewachsen bin. Nichts könnte weiter von der Wahrheit entfernt sein. Ich bin in einer liebevollen Familie groß geworden und war in einer großartigen Gemeinde zu Hause. Beide hatten ihre Eigenheiten, aber ich hätte mir kein besseres Elternhaus oder keine bessere Heimatgemeinde wünschen können. Die Selbstgerechtigkeit, mit der ich gelegentlich zu kämpfen habe, kommt allein aus meinem eigenen Herzen.

Und schließlich: Dieses Buch ist keine Reaktion auf ein anderes Buch oder einen anderen Autor. Vielmehr habe ich es geschrieben, um eine Reihe von Ideen und Praktiken zu korrigieren, die zum Teil schon seit den Anfängen des Christentums in der Christenheit kursieren. Aus diesem Grund – und weil mir die Kirche, der Leib Christi, teuer ist – vermeide ich es, bestimmte Bücher oder Autoren zu erwähnen, deren Meinung ich nicht teile. Falls du aber neugierig bist, auf wen ich mich beziehe, bin ich sicher, dass du es mit ein wenig Mühe und Recherche herausfinden wirst.

Man sollte nicht versuchen, spiritueller zu sein als Gott. Gott hat sich den Menschen nie als rein spirituelles Wesen gedacht. Deswegen benutzt er materielle Dinge wie Brot und Wein, um das neue Leben in uns hineinzulegen. Mag sein, dass wir das eher plump und ungeistlich finden. Gott tut das nicht: Er hat das Essen erfunden. Er mag die Materie. Er hat sie gemacht.

C. S. Lewis, Pardon, ich bin Christ[1]

Zwischen übertriebenem und lauwarmem Glauben

Starbucks ist für mich nicht einfach irgendein Café. Die meisten meiner Jobmeetings finden bei Starbucks statt und auch meine Predigten schreibe ich dort. Zu Starbucks entführe ich meine Töchter, wenn wir unsere monatlichen Vater-Tochter-Dates machen. Und auch jetzt, während ich dies schreibe, sitze ich in einem Starbucks-Café. Aber noch im Frühjahr 2011 ahnte ich nicht, was für eine wichtige Rolle Starbucks in meinem Leben einmal spielen würde.

Ich war der jüngste Pastor im Gemeindeteam in einer der größten Gemeinden im Bezirk Skagit Valley (etwa eine Stunde nördlich von Seattle). Als ich dann die Leitung einer kleineren Gemeinde in der Gegend übernahm, hatte ich viele Träume, was ich alles auf die Beine stellen wollte. In den ersten dreieinhalb Jahren schaffte es meine Gemeinde von etwa 100 Gottesdienstbesuchern auf sage und schreibe 75 ... – na gut, nicht gerade etwas, womit man bei Pastorenkonferenzen angeben kann.

Dieses Buch erzählt, welche Einsichten Gott mir in den darauffolgenden 18 Monaten durch Starbucks zukommen ließ. Zugleich ist es ein Buch, wie ich es als Jugendlicher gern selbst zur Verfügung gehabt hätte. Die Bücher, die ich damals gelesen habe, schienen alle nur eines nahezulegen: Wenn du Gott von ganzem Herzen folgen willst, musst du damit rechnen, dass du dieses Leben nicht besonders genießen wirst.

Aber das Gegenteil ist der Fall. Dieses Buch erzählt davon, wie ich das entdeckt habe.

Extreme

Ich muss ungefähr zehn gewesen sein. Unsere Familie besuchte die Bibelgruppe der Gemeinde und diesmal waren wir etwas früh dran. Arnie, unser Pastor, saß noch vor dem Fernseher, in dem ein Fußballmatch lief. Die Dinge schienen für sein Team nicht gut zu stehen, denn er war ein bisschen knurrig, und gelegentlich stieß er Sätze aus wie: „Ich glaub's nicht! Na, los doch! Bist du blind, Mann?"

Dass ich unseren Pastor beim Fußballgucken erwischt hatte, beunruhigte mich irgendwie. Ich wusste allerdings nicht genau, warum. Es war schließlich nichts Unrechtes am Fernsehen (ich guckte mir jeden Morgen vor der Schule die neueste Episode von *Star Blazers* an). Und Fußball war auch nicht verboten (meine Mum ist ein großer Fußballfan). Aber es kam mir wohl irgendwie nicht spirituell genug vor. In meiner Zehnjährigenlogik schien klar, dass ein Pastor sich mit nichts anderem beschäftigte als mit hochgeistlichen Dingen.

Viele Christen plagt eine unbestimmte, tief verwurzelte Angst, dass wir uns entscheiden müssen: Wollen wir radikale Christen sein, die nicht nach Spaß im Leben Ausschau halten, oder halbherzige, selbstzufriedene Christen, die das Leben nach allen Regeln der Kunst genießen? Wir haben das Gefühl, es gäbe nur diese beiden Möglichkeiten. Sollten wir das Fußballspielen aufgeben, unseren gesamten Besitz verkaufen und als Missionare nach Indien gehen? Oder sollen wir uns ein nettes Häuschen bauen und auf der Beliebtheits- und der Karriereleiter

> Aber trotzdem verfolgt uns das Gefühl, Gott wäre irgendwie glücklicher, wenn wir unsere Bibel lesen, als wenn wir Fußball gucken.

nach oben klettern? Wir wissen zwar, dass das nicht wirklich Alternativen sind. Aber trotzdem verfolgt uns das Gefühl, Gott wäre irgendwie glücklicher, wenn wir unsere Bibel lesen, als wenn wir Fußball gucken. Ich frage mich, wie viele Christen wohl nur deshalb so lauwarm bleiben, weil sie Angst haben, Feuer und Flamme für Gott zu sein würde sie unglücklich machen.

Auf unserer christlichen Lebensreise hören wir dann Predigten oder lesen Bücher, die uns vor der gefährlichen Klippe der Halbherzigkeit warnen. Und das aus gutem Grund: Die Ablenkungen, die das Leben zu bieten hat, ziehen uns in der Tat von Gott fort. Aber mir wird mehr und mehr deutlich, dass es auf der anderen Seite des Weges ebenfalls eine gefährliche Klippe gibt. Diese Klippe nennt man Fanatismus oder Radikalismus. Radikalismus ist der Versuch, sich den Anschein zu geben, man sei ein wirklich tadelloser Christ. Die Liebe zu Jesus geht dabei ganz verloren.

Das Leben, das Gott für uns im Sinn hat, findet sich weder im einen noch im anderen Extrem. Ganzheitliche Hingabe an Gott bedeutet radikalen Gehorsam, der sich in den überraschend normalen Gegebenheiten unseres Lebens bewährt und uns Freude schenkt. Deshalb habe ich den Ausdruck „radikal normal" geprägt. Es ist die biblische Kunst, sich voll und ganz auf das Leben hier einzulassen, während man sich zugleich auf das Leben danach ausrichtet.

> Ganzheitliche Hingabe an Gott bedeutet radikalen Gehorsam, der sich in den überraschend normalen Gegebenheiten unseres Lebens bewährt und uns Freude schenkt.

Das Problem mit der Halbherzigkeit

Marilyn, meine Frau, ist in einer konturlosen, verschwommenen Welt aufgewachsen. Sie war so kurzsichtig, dass sie die Schultafel nicht lesen konnte, worunter natürlich ihre schulischen Leistungen litten. Sie wusste aber nicht, dass sie kurzsichtig war – sie dachte, die Welt müsse so verschwommen aussehen. Mit sieben bekam Marilyn endlich ihre erste Brille. Es war, als öffnete sich der Himmel und ließe sein Licht auf die Erde scheinen. Bis zu diesem Moment hatte sie nicht gewusst, dass Bäume voller einzelner Blätter hingen oder dass die Lehrerin tatsächlich lesbare, verständliche Worte an die Tafel schrieb.

Mir scheint, die meisten Christen sind geistlich genauso kurzsichtig. Das, was direkt vor uns steht – Essen und Trinken, Beziehungen, Kleidung, Bücher, Arbeit, Urlaub –, sehen wir kristallklar. Verschwommen und verzerrt erscheinen uns dagegen häufig Gebet, Gottesdienst, Andacht, Gerechtigkeit, der Himmel und Gott selbst. Das ist nicht zwangsläufig unser eigener Fehler, so wie Marilyns Kurzsichtigkeit nicht ihr Fehler war. Es ist einfach der Tatsache geschuldet, dass wir irdische Geschöpfe aus Fleisch und Blut sind. Aber wie wollen wir auf unsere Kurzsichtigkeit reagieren? Halbherzige, selbstzufriedene Christen finden sich einfach damit ab. Sie konzentrieren sich darauf, was direkt vor ihrer Nase liegt, und halten sich die unsichtbaren Wirklichkeiten vom Leib, sozusagen in einer Grauzone.

Das Problem mit einem halbherzigen Glauben ist seine Mittelmäßigkeit. Der Film *Good Will Hunting* erzählt die Geschichte von Will, einem genial begabten Mann vom Format eines Einstein, der anscheinend damit zufrieden ist, sich mit Hilfsarbeiterjobs durchs Leben zu schlagen. Als seine Vergangenheit ihn einholt, muss Will sich dafür entscheiden, etwas aus seinem Potenzial zu machen. Es gibt eine Szene, in der Will seinem besten Freund Chuckie erzählt, er werde einen Job als Straßenarbeiter annehmen und den Rest seines Lebens damit verbringen, sich Footballspiele anzuschauen. Daraufhin antwortet Chuckie:

Hör zu, du bist mein bester Freund, versteh das also nicht falsch. Wenn du in zwanzig Jahren immer noch hier rumhängst, immer noch zu mir rüberkommst, um Football zu gucken, immer noch beim Straßenbau arbeitest – dann bring ich dich um. Kapiert? Und das ist keine leere Drohung. Das meine ich total ernst. Ich bring dich um.

Chuckie weiß, dass Will sich mit viel zu wenig zufriedengibt. Jeder Tag, den Will beim Straßenbau verbringt, ist ein verschwendeter Tag. Genauso geht es mir im Blick auf einen lauen, halbherzigen und selbstbezogenen Glauben. Es ist nicht so, dass Halbherzigkeit an sich sündhaft ist oder zu weltlich, aber sie ist zu langweilig, zu sinnlos, zu klein. Sie sorgt dafür, dass wir weit hinter dem zurückbleiben, wofür wir geschaffen sind. Mein Lieblingsautor, C. S. Lewis, hat das so beschrieben:

Wir sind halbherzige Geschöpfe, die sich mit Alkohol, Sex und Karriere zufriedengeben, wo uns unendliche Freude angeboten wird – wie ein unwissendes Kind, das weiter im Elendsviertel seine Schlammkuchen backen will, weil es sich nicht vorstellen kann, was eine Einladung zu Ferien an der See bedeutet. Wir geben uns viel zu schnell zufrieden.[2]

Ich habe genügend lauwarme, halb entschlossene, selbstbezogene und kurzsichtige Christen kennengelernt. Sie geben ihr Geld für Dinge aus, die einen schnellen Kick versprechen; sie arbeiten härter für die Anerkennung von Menschen als für die Anerkennung von Gott; sie verlassen ihre Ehepartner, wenn es in der Ehe schwierig wird, und das Leben außerhalb ihrer eigenen kleinen Welt kümmert sie wenig. Wenn ich solche selbstzufriedenen Christen beobachte, empfinde ich keine Empörung; ich empfinde Mitleid. Sie geben sich viel zu schnell zufrieden.

Übertriebene Radikalität

Um einen solchen halbherzigen Glauben zu korrigieren, bieten nicht wenige Pastoren und christliche Autoren ein Heilmittel an: radikalen Glauben. Ihre Botschaft lautet: „Kümmert euch nicht so viel um die Dinge dieses Lebens!" Ihr Heilmittel gegen die Kurzsichtigkeit ist Weitsichtigkeit. Übertrieben radikale Christen sagen nicht, dass irdischer Besitz böse ist. Aber sie deuten an: Je mehr du dich auf Gott konzentrierst, umso mehr sollte dieses Leben hier in den Hintergrund treten.

Solche Leute erinnern mich an eine sehr fromme Lehrerin, die ich kannte. Sie konnte wirklich sehr schlecht sehen, aber sie glaubte, Gott habe ihr gesagt, sie solle keine Brille tragen. Ich glaube, dahinter stand die Vorstellung, ihr Vertrauen auf Gott würde wachsen, wenn sie ihre Brille zu Hause ließe. Ich will mich nicht dazu äußern, ob sie Gott richtig verstanden hat – das ist nicht meine Angelegenheit. Was ich aber weiß, ist: Sie klagte oft über Kopfschmerzen – und sie sah ein wenig seltsam aus. Weil sie ständig ihre Augen zusammenkneifen musste, hatte sie etwas von einem Maulwurf an sich.

Übertrieben radikale Christen sagen vielleicht, wir anderen seien kurzsichtig und unfähig, Gott klar zu sehen, weil wir die Augen nicht genug zusammenkneifen. Wir spenden nicht genug, wir arbeiten nicht genug in der Gemeinde, wir beten nicht genug, wir setzen uns nicht genug ein. Vielleicht raten sie uns, die schönen Dinge des Lebens zu verachten, die Welt zu hassen und aufzuhören, uns nur mit irdischen Dingen zu beschäftigen. Und wenn wir das alles geschafft haben, *dann* wird das unsere geistliche Sicht schärfen. *Dann* werden wir einen vierstündigen Gottesdienst mehr genießen als einen Kinobesuch. *Dann* wird es uns wirklich glücklich machen, unseren ganzen Besitz zu verkaufen und nach Indien zu gehen.

Viele, die die Botschaft dieser Christen hören, bekommen Schuldgefühle, dass sie nicht genug tun, um sich allein auf Gott zu konzentrieren. Sie fragen sich, ob irgendetwas mit ihnen nicht stimmt. Aber das Problem löst sich nicht dadurch, dass sie versuchen, diesem Rat zu folgen – das führt nur dazu, dass sie am Ende ebenso seltsam und unzugänglich aussehen wie die blinzelnde Lehrerin mit dem Maulwurfsgesicht.

Allzu viele Christen plagen sich mit einer schweren Last ab: Sie versuchen, es „gut genug" zu machen. Sie sind so damit beschäftigt, im Glauben gut zu sein, dass sie das Gute verpassen, das Gott ihnen im ganz alltäglichen Leben schenkt. Wie verängstigte Kinder weigern sie sich, am Strand zu spielen, weil sie glauben, ihr Vater habe sie lieber, wenn sie stattdessen die Spülmaschine ausräumen.

Schlimmer noch ist es, wenn Christen unter der Last der geistlichen Weitsichtigkeit zusammenbrechen und sich völlig von Gott abwenden. Wie wir noch sehen werden, lehrt die Bibel, dass Gott uns für die Freude geschaffen hat – nicht erst für die Freude irgendwann einmal in der Ewigkeit, sondern bereits hier und jetzt. Die Gegenwart ist das, worum es geht. Wer glaubt, dass er bei Gott keine Freude finden kann, wird versuchen, sie woanders – ohne ihn zu finden. Oder er wird seine Sehnsucht nach Freude unterdrücken und seine Seele wird verkümmern. Auch deshalb gibt es so viele verwelkte, sauertöpfisch wirkende Christen.

> Wer glaubt, dass er bei Gott keine Freude finden kann, wird versuchen, sie woanders – ohne ihn zu finden.

Ich frage mich gelegentlich, ob manche Atheisten vielleicht einmal zwanghafte Christen gewesen sind, die hofften, ihr freudloser Glaube sei nicht wahr. Das ist im Wesentlichen die Geschichte von C. S. Lewis. Als junger Mann, lange bevor er Gott aus rationalen Gründen ablehnte, wollte er einfach frei sein von dem freudlosen Glauben seiner Kindheit. Was ihn schließlich zu Gott zurückbrachte, war die Freude.[3]

Kennst du Menschen, die sich von Gott abgewandt haben, weil sie in der Kirche oder Gemeinde nicht glücklich werden konnten? Oder gehst du selbst vielleicht in diese Richtung?

Ein anderer Weg

Der jüngere Sohn im Gleichnis vom verlorenen Sohn (Lukas 15,11-31) gleicht in mehrfacher Hinsicht einem halbherzigen, kurzsichtigen Christen. Er verlangt sein Erbe, damit er das Haus des Vaters verlassen und sein Vermögen in einem zügellosen Leben auf den Kopf hauen kann. Halbherzige Christen wollen durchaus Gottes gute Gaben genießen – Leben, Geld, Nahrung, Besitz, Sex –, aber sie möchten, dass Gott sich ansonsten raushält, damit sie mit seinen Geschenken umgehen können, wie sie wollen. Nicht selten gehen sie daran zugrunde.

Der ältere Bruder im Gleichnis ist eher von der Sorte sauertöpfischer, weitsichtiger Christ. Sein Vater muss ihn erinnern: „Alles, was ich habe, ist dein." Solche Christen kneifen die Augen oft so sehr zusammen, dass sie die Gaben des Vaters, die direkt vor ihrer Nase sind, nicht mehr genießen können. Ist es da verwunderlich, dass sie an seiner Güte zweifeln? Das Gleichnis illustriert Gottes Vergebung und seine Annahme des verlorenen Sohnes, aber es zeigt auch, wie leicht wir uns von Gott trennen können, selbst wenn wir das Vaterhaus gar nicht verlassen.

Wenn ich mich zwischen beiden Möglichkeiten entscheiden müsste, wäre ich lieber halbherzig als fanatisch. Überrascht dich das? Ein halbherziger Glaube wird sich als hohl erweisen, sobald er in Not gerät. Als er im Schweinestall sitzt, wird dem verlorenen Sohn sehr schnell klar, wie wenig erfüllend sein Leben tatsächlich ist. Sein Elend bringt ihn dazu, zu seinem Vater zurückzukehren. Im Gegensatz dazu lässt Jesus uns nur vermuten, was der ältere Bruder wohl tun wird. Wird er sich einladen lassen, an der Freude und Großherzigkeit seines Vaters teilzunehmen, und das Fest mitfeiern? Oder wird er verdrossen und zornig draußen bleiben? Zwanghafte Christen können sehr lange die Augen zusammenkneifen, ohne zu merken, wie weit sie von Gott entfernt sind.

> Ich möchte gern aufzeigen, wie viel die Bibel darüber sagt, wie wir Gott auf vollkommen normale Weise radikal verpflichtet sein können.

Zum Glück gibt es nicht nur diese beiden Möglichkeiten. Zwischen den Extremen eines zu radikalen, zwanghaften oder fanatischen und eines halbherzigen, lauen und selbstzufriedenen Glaubens liegt das, was ich einen „radikal normalen" Glauben nenne. Das ist keine neue Idee, die ich mir ausgedacht habe – ich benenne damit schlicht etwas, das die Bibel schon immer gelehrt hat. Ich möchte gern aufzeigen, wie viel die Bibel darüber sagt, wie wir Gott auf vollkommen normale Weise radikal verpflichtet sein können; darüber, wie wir einen *scharfsichtigen* Glauben bekommen, der uns etwas von Gottes Freude erfahren lässt – und das sowohl in irdischen als auch in geistlichen Dingen.

Unser Vater

Vor Jahren, als wir noch keine Kinder hatten, haben meine Frau und ich Israel bereist. Bei einem Bummel durch die Altstadt von Jerusalem beobachteten wir eines Tages einen kleinen jüdischen Jungen, der neben seinem Vater herlief und Mühe hatte, mit ihm Schritt zu halten. Als er immer mehr zurückblieb, hörte ich ihn rufen: „Abba! Abba!" Daraufhin ging der Vater langsamer, bis sein Sohn ihn wieder eingeholt hatte. Dann spazierten sie Hand in Hand davon und mir wurde klar, dass ich soeben die tief greifendste Lektion der ganzen Reise erlebt hatte. Ich hatte das Neue Testament auf Griechisch studiert und komplizierte Passagen analysiert, aber nun verstand ich die Worte aus Römer 8,15 endlich so, wie es mir kein Kommentar hatte vermitteln können: „Von diesem Geist erfüllt rufen wir zu Gott: ‚Abba! Vater!'" (GNB). Manchmal vergessen wir, dass *Vater* nicht einfach ein Name für Gott ist – es ist eine umfassende Offenbarung seiner Beziehung zu uns.

Heute bin ich selbst Vater und jeder Tag, den ich mit meinen Töchtern verbringe, zeigt mir etwas Neues über meinen himmlischen Vater. Meine beiden Mädchen, Grace und Sarah, sind genau 21 Monate auseinander. Manchmal frage ich mich, wie wir ihre ersten Lebensjahre überlebt haben, ohne durchzudrehen oder uns scheiden zu lassen. Aber wir haben sie überlebt und jetzt ist es mein größtes Glück, dass ich der Daddy dieser beiden kleinen Mädchen bin. Es ist das, wofür ich geschaffen bin. Mir fehlt kein Sohn, mit dem ich Fangen spielen kann (ich spiele nicht gern Fangen). Ich bin viel glücklicher, wenn ich meinen Töchtern die Narnia-Chroniken vorlesen oder sie zu einem Vater-Tochter-Date ausführen kann.

Zu den schönsten Dingen am Vatersein gehört es, meinen Töchtern einfach beim Spielen zuzusehen. Sie bauen im Garten Häuser für die Feen und kochen ihnen Suppe aus Grashalmen und Rosenblütenblättern. Wenn es regnet (was in Washington oft vorkommt), spielen sie drinnen, verwandeln ihre Betten in ein Fort und bevölkern es mit

Kuscheltieren. Wenige Dinge machen mir mehr Freude, als zuzuhören, welche Abenteuer sie sich ausdenken. Heute haben sie mir erzählt, dass ihre Stofftiere ins Gefängnis mussten, weil sie Bonbons geklaut hatten – allerdings als Schlafwandler. Ich habe keine Ahnung, woher meine Töchter diese Ideen haben.

Es ist eine Sache zu wissen, dass Gott mich liebt. Aber es ist etwas völlig anderes, mich an meinen Kindern zu freuen und darüber zu staunen, wie viel mehr Gott sich über mich freuen muss. Wenn ich daran denke, wie gern ich meinen Töchtern beim Spielen zusehe, frage ich mich, wie viel mehr Freude Gott daran haben muss, uns dabei zuzusehen, wie wir in der Welt spielen, die er uns gegeben hat.

Wir vergessen zu leicht, dass diese Welt gut ist. Als Gott die Schöpfung vollendet hatte, hat er nicht gesagt: „Gar nicht mal schlecht für meinen ersten Versuch, aber ich hoffe, sie haben nicht allzu viel Spaß daran." Er sagte, alles sei sehr gut. Schließlich, vor 2 000 Jahren, wurde er selbst einer von uns, lebte in dieser Welt. Jesus betete, ging zum Gottesdienst, las die Schriften und speiste die Armen, aber er hat auch gefeiert, getrunken, geschlafen, gelacht, geweint und Witze erzählt.

> Die Bibel deutet an, dass Gott am glücklichsten ist, wenn er uns Freude schenken kann – irdische genauso wie geistliche Freude.

Ich weiß: Vater sein ist nicht immer ein Zuckerschlecken. Es gehört auch dazu, dafür zu sorgen, dass Grace und Sarah ihre Betten machen, die Geschirrspülmaschine ausräumen und ihre Hausaufgaben erledigen. Ich muss ihnen Disziplin und vieles andere beibringen; das ist absolut entscheidend. Aber das sind nicht die Aspekte am Vatersein, die mir am besten gefallen. Ganz ähnlich weiß ich auch, dass es Gottes tiefster Wunsch ist, dass wir ewige Freude genießen. Und manchmal bedeutet das, dass wir auch Leid erleben und erfahren, wie er uns zur Ordnung ruft. Aber die Bibel deutet an, dass Gott am glücklichsten ist, wenn er uns Freude schenken kann – irdische genauso wie geistliche Freude.

Die Lage ist hoffnungsvoller als befürchtet!

Meine Eltern stammen aus Südkalifornien, aber wir sind in den Bundesstaat Washington gezogen, als ich drei Jahre alt war. Alle paar Jahre fuhren wir nach Kalifornien, um die Großeltern zu besuchen. Mein Vater gab nicht gern Geld für Zwischenübernachtungen aus, also brachen wir auf, sobald er von der Arbeit kam, und fuhren die Nacht durch. Meine Eltern legten für meinen Bruder, meine Schwester und mich Decken auf den Rücksitz unseres Autos (das war, bevor Sicherheitsgurte Pflicht waren) und wir verschliefen den größten Teil der Fahrt. Für mich begannen die Sommerferien in jedem Jahr damit, dass ich aus dem Heckfenster die Sterne betrachtete und langsam wegdämmerte. Der Höhepunkt dieser Reisen war ein Besuch in Disneyland. Egal wie knapp meine Eltern mit dem Geld waren, sie versäumten es nie, mit uns an den „schönsten Ort dieser Erde" zu fahren. Es überrascht daher nicht, dass Disneyland für mich immer ein besonderer Ort geblieben ist.

Während Marilyn und ich unseren Töchtern Grace und Sarah dabei zusahen, wie sie sich eine Welt von Feen und Prinzessinnen erschufen, wuchs in uns die Vorfreude darauf, ihnen das magische Disneyland zu zeigen. Das ideale Alter, so beschlossen wir, wäre gekommen, wenn Sarah sieben und Grace neun sein würde – alt genug, um die Erfahrung wirklich zu genießen und sich daran zu erinnern, aber noch jung genug, um die Faszination und das Staunen erleben zu können. Das Problem war nur: Wir hatten nicht das Geld dazu. Also beteten wir zwei oder drei Jahre lang darum, dass Gott diese Reise irgendwie ermöglichen würde. Fast jeden Abend, wenn ich meine kleinen Prinzessinnen im Schlaf betrachtete, betete ich im Stillen: „Vater, ich weiß, eine Fahrt nach Disneyland ist nicht das Wichtigste in der Welt. Aber ich bitte dich, zeig uns einen Weg, wie wir unseren Töchtern dieses Erlebnis schenken können."

Manchmal sind es die Antworten, die Gott auf unsere scheinbar unseriösen Gebete gibt, die am meisten bedeuten. Irgendwann konnten wir die Reise buchen, indem wir Pfennigbeträge sparten, Bonusflugmeilen geltend machten und immer wieder erstaunliche Sonderangebote entdeckten. Disneyland war als Abstecher auf dem Flug zu meiner Schwester und ihrer Familie geplant, die als Missionare in Mexiko leben. Zufälligerweise würden wir ausgerechnet an Sarahs Geburtstag ankommen – die Mädchen wären also noch gerade sieben und neun Jahre alt (mindestens bis um 20:23 Uhr, wenn Sarah acht wurde).

Natürlich konnten wir unseren Töchtern nicht einfach so nebenbei mitteilen, dass wir nach Disneyland fahren würden. Schon allein die Ankündigung sollte etwas Besonderes sein. Also platzierten wir Grace und Sarah auf dem Sofa und gaben jeder ein Geschenkpäckchen, in dem ein Paar Minni-Maus-Ohren und ein Disneyland-T-Shirt waren. „Wenn wir nach Kalifornien fahren und Urgroßpapa besuchen", sagte Marilyn, „fahren wir mit euch zu einem ganz besonderen Ort. Diese Geschenke verraten euch, wohin."

Dann warteten wir auf die Begeisterungsstürme, wenn die Geschenke ausgepackt waren. Doch wir warteten vergebens. Unsere Töchter starrten die Geschenke einfach nur an. Schweigen. Im Hintergrund hörte man, wie der Nachbar den Rasen mähte.

„Also, was glaubt ihr, wo fahren wir hin?", fragte ich schließlich.

„Na ja, irgendwas mit Disneyland", sagte Grace.

„Ja ... Genau, es hat mit Disneyland zu tun", sagte ich. „Was glaubt ihr also, was könnte denn mit Disneyland zu tun haben?"

„Wissen wir nicht."

„Dann ratet. Es hat etwas mit *Disneyland* zu tun."

Die Sache verlief nicht ganz nach Plan. Wir bemühten uns, nicht enttäuscht zu sein, und versuchten es noch einmal. „Also, es ist ein Ort in Kalifornien und er hat mit Disneyland zu tun. Wo könnte das wohl sein?"

„Wir wissen es nicht!", sagte Grace.

„Also, verratet es schon!", quengelte Sarah.

Schließlich gab ich nach. „Wir fahren nach *Disneyland!*"

Jetzt fing Grace an zu jubeln und Sarah wurde noch stiller, wie es ihre Art ist, wenn sie ganz besonders aufgeregt ist. Wir genossen es, ihnen dann von den Attraktionen dort zu erzählen und Bilder von Disneyland zu zeigen. Aber mich beschäftigte noch die ganze Zeit ihre enttäuschende Reaktion auf die Minni-Maus-Ohren.

Ich musste nicht lange warten, um herauszufinden, woran das gelegen hatte. Grace erzählte meiner Frau später, dass sie sofort verstanden hatte, dass wir Disneyland meinten. Aber sie hatte sich nicht getraut, es laut zu sagen, falls es doch nicht stimmte. Die Mädchen hatten sich nicht getraut zu hoffen, dass ihnen etwas so Gutes bevorstand. Ich kann kaum in Worte fassen, wie es mich berührte, als ich das erfuhr. Ich kann nur sagen: Manchmal zerreißt es einem als Eltern das Herz – vor Rührung oder auch vor Schmerz, zum Beispiel, wenn das Lieblingsspielzeug kaputtgeht oder meine Tochter sich endlich von der heiß geliebten, aber zerschlissenen Schmusedecke trennt.

Was mich besonders rührte, war dieses unschuldige Fehlen jeglichen Anspruchsdenkens und jeglicher Erwartungshaltung. Meine Töchter hatten ein Geschenk bekommen, das sie nicht erwartet hatten, und trauten sich kaum, es anzunehmen. Aber es brach mir auch das Herz. Wussten sie denn nicht, dass wir alles für sie tun würden, was in unserer Macht stand? Dass sie uns diese Reise nach Disneyland wert waren – und noch so viel mehr? Hatten wir etwa zu viel darüber geredet, wie knapp das Geld war?

Die Begebenheit ging mir noch tagelang nach. Dann dämmerte mir etwas. Wie oft macht Gott mit uns wohl ähnliche Erfahrungen? Trauen wir uns nicht, auch nur zu hoffen, dass er es uns wirklich gönnt, wenn wir all das Gute genießen? Fürchten wir insgeheim, wir sollten uns damit begnügen, uns nur noch mit Dingen abzugeben, die sich irgendwie fromm anhören? Auf meiner Reise dahin, einen radikal normalen Glauben zu entdecken, habe ich oft gedacht: „Es kann doch nicht so beglückend sein, Gott an die erste Stelle zu setzen." Aber die Bibel sagt: Doch, genau das kann es.

Dieses Buch ist eine Einladung zur Freude – dazu, dass wir unsere ewige Freude und völlige Erfüllung in Gott selbst finden und dann all die Gaben genießen, die er uns schenkt.

Vielleicht neigst du dazu, übertrieben spirituell zu sein und die All-täglichkeiten zu gering zu bewerten. Oder du gibst dich manchmal zu schnell zufrieden und unterschätzt, wie wichtig es ist, vor allem auf Gott ausgerichtet zu bleiben. Oder du hast manchmal das Gefühl, du seist nicht geistlich genug. Vielleicht drängst du Gott auch eher in eine Ecke deines Lebens. Wie auch immer – ich hoffe, die folgenden Kapitel kön-nen dazu dienen, dich vor dem einen wie dem anderen Extrem zu be-wahren.

Grace (deutsch: Gnade) ist nicht nur der Name meiner ältesten Tochter; es ist auch der rote Faden in diesem Buch. Wenn wir nicht verstehen, was Gnade ist, können wir sie leicht missbrauchen, um damit unsere Halb-herzigkeit zu entschuldigen oder immer neue radikale Glaubensvarian-ten zu erfinden. Reden wir also über die Gnade.

Verstehen, was Gnade ist

Was muss ein Pastor tun, um ein Viertel seiner Gemeindeglieder zu verlieren? Nun, das ist überraschend einfach. Er kann zum Beispiel anfangen, das Abendmahl mit Wein zu feiern, ohne seine Gemeinde darauf vorzubereiten. Nur fürs Protokoll: Ich hatte die volle Unterstützung der Ältesten und es gab außerdem auch immer noch Traubensaft. Aber ich hatte nicht geahnt, wie hoch emotional die ganze Frage aufgenommen werden würde.

Aber das größte Problem waren nicht leichtsinnige Fehler dieser Art. Verwaltungsaufgaben liegen mir überhaupt nicht und ich bin auch kein Mensch, der sich Details merken kann. Die geschäftliche Seite der Gemeindeleitung zu ignorieren bedeutet leider nicht, dass man nichts mehr damit zu tun hat. Anfang 2011 beschlich mich das undeutliche Gefühl, dass es nicht gut um das Gemeindebudget stand. Und im weiteren Verlauf des Jahres musste ich erkennen, dass mein Glaube und Optimismus nichts anderes waren als Naivität. Am 30. April brachen alle meine Illusionen zusammen. Der Kirchenvorstand teilte mir mit, dass sämtliche Ersparnisse aufgebraucht waren, und bat mich, weitreichende Maßnahmen zu treffen, um Abhilfe zu schaffen. Dazu gehörte auch, mir einen zweiten Job zu suchen.

Drei Wochen später fand ich mich hinter dem Tresen des Mount Vernon Starbucks wieder, wo ich mir zum ersten Mal in meinem Leben die grüne Schürze umband. Ich erinnere mich noch genau, wie nervös ich war. Wie würde sich mein zweiter Job auf meine Gemeinde auswirken? Dazu kamen noch die normalen Befürchtungen, die man am ersten Tag an einem neuen Arbeitsplatz eben hat. Schaffe ich das? Mache ich vielleicht gerade einen großen Fehler? Und wie komme ich mit den anderen zurecht?

Meine größte Sorge war jedoch, wie sich die neue Situation auf meine Familie auswirken würde. Grace und Sarah hatten gesagt, mein neuer Job sei cool, aber mir war klar, dass ihre Begeisterung schnell verfliegen würde, wenn sie erst einmal merkten, dass ich viel öfter nicht mehr zu Hause war. Ich musste Wechselschichten arbeiten und drei oder vier Abende in der Woche würde Marilyn unsere Töchter ohne mich zu Bett bringen müssen. Du musst wissen: Meine Töchter zu Bett zu bringen, gehört für mich immer noch zum schönsten Teil des Tages. Ich verpasse diese Gelegenheit nur selten und wenn, dann fühle ich mich schuldig, als hätte ich etwas Wertvolles unwiederbringlich verloren. Selbst jetzt, ein Jahr später, fällt es mir noch schwer, über diese verpassten Abende zu schreiben.

Auf der anderen Seite war ich positiv gespannt. Ich hatte mir immer vorgestellt, dass es Spaß machen müsste, bei Starbucks zu arbeiten. Ich mag die Menschen, ich mag Kaffee und bei Starbucks gibt es beides in reichem Maß. Außerdem freute ich mich auf einen Job, der wirklich zu Ende war, wenn ich meinen Arbeitsplatz verließ. Die Geschäftigkeit dieses Jobs war eine willkommene Ablenkung von Gemeindebudgets, unvollendeten Predigten und anderen Herausforderungen im Gemeindedienst.

Und zwischen diesen beiden Polen gab es an jenem Tag noch weitere Gefühle – Enttäuschung, Zweifel und ein Empfinden des Scheiterns. Das war nicht die Geschichte, die ich mir in meiner Vorstellung zurechtgelegt hatte. Ich hatte ein anderes Bild von Erfolg gehabt und geglaubt, der werde sich leichter einstellen. Ich hatte nicht vorgehabt, ein Pastor mit Nebenjob zu werden. In der Theorie war ich überzeugt, einen Nebenjob zu haben, um im Gemeindedienst bleiben zu können, sei eine edle Sache. In der Theorie. Aber nun stand ich da, der zweitälteste Mitarbeiter im Laden, und schickte mich an, ebenden Leuten den Kaffee zu servieren, mit denen ich mich sonst im Starbucks zum Kaffee getroffen hatte.

Gottesdienst im Café

Meine Starbucks-Ära (wie ich sie heute nenne) war nicht die erste Gelegenheit, bei der Gott Kaffee gebrauchte, um mich geistlich weiterzubringen. Zehn Jahre vorher hatte meine Heimatgemeinde mir angeboten, in ihrem Team mitzuarbeiten. Das war nicht geschehen, weil sie eine neue Stelle zu besetzen hatten, sondern weil Bruce, der leitende Pastor, der Meinung war, in mir stecke Potenzial. Ich war mächtig stolz auf diese Tatsache. Aber kurz nachdem ich dort begonnen hatte, kündigte unsere Sekretärin. Raten Sie also, was der funkelnagelneue, potenzialträchtige Jungpastor zu tun bekam? Ich, der Mann mit dem qualifiziertesten Abschluss im ganzen Team, war abgestellt zum Anrufbeantworten und Kaffeekochen.

Ich würde nun gern berichten, dass ich die Aufgabe selbstlos und dankbar akzeptiert habe. Aber die Wahrheit ist: Ich hasste sie. Es ging mir gegen den Strich, meine Begabungen nicht einsetzen zu können. Ich war frustriert, dass es niemanden interessierte, dass ich Griechisch lesen konnte und dass Bruce dagegen war, dass die Gemeinde ihn (und damit auch mich) mit „Pastor" anredete. Kaffeekochen wurde ein Symbol für alles, was ich hasste. Ich schob es jeden Morgen möglichst lange auf in der Hoffnung, jemand anders würde schon mal die Kaffeemaschine bedienen. Wenn ich dann schließlich den Kaffee kochte, gab ich mir nicht besonders viel Mühe dabei (was im Nordwesten kein geringfügiger Verstoß gegen die guten Sitten ist). Und mir lag auch nicht besonders viel daran, die Kaffeeküche sauber zu halten.

In der Zwischenzeit habe ich gelernt, dass wir manchmal über die besten Gaben Gottes die Nase rümpfen. Wir sind wie Kinder, die gerade einen 10 000-Euro-Sparbrief erhalten haben und es gar nicht erwarten können, ihn in Bonbons umzusetzen. In den folgenden Jahren hat Gott den Kaffee benutzt, um meine Selbstverliebtheit aufzudecken und mir zu zeigen, dass es eine Freude sein kann, anderen zu dienen. Mit der Zeit verstand ich das Kaffeekochen als eine Gabe – ich maß das Kaffeepulver sorgfältig ab und hielt die Kaffeeküche makellos sauber. Ich begann, für jeden, der an jenem Tag bei uns Kaffee trinken würde, zu beten. Als wir eine neue Sekretärin einstellten, fehlte mir das Kaffeekochen tatsächlich und ich bemühte mich manchmal, morgens ein wenig früher da zu sein, um die erste Kanne Kaffee zu machen.

> In der Zwischenzeit habe ich gelernt, dass wir manchmal über die besten Gaben Gottes die Nase rümpfen.

Man könnte also meinen, mein Job bei Starbucks sei mir willkommen gewesen – als Gelegenheit, in dieser Hinsicht weiterzulernen. Stattdessen weckte er in mir bestenfalls gemischte Gefühle. Ich bat Gott, dass die Dinge wieder so würden, wie sie einmal gewesen waren. Und ich musste feststellen, dass mir Starbucks noch ebenso gegen den Strich ging wie damals meine Aufgabe als Sekretärinnenersatz. Aber ich wusste auch: Gott hatte immer noch die Zügel in der Hand – und er tut selten irgendetwas ohne guten Grund. Als ich an jenem Morgen in der Mitarbeiterküche bei Starbucks saß und die Bestimmungen der Firma gegen sexuelle Belästigung las, bemühte ich mich zu glauben, dass meine Zeit dort ein Geschenk sei – mit anderen Worten: ein Gnadenakt Gottes.

Marathonlauf

Viele Christen verstehen unter Gnade im Wesentlichen dies: „Jesus hat mich von meiner Schuld befreit und irgendwann komme ich in den Himmel." Aber das ist ein viel zu enger Begriff von Gnade.

Vor ein paar Jahren bin ich meinen ersten Halbmarathon gelaufen. Um ehrlich zu sein, es hat wirklich Spaß gemacht – so im Sinn von: „War ja gar nicht so ätzend, wie ich befürchtet hatte." Der Tag im Januar war kalt und klar und perfekt zum Laufen. Die Strecke führte durch das ländliche Skagit Valley, vorbei an Feldern, landwirtschaftlichen Gebäuden und Rindern und über unseren Köpfen kreisten die Adler (ich vermute, auf der Lauer nach Nachzüglern). Auf den Ausläufern der Berge lag Schnee, ein fantastischer Anblick in der seltenen winterlichen Sonne. Die begeisternde Aussicht und ein Gespräch mit einem Freund ließen mich fast vergessen, wie sehr mir die Füße wehtaten.

Wer an diesem Rennen teilnahm, konnte wählen, ob er fünf, zehn oder gut 21 Kilometer (einen Halbmarathon) laufen wollte. Alle, die ihr Ziel nach fünf oder zehn Kilometern erreichten, erhielten als Anerkennung eine Teilnehmermedaille. Aber wer am Halbmarathon teilnahm, bekam eine Siegermedaille. Ein Weilchen nach dem Start teilte sich die Strecke: Die 5- und 10-Kilometer-Läufer bogen rechts ab, die „echten" Halbmarathonläufer liefen geradeaus. Dass ich zu Letzteren gehörte, entlockte mir ein selbstgefälliges Lächeln. Dieses Lächeln erstarrte mir allerdings auf den Lippen, als mich wenig später ein paar deutlich ältere Ladys überholten. Als ich zwei Stunden später die Ziellinie erreichte und dem Typen, der mir meine Siegermedaille übergab, fast aufs T-Shirt kotzte, war von einem Lächeln rein gar nichts mehr übrig.

Manche Christen denken, Gnade bedeute, Gott hat für uns das Startgeld bezahlt und uns an den Start gestellt, aber das Rennen müssen wir selbst laufen. Für andere bedeutet Gnade: Wenn du dich wirklich anstrengst, dir echt Mühe gibst, aber doch nur das 5-Kilometer-Ziel erreichst, kriegst du von Gott trotzdem die Siegermedaille, einfach, weil er so ein netter Kerl ist. Beide Auffassungen gehen am Wesentlichen vorbei.

Um beim Bild vom Marathon zu bleiben: Gnade bedeutet: Wir sind querschnittgelähmt und können uns nicht mal einen Rollstuhl leisten, ganz zu schweigen vom Startgeld. Gnade bedeutet: Es gibt nur eine

Möglichkeit, wie wir am Rennen teilnehmen können – wenn Jesus das Startgeld bezahlt und uns an den Start schiebt. Gnade bedeutet: Wir können das Rennen nur laufen, wenn Jesus uns trägt, jeden einzelnen Schritt. Gnade bedeutet: Wir erreichen das Ziel und bekommen die Siegermedaille allein deswegen, weil Jesus uns dorthin gebracht hat.

Welche Rolle spielen wir dabei? Unsere entscheidende Aufgabe ist die: Wir müssen zulassen, dass Jesus uns durch das Rennen trägt. Das erweist sich durch die Bank als zu schwer für uns und wir traktieren Jesus mit Ellbogen und Fäusten, bis er uns unseren Willen lässt und wir uns im Schlamm unserer Sünde wälzen können. Wohlgemerkt, das Rennen führt über Viehweiden – was da den Boden bedeckt, ist also kein Schlamm. Es kann eine Weile dauern, bis wir Vernunft annehmen und Jesus bitten, uns wieder zu tragen.

Gefährliche Klippen

Wenn das also stimmt, ist Gnade dann eine bequeme Ausrede dafür, es sich gemütlich zu machen und zu tun, wozu wir Lust haben? Nein, absolut nicht. Die Gnade rettet uns sowohl vor einem zwanghaften wie vor einem laschen Glauben; sie befreit uns ebenso von der Gesetzlichkeit wie von der Sünde.

Vor ein paar Jahren ging mein Freund Jason auf eine Bergtour in Tadschikistan, an der Grenze zu Afghanistan. Amerikaner waren in dem Teil der Welt nicht besonders beliebt und er gibt zu, dass das nicht gerade eine schlaue Idee gewesen ist. Der Aufstieg in die Berge, so sagt er heute, war hart genug; aber der Albtraum kam beim Abstieg. Er und sein Team befanden sich kilometerhoch über dem Tal; der Weg, auf dem sie den Abstieg suchten, war nur mit viel Wohlwollen überhaupt als Fußpfad zu bezeichnen. Er verlief über einen schmalen Grat und war mit losem Geröll bedeckt. Auf beiden Seiten ging es steil in die Tiefe und so liefen sie den Pfad nicht eigentlich hinunter – sie rutschten.

„Das Schwierigste war, überhaupt auf dem Grat zu bleiben, wo es nur ein paar Zentimeter Spielraum zu jeder Seite gab", sagt Jason. „Wenn man sich zu sehr auf die Gefahr zu beiden Seiten konzentrierte, bestand das Risiko, nach einer Seite abzugleiten. Während des ganzen Abstiegs mussten wir immer wieder unsere Richtung anpassen, um nicht zu weit nach einer Seite abzurutschen und ein qualvolles Ende zu finden."

Jason hat die Bergtour überlebt, um später zu heiraten, Kinder zu bekommen und sich weniger gefährlichen Aktivitäten zu widmen, wie zum Beispiel der Zucht von Pfeilgiftfröschen (er hat mir versichert, dass sie in Gefangenschaft ihr Gift verlieren) oder dem Missionsdienst in Bolivien.

Stellen wir uns vor, wir befinden uns auf demselben Grat, nur dass er noch enger und die Abgründe steiler sind, als wir sie uns vorgestellt haben. Ergänzen wir das Bild um einen tosenden Sturm, der uns beinahe auf der einen oder anderen Seite hinunterbläst. Stellen wir uns dann vor, dass alle paar Meter ein Seil verankert ist, das den gesamten Grat absichert. Nur mit einem festen Griff am Seil können wir es wagen, uns umzuschauen und die fantastische Aussicht zu genießen.

Dieser Grat beschreibt den Weg unseres Glaubens. Der Steilhang zur Linken ist Ungehorsam, und der ist zerstörerisch. Er hat die Form eines laschen Glaubens. Der Steilhang zur Rechten ist Gesetzlichkeit, der Versuch, uns Gottes Wohlwollen zu erarbeiten, indem wir alles richtig machen und gute Menschen sind. Das ist zwanghafter Glaube. Ob wir nun rechts oder links hinabstürzen, in jedem Fall enden wir in der Sklaverei.

Der Apostel Paulus schreibt: „Durch Christus sind wir frei geworden, damit wir als Befreite leben. Jetzt kommt es darauf an, dass ihr euch nicht wieder vom Gesetz versklaven lasst" (Galater 5,1). Er schreibt „nicht *wieder* versklaven lasst"; denn die Galater waren bereits befreit worden: aus der Sklaverei der falschen Götter und der Sünde. Aber jetzt standen sie in Gefahr, in die Sklaverei der Gesetzlichkeit zu geraten. Jesus hatte sie davor gerettet, auf

> Jesus hatte sie davor gerettet, auf der einen Seite vom Grat zu stürzen; nun steuerten sie direkt darauf zu, auf der anderen Seite herabzustürzen.

der einen Seite vom Grat zu stürzen; nun steuerten sie direkt darauf zu, auf der anderen Seite herabzustürzen.

Was hat das alles mit der Gnade zu tun? Gnade ist das Seil, das uns sicher auf dem Grat hält. Gottes Gnade, die Christus durch seinen Tod verbürgt hat, hat uns auf den schmalen Grat gestellt. Uns an seiner Gnade festzuhalten, ist die einzige Möglichkeit, wie wir auf dem Pfad bleiben und die Wanderung genießen können. Und nur durch seine Gnade können wir sicher nach Hause gelangen. Egal wie oft wir in Gefahr sind abzustürzen – Jesus steht bereit, um uns durch seine Gnade auf den sicheren Weg zurückzuziehen.

Stellen wir uns vor, es gäbe kein Seil und wir müssten versuchen, auf dem Grat zu bleiben. Klingt schwierig? Allerdings. Es ist nicht nur schwierig – es ist unmöglich. Die Stürme toben – Selbstsucht, alle möglichen sinnlichen Verlockungen, Bitterkeit und ein ganzes Heer anderer eigensüchtiger Begehrlichkeiten drohen uns über den Rand des Abhangs in den zerstörerischen Abgrund der Sünde zu wehen. Aber kaum haben wir diese Neigungen in uns ein wenig unter Kontrolle, sind wir auch schon mächtig stolz auf uns. Und schon stehen wir mitten im Sturm von Stolz und Selbstgerechtigkeit, der uns in den Abgrund der Gesetzlichkeit zu blasen droht. Unsere einzige Hoffnung bei jedem einzelnen Schritt auf unserem Weg ist die völlige Abhängigkeit von Gottes Gnade.

Radikal normal zu sein heißt, auf dem schmalen Grat zu bleiben, den Absturz nach einer oder der anderen Seite zu vermeiden und in allem völlig abhängig zu sein von der Gnade Gottes. Jetzt kommen wir der Sache schon näher.

Mein Job bei Starbucks war letztlich ein Geschenk der Gnade. Gott hat mir dadurch die Gelegenheit gegeben, manche Dinge selbst zu erfahren, die ich bis dahin nur theoretisch kannte. Gott war zum Beispiel so freundlich, die schwierigen Kunden dazu zu gebrauchen, mir eine

Menge über Geduld beizubringen. Eine von diesen schwierigen Kundinnen brachte mich an den Rand meiner Geduld. Und das war ausgerechnet eine Frau mit einem besonders enthusiastischen Glauben. Im nächsten Kapitel werden wir ihr begegnen.

3

Es ist okay, normal zu sein

Anfangs fühlte ich mich etwas unwohl bei dem Gedanken, bei Starbucks „an vorderster Front" zu stehen – nämlich an der Theke – und die Getränke zuzubereiten. Ich musste mir eine lange Liste von Rezepten merken und sollte das Gewünschte dann ja auch rasch und richtig zusammenmixen. Einmal habe ich nachts geträumt, ich sei in Disneyland und müsste dort komplizierte Espressos für die Weiße Hexe fabrizieren. Das war echt abgefahren.

Was ich außerdem noch lernen musste, war, Bestellungen korrekt aufzunehmen, damit die anderen Mitarbeiter den verschiedensten ausgefallenen Geschmacksvorlieben der Kunden nachkommen konnten. Hast du vielleicht auch schon mal gedacht, dass die Baristas bei Starbucks ziemlich arrogant sind, weil man deine Bestellung immer korrigiert? Na ja, was tatsächlich geschieht, ist: Sie haben ein bestimmtes System, das dazu dient, dass Mitarbeiter sich Bestellungen besser merken können. „Doppelter Americano koffeinfrei Venti Vanilla Sojamilch halb und halb Schaum" mag dir wie ein sinnloser Wortschwall vorkommen; aber diese Formulierung dient dazu, dass die Mitarbeiter deine Bestellung rasch ausführen können.

Meine Ängste, ich würde das alles nicht rasch genug bewältigen, waren unbegründet. Ich war bald eigentlich ziemlich gut an der Theke. Um ehrlich zu sein, war das die Position, an der ich am liebsten arbeitete – außer wenn die Eistee-Lady vorbeikam.

Die Eistee-Lady war einen Kopf größer als die meisten Leute und ihre laute, raue Stimme war quer durch den ganzen Laden zu hören. Sie bestellte immer das jeweils günstigste Getränk, gab nie Trinkgeld und erwartete jedes Mal, dass wir uns für sie eine neue Variation ausdachten. Vielleicht glaubte sie, uns gefiele diese Art von Herausforderung. Aber die meisten aus dem Team waren nur genervt. Aber das alles war noch nicht das Schlimmste. Was mir wirklich etwas ausmachte, war, dass die Eistee-Lady Christin war. Keine von der ruhigen, höflichen Art, sondern eine lärmende Halleluja-Jublerin, die sich nicht davon abbringen ließ, mich „Pastor Josh" zu nennen. Ich erinnere mich noch, wie ich ihr einmal wieder eine neue Geschmackskreation Eistee servierte und (mit weit mehr Enthusiasmus, als ich wirklich aufbrachte) sagte: „Ich hoffe, er schmeckt Ihnen!" Worauf sie lautstark erwiderte: „Keine Sorge. Jesus sorgt schon dafür, dass er gut schmeckt!" (Ich wünschte wirklich, das Ganze sei nur erfunden!) Ich entschuldigte mich höflich, floh in die Mitarbeiterküche und knallte den Kopf an die Kühlschranktür.

Ich sage gern, dass ich mich für einen einigermaßen geduldigen Menschen halte; aber ich musste feststellen, dass ich nur wenig Geduld mit superspirituellen Christen habe. Und das hat einen Grund: Ich war selbst einer.

Das Schlimme daran, ein guter Junge zu sein

Es gibt viele christliche Bücher, die dazu aufrufen, einen radikalen Glauben zu leben, und meistens ist das auch eine gute Sache. Ich beginne mit dem Aufruf, normal zu sein; denn das war für mich der größere Kampf. Ich bin in einem liebevollen, konservativ christlichen Elternhaus groß geworden. Mit ungefähr zwölf Jahren begann ich, die Sache mit dem Glauben ernst zu nehmen. In einem Alter, in dem die meisten anderen den Aufstand probten, lernte ich Gott kennen. Ich wurde nicht fromm, um meinen Eltern einen Gefallen zu tun; ich wurde es, weil ich zutiefst

Gott kennenlernen wollte. In der sechsten Klasse weigerte ich mich, ein *Playboy*-Heft anzugucken, das ein Freund mir zeigen wollte. Ich fluchte nicht – ich weiß noch genau, wie sehr ich mich schämte, als mir zum ersten Mal ein „Was zum Teufel …" herausrutschte. Ich rauchte nicht, trank keinen Alkohol und weiß bis heute nicht, wie Marihuana auch nur riecht.

Ehrlich, ich weiß es nicht. Gerade letzte Woche bin ich mit dem Fernbus von einer Autorenkonferenz zurückgekommen und wie es scheint, hat jemand im Bus einen Joint geraucht. Der Fahrer meldete sich per Durchsage: „Also wirklich, Jungs! Das Nichtraucherschild bezieht sich auch auf Kiffen. Wir riechen es doch alle. Bitte nehmt Rücksicht." Die anderen Passagiere grinsten. Nur ich war enttäuscht, dass ich nicht kapiert hatte, was um mich her vorging, und dass ich nun immer noch nicht weiß, wie Gras riecht.

Ich mag also ein wenig naiv gewesen sein im Blick darauf, was so in der Welt vorgeht, aber ich habe noch keine der Entscheidungen bedauert, die ich damals getroffen habe. Sie haben mir eine Menge Kummer erspart. Ich habe zwar keinerlei Heldengeschichten von den Kämpfen eines rebellischen Teenagers zu erzählen, aber dafür auch keine Narben aus derartigen Schlachten auf der Seele. Wenn ich zurückblicke, wünsche ich mir nur eines: dass ich nicht dem geistlichen Hochmut erlegen wäre, der meine Verwandlung in einen guten jungen Christen begleitete. In dieser Hinsicht war ich allen meinen Kameraden weit überlegen und ich wusste es auch. Während viele meiner Freunde gefährlich nah am Abhang zerstörerischer Sünden entlangbalancierten, steuerte ich auf den Abgrund der Selbstgerechtigkeit zu.

Als Teenager hatte ich mir die Vorstellung zurechtgelegt, es gäbe so etwas wie ein christliches Zweiklassensystem. Unten die normalen Christen, oben die Superchristen. Ich verfiel in die unschöne Angewohnheit, alle Leute einzusortieren. Du hörst weltliche Musik? Normalchrist. Du redest in Zungen? Superchrist. Du schläfst mit deiner Freundin? Vermutlich gar kein Christ. Meine größte Angst als Teenager war nicht die, ich könnte uncool sein. Es war die Angst, ich könnte ein normaler Christ sein.

In Jugendgruppen, besonders in solchen von Pfingstgemeinden, war diese Superchristen-Mentalität damals verbreitet. Wir sangen Songs wie „Ganz und gar und radikal" und fuhren zu Konferenzen mit Themen wie „Nur wer alles gibt". Meine Jugendgruppenjahre haben mir für mein geistliches Wachstum sehr geholfen, aber sie hatten auch unbeabsichtigte Nebenwirkungen: Sie zementierten die christliche Zweiklassengesellschaft. Der Aufruf, ein Superchrist zu sein, passte genau zu meinem heimlichen Stolz, dass ich besser sei als normale Christen.

Randy Radikalo

In den Anfängen meiner Karriere als Superchrist kaufte ich mir von dem Geld, das ich mit Zeitungsaustragen verdiente, christliche Bücher für Teenager. Ich erfuhr, dass ich mir einen Mentor suchen sollte, und verstand das so: Ich sollte einen älteren Christen finden, der mir zeigen würde, wie ich ein Superchrist werden konnte. Wie es eben im Teenageralter so ist: dass diese älteren Christen vielleicht meine Eltern sein könnten, kam mir gar nicht erst in den Sinn. Ich zog eine Reihe von anderen Kandidaten in Erwägung, aber keiner schien mir superchristlich genug.

Dann traf ich Randy Radikalo. Er war kaum eins sechzig groß, aber was ihm an Körpergröße fehlte, machte er durch Umfang wett. Sein schmutzig blonder Bürstenhaarschnitt verlieh ihm das Aussehen eines Kasernenhofkommandeurs. Er trug ein Kreuz von der Größe einer kleinen Katze und hatte eine große Familie, die ihm treu ergeben war. Er war der erste fanatische Christ, der mir begegnete. Der bleibende Eindruck, den er bei mir hinterließ, ist nicht der eines Mannes mit einer tiefen Liebe zu Jesus, sondern der eines Menschen, dessen ganzes Leben geprägt war von einer sehr engen Auffassung vom Christsein.

Randy Radikalo vermittelte mir, je näher man Jesus kam, umso weniger normal drückte man sich aus. Selbst auf eine ganz gewöhnliche Frage wie „Wie geht's?" erhielt man zur Antwort: „Gesegnet, Bruder!" Wenn weltlich zu sein bedeutete, dass man versucht dazuzugehören, dann war Randy alles andere als weltlich. Er benahm sich, als lebte er auf einem anderen Planeten und besuchte den unseren so selten wie nur möglich. Er wirkte wie Johannes der Täufer in einem kürzlich aus der Mode gekommenen Nadelstreifenanzug.

Randy Radikalo betätigte sich außerdem als Straßenprediger. In meiner damaligen Vorstellungswelt machte ihn dies zu einem weitaus spirituelleren Menschen als etwa ein Pastor. Also fing ich an, ihn zu begleiten, um von ihm zu lernen, wie man zum Superchristen wird. Aber immer, wenn ein Einsatz bevorstand, spürte ich einen dicken Kloß im Magen. Ich gab es zwar nicht gern zu, aber eigentlich hasste ich Straßenpredigten. Meine Magenbeschwerden wären eine willkommene Ausflucht gewesen. Aber ich dachte mir, dass etwas mit mir nicht stimmen konnte. War ich vielleicht doch nur ein ganz normaler Christ?

Ich zwang mich, die Straßeneinsätze durchzuziehen; aber da gab es noch etwas, das mir Unbehagen verursachte. Ich wusste nicht, wie ich mit Randy reden oder wie ich mich in seiner Gegenwart überhaupt verhalten sollte. Mit ihm ein Gespräch zu führen, glich dem Gang durch ein Minenfeld. Alles, was ich sagte oder tat, konnte das Urteil „zu weltlich" heraufbeschwören – dass ich kein Kreuz trug, dass ich Rockmusik hörte (auch wenn es christliche Rockmusik war), dass ich eine moderne Bibelübersetzung las. Vieles, was ich tat und womit meine Eltern höchst zufrieden waren, war Randy Radikalo nicht fromm genug. Ein Teil von mir hasste es regelrecht, in seiner Gesellschaft zu sein; aber der andere Teil war sich sicher: Ich war eben einfach nur nicht fromm genug.

In dieser Zeit wuchs in mir die Angst, wenn ich ein Superchrist sein wollte, müsste ich so fanatisch werden wie Randy. Wie lange würde es noch dauern und ich müsste meine christlichen Musikkassetten verbrennen, eine uralte Bibelübersetzung benutzen und anfangen, nur noch Pietkong zu reden? Ich liebte Gott; ich wollte ihm gehorchen; also war ich bereit, auch diesen Preis zu zahlen. Aber in mir vollzog sich ein gefährlicher und erschreckender Wandel. Bis dahin hatte ich mich auf ein Leben in der Nachfolge Jesu gefreut. Jetzt bereitete mir der Gedanke daran Magenschmerzen.

Ich weiß nicht mehr, wie lange ich mit Randy herumzog. Gefühlsmäßig erscheint es mir wie mindestens ein Jahr; aber es kann nicht viel länger gewesen sein als ein oder zwei Monate. Dann hielt ich es einfach nicht mehr aus – die gefürchteten Straßeneinsätze, die unerfüllbar hohen Maßstäbe an geforderter Heiligkeit und vor allem meine Angst davor, ein fanatischer Christ sein zu müssen. Nach typischer Teenagermanier versuchte ich einfach alles zu ignorieren in der Hoffnung, die Probleme würden sich von selbst auflösen. Ich zog nicht mehr mit Randy auf Predigttour und versuchte, einfach aus seinem Leben zu verschwinden – ein bisschen heikel in einer Gemeinde von nur 150 Mitgliedern. Er ließ mich einfach gehen, ohne etwas zu sagen – ich vermute, er war es gewohnt, dass Leute seinen Maßstäben eben nicht gewachsen waren.

> Bis dahin hatte ich mich auf ein Leben in der Nachfolge Jesu gefreut. Jetzt bereitete mir der Gedanke daran Magenschmerzen.

Die Zweiklassenfalle

Danach begann meine unbewusste Suche danach, wie eine ganzheitliche Hingabe an Gott tatsächlich aussehen könnte. Dieses Buch ist so etwas wie das Protokoll dieser Suche. Hieß Hingabe, dass man so fanatisch sein musste wie Randy? Oder konnte man ein von ganzem Herzen engagierter Christ und trotzdem normal sein, so wie meine Eltern zum Beispiel? Ihnen spürte man ihre Liebe zu Gott ab; sie durchdrang jeden Aspekt ihres Lebens. Aber mein Vater arbeitete in einem Sägewerk und meine Mutter war Hausfrau. Mein Vater bezog sogar einen regelmäßigen Lohn. Randy musste von seinem Glauben leben. War es denn nicht viel geistlicher, auf Gott zu vertrauen, dass man auch im nächsten Monat noch die Miete zahlen konnte?

Erst Jahre später ging mir auf, dass mein christliches Zweiklassensystem keineswegs neu war. Es existierte schon seit Jahrhunderten. Unten all die gewöhnlichen oder „fleischlich gesinnten" Christen, oben die Priester und Heiligen (bei den Katholiken), die geheiligten Christen (in der Heiligkeitsbewegung), die geisterfüllten Christen (bei den Pfingstlern).[4] Es ist so etwas wie die spirituelle Version von Vermögenden und Habenichtsen.

Aus persönlicher Erfahrung wusste ich ja bereits, wie zerstörerisch sich die Zweiklassenmentalität auswirkt, wenn man vermessen genug ist, sich selbst zu denen zu rechnen, die oben stehen. Mein Dienst als Pastor ließ mich erkennen, wie schädlich sie auch für diejenigen ist, die glauben, sie gehörten auf die untere Ebene. Viele Christen sehen sich die Großen der christlichen Welt an – den Apostel Paulus, Franz von Assisi, Mutter Teresa – und beschließen, dass sie da sowieso nicht mithalten können. Oder sie sehen Missionare, Straßenprediger und Pfarrer und sind sich sicher, dass sie selbst nicht auf einer Ebene mit den „Berufschristen" stehen. Zu viele Christen empfinden vage Schuldgefühle dafür, dass sie ein ganz normales, alltägliches Leben führen, in dem sie keine Wunder vollbringen, nicht auf Kanzeln steigen und nicht am anderen Ende der Welt mitten im Dschungel das Evangelium predigen.

Ich bin zu der Überzeugung gelangt, dass das ganze System absoluter Unsinn ist, nichts als eine Falle des Feindes, mit der er ein paar Christen aufgeblasen macht und den Rest entmutigt. Es lähmt jeden, der sich darauf einlässt. Und so kam ich zu dieser Erkenntnis.

Das Zweiklassensystem

Was ist aus Randy Radikalo geworden? Irgendwann zog meine Familie um und ich hörte nicht mehr viel von ihm, nur, dass er die Gemeinde wegen irgendeiner dogmatischen Streitigkeit verlassen hatte. Später gab es Gerüchte, er habe eine Affäre gehabt und seine Familie verlassen. So schlimm das klingen mag, aber meine erste Reaktion war Erleichterung. Es tat mir leid für seine Familie, aber dies war der erste Hinweis auf etwas, wovon ich mir verzweifelt wünschte, es möge wahr sein – dass man ein authentischer Christ sein und Gott lieben konnte, ohne fanatisch und seltsam sein zu müssen.

Ich wollte einfach glauben, dass eine ganze Hingabe an Christus nicht heißen musste, extrem zu werden und sich vom Rest der Welt zu trennen. Gleichzeitig war mir dieses Verlangen verdächtig. Versuchte ich etwa bloß das Evangelium zu verwässern? Einerseits war die Bibel voll von Propheten und Aposteln, die einem Randy Radikalo verdächtig ähnlich sahen. Ich konnte nicht übersehen, dass Gott seinen Dienern manchmal sehr merkwürdige Aufgaben zuwies – bis dahin, dass er einem Hesekiel befahl, sein Essen auf einem Feuer aus menschlichen Exkrementen zu kochen (Hesekiel 4). (Zu Hesekiels großer Erleichterung ließ Gott sich erweichen und erlaubte ihm, stattdessen Kuhdung zu nehmen.)

Auf der anderen Seite waren die extremen Christen, die ich kannte, selten Menschen, die sich durch Liebe, Freude, Frieden und andere Früchte des Geistes (Galater 5,21-23) auszeichneten. Sie waren häufig hart in ihrem Urteil, selbstherrlich, zornig und unglücklich. Umgekehrt waren Christen, die mir ein Vorbild waren, weil in ihrem Leben Früchte des Geistes offensichtlich waren, überraschend normal. Irgendetwas ging da nicht auf. Entweder legte die Bibel mir nahe, ich müsse ein Mensch von der Art werden, die ich am liebsten mied; oder ich verstand nicht richtig, was die Bibel sagte. Ich musste herausfinden, ob der radikale Lebensstil der biblischen Propheten oder der Apostel der Maßstab war, nach dem wir uns auch ausstrecken sollten.

Auf der Bibelschule lernte ich, selbst Antworten zu finden, indem ich die Bibel sorgfältiger las. Der Kontext entscheidet, sagte man uns. Nimm nie einen Vers für sich, sieh dir immer den Kontext an. Nicht nur den unmittelbaren Textkontext, sondern auch den kulturellen und historischen Kontext jedes biblischen Buches. Die Bibel wurde nicht im luftleeren Raum geschrieben, sondern von echten Menschen in sehr realen

Lebensumständen. Wenn wir den kulturellen und historischen Kontext ignorieren, verfehlen wir sehr wahrscheinlich den Sinn ganz erheblich.

Betrachten wir es einmal folgendermaßen: Für den naheliegenden Fall, dass du zufällig mal auf die Website des Bundesamtes für Bevölkerungsschutz gerätst und versucht bist, dort ein wenig herumzustöbern, könntest du auf Seiten stoßen, die Hinweise für das richtige Verhalten in Katastrophensituationen bereitstellen. Dort erfährst du beispielsweise, dass du bei Unwetter die Fenster und Türen schließen sollst, wie eine Schutzausrüstung für den Fall einer chemischen, biologischen, radiologischen oder nuklearen Gefährdung aussieht und dass du in einem solchen Fall Radio oder Fernseher einschalten und auf weitere Anweisungen warten sollst. Das sind hilfreiche Hinweise, wenn tatsächlich ein Notfall eintritt. Aber wenn du die Empfehlungen auf deinen Alltag anwenden willst, würdest du irgendwann in einem ewig ungelüfteten Haus sitzen, keine ruhige Minute mehr haben, weil du pausenlos Nachrichten hörst, und das noch dazu in einem überaus alltagsuntauglichen Outfit.

> Gott hat den Propheten gelegentlich ein paar sehr seltsame Aufträge gegeben, weil die Situation, in der sie lebten, es erforderte.

Sehen wir uns vor diesem Hintergrund noch einmal die sogenannte Oberliga der Frömmigkeit an. Hesekiel spazierte angesichts einer nationalen Krise nackt durch die Gegend, um seine selbstgenügsamen Mitisraeliten aus ihrer geistlichen Lethargie aufzurütteln. Johannes der Täufer knabberte Heuschrecken in Honig, war aber gleichzeitig damit beschäftigt, den Wendepunkt der Menschheitsgeschichte anzukündigen. Etliche biblische Bücher wurden in politischen oder spirituellen Krisenzeiten geschrieben und wir müssen sorgfältig überlegen, wie wir sie zu verstehen haben. Inwiefern gleicht unsere Situation den Verhältnissen, um die es dort geht? Inwiefern unterscheidet sie sich davon?

Der springende Punkt ist der: Gott hat den Propheten gelegentlich ein paar sehr seltsame Aufträge gegeben, weil die Situation, in der sie lebten, es erforderte. Ihre Geschichte ermutigt und inspiriert uns bis heute, aber sie bietet nicht zwangsläufig eine konkrete Handlungsanweisung für unseren Alltag im 21. Jahrhundert. Wenn wir uns nur auf ein paar wenige Figuren konzentrieren, die in extremen Zeiten einen besonderen Auftrag erhielten, übersehen wir, wie viel die Bibel der Mehrheit der Christen zu sagen hat, die schlicht und einfach bemüht sind, ein ganz normales Leben in ganz normalen Umständen zu führen.

Zugegeben, viele Christen sind der Meinung, dass wir nicht in normalen Zeiten leben. Immer wieder gibt es mahnende Stimmen, dass die Endzeit bevorsteht. Als ich Teenager war, lernte ich, dass die Sowjetunion das Tier ist, das die Offenbarung beschreibt, die antigöttliche Macht. Als ich in der achten Klasse war, gehörten Bücher wie *88 Gründe, warum die Entrückung 1988 stattfindet* zu den christlichen Bestsellern. In der Generation meiner Großeltern gab es viele Christen, die keine Sparkonten hatten, weil Jesus sicher wiederkommen würde, bevor sie die Erträge brauchen würden. Und bereits Paulus musste sich mit einer um sich greifenden Endzeithysterie auseinandersetzen (im 1. und 2. Thessalonicherbrief). Nach zweitausend Jahren von Fehlalarmen klingt mir jede Art von Endzeitglocken hohl. Ja, Jesus kommt wieder und darauf müssen wir vorbereitet sein. Aber es kann auch noch eine ganze Weile dauern – und darauf sollten wir ebenfalls vorbereitet sein.

Als ich erst einmal verstanden hatte, dass die Bibel nicht nur für Menschen in Extremsituationen geschrieben ist, bekam ich plötzlich einen Blick dafür, wie sehr Gott an unserem ganz normalen Leben interessiert ist.

Die Bibel und das normale Leben

Vor Kurzem habe ich eine Predigtreihe abgeschlossen, in der ich in drei Jahren die wichtigsten Bibeltexte behandelt habe. Die größte Überraschung für mich selbst war dabei, dass ich entdeckte, wie viel Gewinn ich aus der Thora und dem mosaischen Gesetz zog.[5] Was ich darin entdeckte, war, dass Gott an unserem Alltagsleben interessiert ist. Kapitel um Kapitel beschäftigt sich die Thora mit ganz normalen, irdischen Dingen – von der Fruchtfolge auf den Feldern bis zu einem ebenfalls sehr praktischen Hinweis: „Außerhalb des Lagers sollt ihr einen Platz haben, wo ihr austreten könnt. Wenn jemand dort sein Geschäft erledigt, soll er vorher ein Loch graben und es danach wieder mit Erde füllen. Nehmt dazu in eurem Gepäck eine kleine Schaufel mit" (5. Mose 23,13 f.).

So etwas steht in der Bibel? Überrascht dich das? Es scheint so unspirituell. Wusstest du übrigens, dass auch Jesus über ähnliche Angelegenheiten gesprochen hat? Vielleicht kennst du den Vers: „Jesus fragte: ‚Selbst ihr habt es immer noch nicht begriffen? Wisst ihr denn nicht, dass alles, was ein Mensch zu sich nimmt, zuerst in den Magen kommt und dann ausgeschieden wird?'" (Matthäus 15,16 f.).

In vielen englischen Übersetzungen der Bibel findet man diesen Vers gar nicht. Warum, frage ich mich, hielten die Übersetzer es für nötig, diesen Vers zu streichen? Was besagt das darüber, wie wir die Bibel lesen? Eins jedenfalls kann ich sagen: Gott hat weit weniger Probleme damit, über unsere Körperfunktionen zu sprechen, als wir. Er wird nicht rot, wenn es um die Menstruation oder feuchte Träume geht. Ihm ist nichts peinlich, was zum normalen Leben gehört.

Das allein ist allerdings kein Beweis dafür, dass unser normales Leben Gott genauso gut gefällt wie der radikale Lebensstil der Propheten und Apostel. Ein Punkt muss noch erwähnt werden. Gott hat eine kleine Gruppe von Israeliten dazu berufen, Leviten, Priester und Propheten zu sein. Aber er hat diese Gruppe nie als eine Art Superjuden behandelt und den Rest eben nur als das Fußvolk. Die Priester und Leviten hatten besondere Aufgaben, aber in der Bibel gibt es keinen Hinweis darauf, dass sie Gott mehr oder besser gehorchten als der Rest des Volkes. Gott hatte vielmehr im Sinn, dass ganz Israel ein „heiliges Volk" sein sollte; alle sollten „königliche Priester" sein (2. Mose 19,6). Priester, Propheten, Bauern, Hirten und Handwerker – alle hatten in gleicher Weise die Chance, Gott aus ganzem Herzen zu gehorchen und ihm zu dienen, da, wo sie waren.

Nachdem ich diese Tatsache im Alten Testament erst einmal entdeckt hatte, entdeckte ich sie ebenfalls im Neuen Testament. Jesus hatte zwölf Jünger und an Pfingsten waren nur 120 Menschen in dem Raum, in dem sich die Gemeinde versammelte; aber unvergleichlich viele mehr glaubten an ihn, ohne ihr alltägliches Leben hinter sich zu lassen.[6] Die Samaritaner, die zum Glauben gekommen waren, blieben in Sychar. Jesus hatte dem Mann, den er von Dämonen befreit hatte, gesagt, er solle nach Hause gehen, statt ihm zu folgen. Maria und Marta sorgten in ihrem ganz normalen Alltag dafür, dass Jesus eine Bleibe hatte.[7] Sicher, etliche waren berufen, ihr Leben radikal zu ändern, indem sie alles zurückließen und sich Jesus anschlossen. Aber die meisten blieben zu Hause und folgten Jesus dort nach und darin waren sie ebenso gehorsam und vorbildlich wie die anderen.

In der frühen Kirche wiederholt sich dasselbe Muster in größerem Maßstab. Zu Missionaren wurden nur einige berufen; die große Mehrheit der Christen arbeitete weiterhin in ihren Berufen und lebte weiterhin in ihren Häusern. „Jeder soll in der Lebensform bleiben, in der er lebte, als er Christ wurde. So ordne ich es in allen Gemeinden an" (1. Korinther 7,17), schreibt Paulus.

Wo im Neuen Testament sehen wir denn, dass die Apostel die frühen Christen aufgerufen hätten, sie sollten buchstäblich alles aufgeben um des Evangeliums willen? Nirgends. Die Apostel akzeptierten nicht nur das normale Leben, sie vermittelten den Gläubigen auch, wie man mitten im Alltag als Christ lebte. C. S. Lewis kam zu einer ähnlichen Erkenntnis.

> *Bevor ich Christ wurde, habe ich mir, glaube ich, nicht bewusst gemacht, dass das Leben nach der Bekehrung zum großen Teil unvermeidlich darin bestehen würde, dieselben Dinge zu tun, die man vorher auch getan hat; zwar, das steht zu hoffen, in einer neuen Geisteshaltung, aber eben doch dieselben Dinge.[8]*

Das Glück, normal zu sein

Irgendwo auf meinem christlichen Weg warf ich mein christliches Zweiklassensystem und meine Identität als Superchrist komplett über Bord. Ich begriff endlich, dass ich nicht besser oder schlechter war als jeder andere Jesusjünger. Ich bin stolz, mein normales Leben als Christ zu leben und Gott ebenso zu dienen wie andere – Studenten, Fabrikarbeiter, Rentner und viele andere. Sicher, es gibt unter Christen Unterschiede im Blick auf den Gehorsam. Die einen stehen in Gefahr, in Trägheit und zerstörerische Sünde zu geraten. Die anderen tendieren eher zu Fanatismus und Selbstgerechtigkeit. Aber es gibt nur einen Glauben und eine Familie.

Bist du ein Superchrist?

Möchtest du gern glauben, dass du ein besserer Christ bist als andere? Würde es dich erschüttern, wenn du entdeckst, dass du mit all den gewöhnlichen Christen, die sich nicht so sehr bemühen wie du, in einen Topf geworfen wirst? Natürlich würdest du das niemals laut sagen; schließlich weißt du, wie arrogant es klingen würde. Was bestimmt deine Identität mehr: dass Jesus dich liebt und annimmt oder dass du ein wirklich guter Christ bist? Fällt es dir schwer, dich zu entspannen, weil du dich so sehr anstrengst, frommer und spiritueller zu sein als die große Masse?

Das kenne ich auch. Als ich einmal mit einer Gruppe von Missionaren ein Geländespiel durchführte, bin ich ausgerastet und habe einen Mitspieler getreten, was ich natürlich niemals hätte tun dürfen. Ich war am Boden zerstört – nicht weil ich ihn wirklich verletzt hatte, sondern weil ich mich öffentlich so blamiert hatte. Ich möchte nie wieder dorthin zurück, dass mich jeder kleine Fehler am Boden zerstört. Ich fühle mich unglaublich viel besser, wenn ich fähig bin, Fehler zu machen, zu bereuen und mich nicht darum zu kümmern, was andere denken. Paulus schrieb an Menschen wie uns:

Wer sich einbildet, besser zu sein als die anderen, der betrügt sich selbst.
Darum soll jeder sich selbst genau prüfen. Dann wird er sich über seine
guten Taten freuen können, aber keinen Grund zur Überheblichkeit
haben. Denn jeder ist für sein eigenes Tun vor Gott verantwortlich.
Das ist schon schwer genug (Galater 6,3-5).

Hören wir auf, uns zu vergleichen. Bereuen wir unsere Arroganz und
Selbstgefälligkeit. Lernen wir, uns zu entspannen und uns Jesus in die
Arme zu werfen. Lernen wir, uns auch in die Arme unserer christlichen
Gemeinschaft fallen zu lassen. Es ist erstaunlich, wie viel ich von anderen
Christen gelernt habe, seit ich aufgehört habe zu glauben, ich sei etwas
Besseres.

Bist du ein Christ zweiter Klasse?

Kommst du dir vor wie auf der Zuschauertribüne, von der aus du all den
Spitzenklasse-Christen auf dem Spielfeld zusiehst? Bist du insgeheim
überzeugt, dass Gott mit den Superchristen doch ein bisschen glücklicher sein muss, als er es mit dir ist? Theoretisch, ja, da weißt du, dass
du dich ebenfalls aufs Spielfeld begeben könntest. Aber das würde bedeuten, dass du alles, was du je kanntest, verändern und hinter dich lassen müsstest.

Dir möchte ich gern Folgendes sagen: Du bist kein Christ zweiter
Klasse. Du bist nicht zu einer Zuschauerrolle verurteilt. Gott ist mit dir
zufrieden, genau da, wo du gerade stehst. Mitten in dem Leben, das Gott
dir gegeben hat, kannst du aus ganzem Herzen Christus folgen und ihm
gehorsam sein.

Denn durch Gottes Gnade bist du der Hauptdarsteller in deiner eigenen Geschichte, einer Geschichte, die er für dich und für sonst niemanden geschrieben hat. Er hat die Details für dich ausgewählt: die Zeit, in
der du lebst, deine Familie, deine Nationalität, deine Begabungen und
deinen IQ. Er möchte deine Erfahrungen, dein Scheitern, deine Stärken

und deine Schwächen gebrauchen für sein Reich. Genau an dem Ort, an dem du stehst, kann er etwas durch dich tun, was er durch niemand anderen tun könnte. Gott wartet nicht darauf, dass du nach Indien ziehst, bis er dich gebrauchen kann; er wartet nur darauf, dass du dich seiner Gnade überlässt.

Gott hat uns dieselben Verheißungen gegeben, die er allen Juden gab. *Ihr aber* [nicht nur dein Pastor oder die Missionare oder die großen Glaubenshelden, sondern ihr] *seid ein von Gott auserwähltes Volk, seine königlichen Priester, ihr gehört ganz zu ihm und seid sein Eigentum. Deshalb sollt ihr die großen Taten Gottes verkünden, der euch aus der Finsternis in sein wunderbares Licht geführt hat* (1. Petrus 2,9, ein Zitat aus 2. Mose 19,6).

Das ist eine gute Nachricht: Wir können frei werden von dem Gefühl, nicht gut genug zu sein. Aber diese Nachricht kann uns auch Angst machen. Denn sie schlägt uns etliche Entschuldigungen aus der Hand, die wir vielleicht gebrauchen, um unseren Mangel an Gehorsam zu rechtfertigen. Welche Bequemlichkeit, welche Trägheit, welche Mittelmäßigkeit hast du schon damit entschuldigt, dass du ja „nur" ein Normalchrist bist?

> Welche Bequemlichkeit, welche Trägheit, welche Mittelmäßigkeit hast du schon damit entschuldigt, dass du ja „nur" ein Normalchrist bist?

Ich muss mein Haus abzahlen, deshalb kann ich Gott nicht dienen.

Ich habe Kinder; ich kann nicht bei der Lebensmittelausgabe an Obdachlose helfen.

Ich bin schließlich kein Theologe; wie soll ich mit meinem Nachbarn über den Glauben sprechen?

Ich bin kein Pastor. Gott kann nicht erwarten, dass ich seinem hohen Maßstab entspreche.

Das, was zwischen dir und einem Leben des entschiedenen Gehorsams steht, ist nicht dein Job, dein Geburtsort, dein Einkommen oder deine Bibelkenntnis. Es ist die fehlende Bereitschaft, dich Jesus in die Arme zu werfen und dich ganz und gar auf seine Gnade zu verlassen. Lass die Lebenshaltung hinter dir, die meint, alles hinge nur von dir ab – es ging noch nie um dich oder darum, was du vorzuweisen hast. Es ging immer nur darum, was Gott tun kann – durch Menschen wie dich und mich.

Ich habe gut reden, denkst du vielleicht, denn ich bin schließlich Pastor. Ich wüsste schließlich nicht, wie es ist, einen Job zu haben, der einem sinnlos vorkommt, oder sich mit geistlichen Minderheitsgefühlen herumzuplagen. Der Einwand wäre berechtigt gewesen, bevor ich meinen Job bei Starbucks begann. Denn dort hat Gott mir gezeigt, welcher Wert in harter Arbeit steckt und wie aufgeblasen meine Sicht der Berufung zum geistlichen Dienst in der Tat war.

4

Jede Arbeit zählt!

Wenn ich mich heute irgendwo vorstelle, erwähne ich nur noch selten, dass ich Pastor bin, denn wenn ich es tue, benehmen sich die meisten Menschen plötzlich völlig anders. Außerdem würde es mich um das Vergnügen bringen zu beobachten, wie Leute in Panik geraten, wenn sie es dann doch herausfinden. Seit ich endlich über meinen verblendeten Anspruch hinweg bin, ein Superchrist zu sein, ist mir sehr viel deutlicher bewusst, dass Menschen glauben, als Pastor sei man anders oder besser als alle anderen. Auch als ich noch nicht bei Starbucks gearbeitet habe, habe ich in meiner Gemeinde immer wieder betont, dass man kein hauptberuflicher Christ sein müsse, um Gott zu gefallen, und dass jeder Gott in seinem ganz normalen Beruf genauso gut dienen könne. Ich habe es so oft betont, dass ich dachte, ich glaubte es auch selbst.

Aber dann begann ich meinen Job bei Starbucks und sofort hatte ich Mühe damit, einen Sinn in meiner Arbeit zu finden. Ich bereitete den ganzen Tag Lattes für vier Dollar zu – was, bitte schön, ist daran besonders geistlich? Spielte es im Licht der Ewigkeit wirklich eine Rolle, wenn ich den Fußboden wischte? Hin und wieder gab es natürlich auch Dinge, die etwas geistlicher schmeckten, zum Beispiel ein tiefer gehendes Gespräch mit Kollegen, aber das waren die Ausnahmen. Wenn der Wert meiner Arbeit danach beurteilt wurde, um wie viele Menschen ich mich im traditionellen Sinn seelsorgerlich kümmerte, dann war ich eine

Niete. Gemessen daran, wie viele Leute ich zum Glauben bekehrte, war ich ein absoluter Versager.

Das Leben wurde zur Routine. Montags bis donnerstags ging ich, lange bevor meine Schicht begann, in meinem Outfit aus Kakihosen und schwarzem Poloshirt zu Starbucks, die grüne Schürze säuberlich aufgerollt in meiner Laptoptasche. Vormittags saß ich im Café und arbeitete an meiner Predigt. Am Nachmittag verstaute ich meinen Laptop in meinem 92er-Buick LeSabre, von dem bereits die Farbe abblätterte, stempelte die Arbeitszeit ab und begann, Kaffee zu verkaufen.

Der beste Teil des Tages wartete auf mich, wenn ich nach Hause kam. Jeden Abend huschte ich rasch die Treppe hinauf, um meinen schlafenden Töchtern ein Küsschen auf die Wangen zu drücken (das war immer ein bittersüßer Moment), dann saß ich eine Weile mit Marylin zusammen und ging schließlich nach unten ins Arbeitszimmer, um an diesem Buch zu arbeiten. Ich liebte meine Gemeinde, aber im Blick auf unsere finanzielle Situation war ich ziemlich entmutigt, also flüchtete ich mich ins Schreiben. Immer wenn ich meine Gedanken wandern ließ, fanden sie unvermeidlich ihren Weg zu einem Kapitel oder einer Idee, an der ich gerade arbeitete.

Eines Abends, als ich bei Starbucks den Fußboden wischte, kam ich endlich an einen entscheidenden Punkt. Ich schob den Schrubber über den Fußboden und beschäftigte mich mit ein paar wirklich tiefsinnigen Gedanken über das Alte Testament und darüber, was es mit dem Alltagsleben zu tun hat. Plötzlich kam mir mein Job bei Starbucks so sinnlos vor. Ich hatte diesen Fußboden schon hundertmal gewischt und am nächsten Tag würde ich es wieder tun. Mir kamen fast die Tränen. Ich bat Gott, dass ich diesen sinnlosen Job aufgeben und wieder meiner wahren Berufung folgen könnte.

Worte wie „Der Heilige Geist hat mir gesagt" kommen mir nicht leicht über die Lippen, denn ich habe zu oft gehört, dass einer solchen Einleitung ziemlich verqueres Gefasel folgt. Aber in dieser Situation zeigte mir tatsächlich der Heilige Geist in einem einzigen Augenblick, was für ein Heuchler ich war. Derselbe tiefsinnige Gedanke, den ich gerade verfolgt hatte, entlarvte jetzt meine falsche Einstellung. Aber er befreite mich auch von einer Last, die ich seit 20 Jahren mit mir herumgeschleppt hatte. Auf den tiefsinnigen Gedanken komme ich gleich zurück. Aber zuerst möchte ich von dieser Last sprechen.

Aufs Missionsfeld berufen?

Ich war 15, als ich zum ersten Mal den Ruf hörte, in die Mission zu gehen. Der Ruf kam nicht von Gott, damit das klar ist, sondern von Keith Green. Keith war ein christlicher Musiker, der auch noch lange nach seinem frühen Tod 1982 sehr bekannt und einflussreich war. *No Compromise (Kompromisslos)* war nicht nur der Name eines Albums, es war seine Philosophie. Keith hatte eine Leidenschaft für Jesus und dafür, die Verlorenen zu erreichen. Er war eine radikale Gestalt und hat eine ganze Generation auf vielfältige Weise inspiriert. Aber ich glaube heute, dass er in seinem jugendlichen Eifer (er war erst 28, als er starb, und davor war er sieben Jahre lang Christ gewesen) manchmal einfach zu weit gegangen ist.

Wir hatten zu Hause ein Video von einem seiner Konzerte, das wir oft zusammen ansahen. Auch Gäste mussten es häufig über sich ergehen lassen. Etwa in der Mitte des Konzerts zitiert Keith den Missionsbefehl.

Jesus ging auf seine Jünger zu und sprach: „Ich habe von Gott alle Macht im Himmel und auf der Erde erhalten. Geht hinaus in die ganze Welt, und ruft alle Menschen dazu auf, mir nachzufolgen! Tauft sie im Namen des Vaters, des Sohnes und des Heiligen Geistes! Lehrt sie, so zu leben, wie ich es euch aufgetragen habe. Ihr dürft sicher sein: Ich bin immer bei euch, bis das Ende dieser Welt gekommen ist!" (Matthäus 28,18-20).

Dann führt er aus, dass es nicht reicht, Banker oder Jurist für Jesus zu sein. „Wenn du keine Berufung dazu hast, da zu bleiben, wo du bist, dann hast du eine Berufung in die Mission", sagte er. „Du brauchst dazu keine Extraberufung – du bist bereits berufen. Wenn du nicht einen klaren Ruf gehört hast, dass du bleiben sollst, dann sollst du gehen!"

Ich kann kaum in Worte fassen, wie überzeugend er das rüberbrachte – als ich mir gestern die Szene noch einmal angeschaut habe, habe ich beinahe Schuldgefühle bekommen, dass ich nur Pastor geworden bin!

Keith hat mit seinem Aufruf damals viele junge Menschen inspiriert, in die Mission zu gehen. Aber in vielen anderen hat er auch ein schlechtes Gewissen geweckt. Da saß ich mit meinen 15 Jahren und man sagte mir, wenn ich kein Missionar würde, wäre das Auflehnung gegen Jesus. Ich konnte Missionare unterstützen, für die Verlorenen beten und Jesus in meiner Gemeinde dienen, aber das wäre immer noch nicht genug. Das Problem war: Ich wollte auf keinen Fall Missionar werden (Pastor auch nicht, wenn wir schon dabei sind). Wenn ich in meiner Stillen Zeit mit Gott redete, hörte ich extra nicht so genau hin, denn ich hatte Angst, er würde mir sagen, ich müsse in die Mission gehen. Etwa fünf Jahre später merkte ich, dass ich tatsächlich gern Pastor werden wollte, und bewarb mich fürs Bible College.

Eine hohe Berufung

Auch im Bible College hatte es natürlich einen besonderen Stellenwert, wenn jemand in den hauptamtlichen Dienst ging. Ich weiß nicht, wie oft ich in dieser Zeit hörte, dass der hauptamtliche Dienst eine hohe Berufung sei. Professoren und Prediger erinnerten uns häufig daran, wie wenige Studenten sich für diesen Weg entschieden und dass noch weniger davon ihre ersten fünf Jahre im Dienst überstehen würden. Ich weiß, sie meinten es gut – sie versuchten uns zu inspirieren und auf die Schwierigkeiten vorzubereiten, denen wir begegnen würden. Aber in ihrer Warnung lag auch eine unterschwellige Herausforderung zum Vergleichen: „Wirst *du* zu den wenigen gehören, die durchhalten?"

Und das ist das Problem, wenn man einem Trupp junger, selbstbewusster Studenten sagt, der hauptamtliche Dienst sei eine noble Berufung: Sie fangen an zu glauben, es sei eine noble Berufung. Der hohe Anspruch verstärkte den Trugschluss, es gäbe ein christliches Zweiklassensystem.

Am lautesten redete nicht das, was gesagt wurde, sondern das, was nicht gesagt wurde. Ich kann mich nicht erinnern, dass irgendein Prediger jemals gesagt hätte: „75 Prozent von euch werden ihren Abschluss hier nicht machen – und das ist gut so! Wir freuen uns schon darauf, welche Wege Gott für euch im Sinn hat. Nehmt also alles mit, was ihr hier lernen könnt, und setzt es ein, wo immer es euch hin verschlägt. Gott weiß schon, dass diese Welt mehr Wirtschaftsfachleute, Innenarchitekten und Computerspezialisten braucht, die sich auch gut in der Bibel auskennen." (Inzwischen hat sich die Situation dankenswerterweise geändert. An meinem College spricht man heute mit Stolz über die Absolventen, die einen anderen Berufsweg verfolgt haben, und bietet besondere Kurse für Studenten an, die nicht hauptamtlich in der Kirche arbeiten wollen.)

Ich frage mich, wie viele meiner Mitstudenten noch heute das Gefühl haben, Gott verraten zu haben, weil sie nicht im hauptamtlichen Dienst geblieben sind. Ich habe mich einmal mit jemandem unterhalten, der das Bible College abgebrochen hatte, und er sagte mir, dass dieser Abbruch – in seinen Augen ein unverzeihliches Versagen – ein entscheidender Faktor für das Scheitern seiner Ehe gewesen sei. Es war nicht der einzige Faktor, aber seine Exfrau hatte deutlich gemacht, dass sie mit einem Pastor verheiratet sein wollte, nicht mit einem Gebrauchtwagenhändler. Und wie viele ehemalige Missionare oder Pastoren mögen wohl damit Mühe haben, einen Sinn und Gottes Anerkennung in dem zu finden, was sie nach ihrem vollzeitlichen Dienst tun?

Ich habe auch mit vielen Christen gesprochen, die glauben, sie seien

Manche Christen leben unter der Last der Annahme, Gott wäre glücklicher, wenn sie alles verkauft hätten und in die Mission gegangen wären.

Christen zweiter Klasse, weil sie nicht im hauptamtlichen Dienst sind. Sie leben unter der Last der Annahme, Gott wäre glücklicher, wenn sie alles verkauft hätten und in die Mission gegangen wären.

Fast so gut

Über 20 Jahre lang habe ich heimlich befürchtet, Keith Green könnte vielleicht doch recht haben, zumindest zum Teil. Was könnten wir denn im Licht der Ewigkeit anderes zu tun haben, als das Evangelium weiterzugeben? Auf den ersten Blick erscheint das so biblisch und ich habe noch nie gehört, dass ein Pastor diesen Satz infrage gestellt hätte. Aber wenn jeder in die Mission gehen würde, wer würde die Missionare unterstützen? Gottes Strategie, um die Missionsarbeit aufrechtzuerhalten, würde dann darauf beruhen, dass ihm die Mehrheit von uns ungehorsam ist.

„Aber das ist schon in Ordnung", schien die Botschaft in der Gemeinde zu lauten. „Wir wollen nicht, dass ihr ein schlechtes Gewissen habt – ihr könnt es wiedergutmachen. Geht zur Kirche, zahlt euren Gemeindebeitrag, unterstützt unsere Missionare, arbeitet in der Gemeinde mit, haltet Kindergottesdienst, seid an eurem Arbeitsplatz gute Zeugen für Jesus. Kollegen für Jesus zu gewinnen ist fast so gut wie Missionar zu sein." Alles, was hier genannt wurde, waren sozusagen die Trostpreise für diejenigen, die nicht in den hauptamtlichen Dienst gingen. Aber was, wenn du absolut nicht gern die Jungschar leiten willst? Oder wenn du einen Job hast, bei dem du keine Kollegen hast, und die Einzigen, denen du das Evangelium weitergeben könntest, sind die Eichhörnchen, die dir dabei zusehen, wie du einen Graben aushebst? Natürlich hätte niemand die Dinge tatsächlich so gesagt. Aber das Problem lag gerade in dem, was die christlichen Leitfiguren eben *nicht* aussprachen. Ich habe viele Predigten darüber gehört, dass man die Missionsarbeit unterstützen und an seinem Arbeitsplatz das Evangelium weitergeben sollte. Aber ich kann mich an kaum eine Predigt erinnern, in der es darum ging, dass man Gott auch durch harte, ehrliche Arbeit dienen kann.

Aber an jenem Abend bei Starbucks erlebte ich eine Befreiung. Ich erkannte plötzlich, dass mein Job sinnvoll war – und nicht nur deshalb, weil ich den Missionsbefehl erfüllte, evangelisierte oder einen Teil von dem, was ich mit diesem Job verdiente, spendete. Er war sinnvoll, weil er ein anderes Gebot erfüllte, das bereits ein paar Jahrtausende vor dem Missionsbefehl existierte. Aber bevor ich das erkläre, muss ich etwas über den tiefsinnigen Gedanken sagen, den ich an jenem Abend verfolgte, während ich das Café wischte.

Die Bibel, die Jesus las

Es wäre übertrieben zu behaupten, Christen lesen das Alte Testament überhaupt nicht. Aber jedenfalls lesen sie es meist nicht sehr intensiv. Wir kennen die üblichen Geschichten aus Sonntagsschule und Kindergottesdienst, die Zehn Gebote, Teile der Psalmen und der Sprüche und ein paar messianische Verheißungen. Aber viele Christen behandeln das Alte Testament so, wie sie das Vorwort in anderen Büchern behandeln – sie wissen, es könnte wichtig sein, aber sie überblättern es trotzdem.

Die Verfasser des Neuen Testaments sahen das anders. Was wir heute das Alte Testament nennen, nannten sie die Heilige Schrift. Sie zitierten das Alte Testament immer wieder. Es galt ihnen als Maßstab und sie lebten nach seinen Anweisungen. Es war für sie alles andere als das Vorwort; sie sahen es als das Herzstück. Sie schrieben die Evangelien, die Geschichte der frühen Kirche, Briefe und Ähnliches, um die erstaunlichen Auswirkungen von Jesu Leben, Tod, Auferstehung und Himmelfahrt zu erklären. Sie schrieben all das nicht, um das Alte Testament zu ersetzen, sondern um es zu vervollständigen.

Warum ist das so wichtig? Weil die Verfasser des Neuen Testaments keineswegs die Absicht hatten, das Alte Testament zu ersetzen, konnten sie gezielt auswählen, worüber sie schreiben wollten. Sie mussten nicht jedes nur denkbare Thema behandeln, weil sie voraussetzen konnten, dass ihre Leser das Alte Testament bereits kannten. So redet das Neue Testament zum Beispiel kaum über Anbetung und Gottesdienst, denn wir haben bereits die Psalmen, die uns zeigen, wie man Gott lobt und zu ihm betet.

Noch ein weiteres Beispiel. Das Neue Testament sagt nicht viel zum Thema Sex außer: „Nicht außerhalb der Ehe."[9] Wenn wir nur das Neue Testament hätten, könnten wir glauben, Gott halte nicht viel von Sex. Wenn du wissen möchtest, wie positiv die Bibel tatsächlich über Sex redet, lies mal die Sprüche und das Hohelied – ein ganzes Buch, das sich mit nichts anderem befasst als mit dem unbefangenen Genuss sexueller Begegnung.

Je mehr ich die Bibel lese, umso deutlicher wird mir, dass die Apostel von ihren Lesern erwarteten, die Weisung für ihr Leben auch aus dem Alten Testament zu beziehen. Wenn wir das Alte Testament nicht gut genug kennen, haben wir ein unvollständiges Bild davon, was Gott uns eigentlich sagt. Vieles, was ich zu einem fanatischen Glauben rechne, ist das Ergebnis einer Vernachlässigung des Alten Testaments zugunsten des Neuen. Das ist fast ironisch, wenn man es einmal so sieht. Wie die meisten Christen habe auch ich früher mit dem Alten Testament nur den Zorn Gottes, Gesetze und auf keinen Fall Spaß in Verbindung gebracht. Aber in Wirklichkeit redet das Alte Testament sehr häufig von Feiern, Festen und sehr viel Lebensfreude.

Vieles, was ich zu einem fanatischen Glauben rechne, ist das Ergebnis einer Vernachlässigung des Alten Testaments zugunsten des Neuen.

Das erste Große Gebot

Als ich darüber nachdachte, wie das Alte und das Neue Testament gemeinsam ein vollständiges Bild des christlichen Lebens ergeben, ging mir plötzlich etwas auf, was ich zuvor nicht gesehen hatte. Das Große

Gebot Jesu am Ende des Matthäusevangeliums, der Missionsbefehl, war nicht das erste Große Gebot. Jesus gab uns dieses Gebot in der Annahme, dass wir das frühere Große Gebot, das sich bereits am Anfang der Bibel findet, selbstverständlich weiterhin befolgen würden.

Dann sagte Gott: „Jetzt wollen wir den Menschen machen, unser Ebenbild, das uns ähnlich ist. Er soll über die ganze Erde verfügen: über die Tiere im Meer, am Himmel und auf der Erde."

So schuf Gott den Menschen als sein Ebenbild, als Mann und Frau schuf er sie.

Er segnete sie und sprach: „Vermehrt euch, bevölkert die Erde, und nehmt sie in Besitz! Ihr sollt Macht haben über alle Tiere: über die Fische, die Vögel und alle anderen Tiere auf der Erde!" (1. Mose 1,26-28)

Das erste Große Gebot, das Gott den Menschen gab, lautete: Arbeitet in meinem Garten, kümmert euch gut um ihn und herrscht über die Erde. Wir sind zum Ebenbild Gottes geschaffen und das bedeutet (unter anderen): Wir sind Gottes Stellvertreter auf der Erde. „Bevölkert die Erde, und nehmt sie in Besitz" meint nicht: „Plündert sie aus, so schnell ihr könnt", sondern: „Sorgt gut für sie, in Gottes Namen". Gott hat Adam nicht nur geboten zu herrschen, sondern auch zu arbeiten. „Gott, der Herr, setzte den Menschen in den Garten von Eden. Er gab ihm die Aufgabe, den Garten zu bearbeiten und zu schützen" (1. Mose 2,15).

Was Gott für seine Kinder im Sinn hatte, bevor die Sünde in die Welt kam, war, dass sie hart arbeiten, aber auch die Früchte ihrer Arbeit genießen sollten. Arbeit – harte, schweißtreibende Arbeit, bei der man sich die Hände schmutzig macht – spielte eine große Rolle in seiner ursprünglichen Absicht für uns.

Der Sündenfall und die Ereignisse aus 1. Mose 3 haben dieses erste Große Gebot nicht außer Kraft gesetzt; sie haben es allerdings nötig gemacht, dass dieses Gebot durch das zweite Große Gebot, den Missionsbefehl in Matthäus 28, ergänzt wurde. Ein radikal normales Leben aus der Liebe zu Gott wird sich nicht fanatisch auf das zweite Große Gebot stürzen und das erste vergessen. Es wird sich auch nicht behaglich mit dem ersten zufriedengeben und das zweite ignorieren.

Keith Green sprach ganz biblisch, als er sagte, Jesus rufe uns alle auf, in die Mission zu gehen. Aber er sprach doch nicht biblisch genug. Er übersah das erste Große Gebot ebenso wie die Praxis der frühen Kirche. Paulus hat den Lesern seiner Briefe nie empfohlen, ihren Job aufzugeben und mit ihm auf Missionsreise zu ziehen. Er hat vielmehr den meisten jungen Christen dringend geraten zu bleiben, wo sie waren.

An jenem Abend im Starbucks-Café habe ich endlich verstanden, dass Gott unserer ganz normalen harten Arbeit eine Würde gibt. Wenn wir ein Zehntel unseres Einkommens spenden oder unsere Kollegen anpredigen, macht das unsere Arbeit nicht heiliger. Aber indem ich meine 4-Dollar-Lattes so gut wie möglich zubereitete und den Fußboden so sauber wischte, wie ich nur konnte, gab ich Gott die Ehre. Ich erfüllte das erste Große Gebot.

> Wenn wir einen Hammer schwingen, Kinder unterrichten, Computer installieren oder einen Bus fahren, erfüllen wir das erste Große Gebot.

Überlegen wir, wie radikal dies unseren Blick auf unsere Arbeit verändern könnte – wenn wir einen Hammer schwingen, Kinder unterrichten, Computer installieren oder einen Bus fahren, erfüllen wir das erste Große Gebot. Es sei denn, du bist überzeugt, dass Gott dich in den hauptamtlichen Dienst berufen hat, kannst du jetzt aufhören, sich darum Sorgen zu machen. Du kannst dich einfach darauf konzentrieren, so gut wie möglich zu arbeiten und Gott zu dienen – in jedem Job, den du finden kannst. (Nun vielleicht nicht ganz in jedem – ich bezweifle ernsthaft, dass man als Zuhälter Gott die Ehre geben kann.)[10]

Gott erwartet also nicht, dass wir alle Missionare werden. Heißt das, wir sollten uns mit einem mittelmäßigen Leben zufriedengeben und erst gar nicht nach den bedeutenden Dingen im Reich Gottes streben? Nein.

Mittelmäßigkeit ist das Letzte, was Gott für uns will. Gott möchte, dass wir uns ganz entfalten. Er will, dass wir bedeutend sind. Er möchte, dass die Ecke der Welt, in der wir leben, anders ist, weil *wir* hier leben. Das Problem ist: Wir haben meistens eine verzerrte Sicht von Bedeutung und Größe. Und darüber reden wir jetzt.

5

Ganz normal besonders

Die wöchentliche Predigtvorbereitung ist das Beste am Job eines Pastors – und das Schlimmste. Ein befreundeter Pastor hat mal gesagt, es sei, als habe man am Sonntag ein Baby geboren und entdecke am Montag, dass man wieder schwanger ist. In der Zeit, in der ich meinem Nebenjob nachging, war es eine meiner größten Herausforderungen, genug Zeit zu finden, um meine Predigten zu schreiben. Um zwei Fliegen mit einer Klappe zu schlagen, beschloss ich, über ein paar der Themen zu predigen, mit denen ich mich auch in diesem Buch beschäftige.

Die erste Predigt in dieser Serie beruhte in etwa auf Kapitel 3: „Es ist okay, normal zu sein". Ich hatte den Eindruck, der größte Teil der Gemeinde war mit der Botschaft einverstanden. Aber in der dritten Reihe saß Nate mit gerunzelter Stirn. Nach dem Gottesdienst kamen wir ins Gespräch. „Wenn meine Frau und ich Ihrem Rat gefolgt und einfach normal gewesen wären", sagte er, „hätten wir niemals Odessa adoptiert." Ich musste ihm recht geben. Ein Kind aus Indien zu adoptieren, das noch dazu möglicherweise besonders viel Zuwendung benötigen würde, war nicht gerade das, was die meisten Menschen unter normal verstehen.

War es das, was ich wollte? Christen davon abbringen, große und radikale Dinge zu tun? Wenn ich dieselbe Predigt ein Jahr früher gehalten hätte, säße Odessa dann immer noch in einem indischen Waisenhaus? Kann man ein radikal normaler Christ und radikal gehorsam sein, ohne fanatisch zu werden? Was wäre geschehen, wenn Mutter Teresa sich mit dem Status quo zufriedengegeben hätte oder wenn der Apostel Paulus sich damit begnügt hätte, eben weiterhin Zelte zu nähen?

Mir war klar, dass es nicht das war, was ich meinte – ich wünschte mir eine Gemeinde, in der die Menschen nach Bedeutendem und Großem strebten, nicht nach Mittelmäßigkeit. Worin bestand der Unterschied zwischen Nates radikaler Hingabe und fanatischem Glauben?

Der Leib Christi

Ich verrate dir gleich, was ich Nate geantwortet habe. Lass uns aber zuerst über einen Ausdruck nachdenken, den wir häufig verwenden: den „Leib Christi". Wir vergessen manchmal, dass es weniger ein Titel der Kirche ist als ein Bild für die Gemeinde.

So wie unser Leib aus vielen Gliedern besteht und diese Glieder einen Leib bilden, so besteht auch die Gemeinde Christi aus vielen Gliedern und ist doch ein einziger Leib. Wir haben alle denselben Geist empfangen und gehören durch die Taufe zu dem einen Leib Christi, ganz gleich, ob wir nun Juden oder Griechen, Sklaven oder Freie sind; alle sind wir mit demselben Geist erfüllt. Nun besteht ein Körper aus vielen einzelnen Gliedern, nicht nur aus einem einzigen (1. Korinther 12,12-14).

Die Kirche gleicht unserem Leib, der aus vielen unterschiedlichen Teilen besteht, die alle ihre besondere Aufgabe haben. Vielleicht denken wir nicht oft darüber nach, wie wichtig Fingernägel sind, bis wir sie mal zu kurz schneiden und entdecken, wie nötig unsere Fingerspitzen einen Schutz haben. Jeder Teil des Leibes Christi hat eine entscheidende Rolle zu spielen, aber meistens überschätzen die einzelnen Teile ihre Rolle oder sie unterschätzen sie.

Das Schöne an Paulus' Vergleich ist, dass er so eindrücklich illustriert, wie sehr jeder Teil auf die anderen angewiesen ist. Vor ungefähr zehn Jahren musste ich einen Zaun um unseren Garten ziehen, aber als Handwerker bin ich katastrophal. IKEA-Möbel zusammenzuschrauben, bringt mich an die Grenzen meiner handwerklichen Fähigkeiten. Zum Glück habe ich ein paar Freunde, die darin besser sind. Sie halfen mir – vor allem, indem sie mir einfache Nebenjobs gaben, damit ich ihnen nicht in die Quere kam, während sie den Zaun setzten. Einer von der Truppe beobachtete, wie ich ein paar Minuten lang einen Hammer schwang, kam dann zu mir rüber und sagte: „Du machst das wohl nicht oft, oder?" Vielleicht hätte mich das kränken können, aber ich lachte nur. Ich bin zufrieden damit, wie Gott mich gemacht hat, mit all meinen Stärken und Schwächen; und mir ist auch sehr deutlich bewusst, wie sehr ich den Rest des Leibes brauche.

Angenommen, der ganze Körper bestünde nur aus Augen, wie könnten wir dann hören? Oder der ganze Leib bestünde nur aus Ohren, wie könnten wir dann riechen? Deshalb hat Gott jedem einzelnen Glied des Körpers seine besondere Aufgabe gegeben, so wie er es wollte. Was für ein sonderbarer Leib wäre das, der nur einen Körperteil hätte! Aber so ist es ja auch nicht, sondern viele einzelne Glieder bilden gemeinsam den einen Leib (1. Korinther 12,17-20).

Hast du dich schon mal mit irgendeinem anderen Teil des Leibes verglichen und dabei schlecht abgeschnitten? Vielleicht denkst du: „So wie Mutter Teresa könnte ich mich nie um die Armen kümmern" oder: „Unser Pastor kann Menschen viel besser trösten als ich". Natürlich kannst du vielleicht nicht das tun, was andere tun – du bist schließlich ein anderer Mensch. Wir neigen dazu, uns immer an unseren Schwachpunkten mit anderen Menschen zu vergleichen, die genau darin besser oder stärker sind. Aber du solltest nicht vergessen, dass auch die anderen ihre Schwachpunkte haben.

Meine Frau ist eine viel bessere Mutter, als ich es je sein werde. Mir fehlen viele der notwendigen Voraussetzungen für diesen Job, aber deswegen bin ich noch lange kein Versager. Ich bin ein besserer Vater als sie.

Freude finden wir nicht, wenn wir den Job von irgendjemand anderem gut machen, sondern indem wir unsere Rolle ausfüllen und den anderen erlauben, die ihre zu spielen.

Ich denke, es ist ziemlich offensichtlich, dass niemand allein den ganzen Leib bildet, aber trotzdem ist es sehr leicht, uns in unseren Köpfen ein Bild des idealen Christen zusammenzubasteln. Der ideale Christ betet eine Stunde am Tag, liest die Bibel und betreibt Haustürevangelisation. Er ist herzlich, kontaktfreudig, unglaublich begabt für den pastoralen Dienst, aber er hat nie mit Stolz zu kämpfen. Er ist sich der Liebe Gottes ganz sicher, kann aber auch sehr gut mit Menschen mitempfinden, die leiden oder trauern. Er weiß immer genau, wann es zu trösten gilt und wann liebevoll zu konfrontieren.

Das ist ein Mythos. Solche Leute existieren nicht; sie könnten gar nicht existieren, es sei denn, sie verfügten über ein unerschöpfliches Erbe und eine multiple Persönlichkeit. Unsere Idealkompositionen setzen sich aus widersprüchlichen Fähigkeiten und Persönlichkeiten zusammen. Der Mann, der ungewöhnlich verständnisvoll ist, hat meistens seine Mühe damit, klare Worte zu sprechen. Die Frau, die noch nie an Gottes Liebe gezweifelt hat, versteht ihre Freundinnen nicht sehr gut, die sich schwertun, sich auch nur angenommen zu fühlen. Unsere Schwächen sind keine Konstruktionsfehler – sie sind uns bewusst mitgegeben. Der Leib braucht jeden Teil, damit er seine Aufgabe erfüllen kann. Gott hat uns so konstruiert, dass wir nicht nur auf seine Gnade, sondern auch aufeinander angewiesen sind.

Unterschiedliche Berufungen

Unsere individuellen Stärken und Schwächen geben uns einen einzigartigen Platz im Leib Christi. Nehmen wir also die besondere Rolle und Berufung wahr, die eine Leidenschaft in uns wecken. Denk zum Beispiel an die vielen Dinge, zu der Gott die Kirche beruft:

- freimütig die Wahrheit aussprechen
- Menschen helfen
- Menschen Wissen über Gott und die Bibel vermitteln
- Niedergeschlagene ermutigen
- Notleidende versorgen
- andere führen
- einander mit Gnade und Erbarmen begegnen

Die Liste basiert auf Römer 12,6-8. Ich bin mir sicher, beim Durchlesen hat dich der eine oder andere Punkt mehr angesprochen als andere. Wie schon gesagt, niemand kann alles tun, was getan werden sollte. Gott hat einigen von uns eine Leidenschaft für bestimmte Dinge gegeben, andere begeistert er für andere Aufgaben. Immer wenn wir uns ausschließlich auf eine Berufung versteifen (wie Keith Green es im Blick auf die Missionsarbeit zu tun schien) und versuchen, allen Christen nahezubringen, sie müssten ebenfalls diese eine Berufung verfolgen, sagen wir damit: Die Kirche braucht keine Augen, dafür aber jede Menge Münder.

Noch ein kurzes Beispiel dafür, wie ich gelernt habe, Wertschätzung für die Berufung anderer zu entwickeln. Manche Pastoren sind Demokraten und manche sind Republikaner. Mir selbst ist das mehr oder weniger gleichgültig. Das größte Problem in unserem Land ist nicht die Frage, welche politische Partei an der Macht ist, sondern wie viel Sünde in den Herzen der Menschen herrscht. Jesus ist der einzige wirksame Weg, dieses Problem zu bewältigen, und deswegen investiere ich meine Energie lieber, indem ich durch das Evangelium Herzen verwandle.[11] Man könnte mit gutem Grund sagen, dass die Politik nicht meine Berufung ist.

Es gab eine Zeit, in der ich meinte, meine Berufung als Pastor sei höher als die Berufung in die Politik. Dann sah ich den Film *Amazing Grace* und musste zugeben, dass Gott William Wilberforce dazu berufen hatte, dabei mitzuwirken, die Sklaverei im britischen Empire zu beenden. Ehrlich, ich möchte wirklich nicht, dass alle Christen dieselbe

Haltung gegenüber der Politik einnehmen wie ich. Wehe uns, wenn Christen sich ganz aus dem politischen Leben zurückziehen. Gott hat vielen Christen eine Leidenschaft dafür geschenkt, mit den Mitteln der Politik für bleibende Veränderung zu arbeiten, und darin ermutige ich sie sehr gern.

Deine hohe Berufung

Nach Nates berechtigter Anfrage mit Hinweis auf die Adoption ihrer Tochter Odessa verbrachte ich den Rest des Sonntags größtenteils mit Grübeln. Ich versuchte zu ergründen, was der Unterschied zwischen radikalem Gehorsam und fanatischem Gehorsam ist. Dann ging mir ein Licht auf und ich griff zum Handy, um Nate anzurufen. Keine Antwort. Ich konnte nicht warten und hinterließ eine Nachricht auf seiner Mailbox:

„Nate, wenn ich ein Kind aus Indien adoptieren würde, weil ich glaube, dass ich das als guter Christ tun sollte, dann wäre das fanatisch. Aber ihr habt Odessa nicht adoptiert, weil irgendjemand euch dazu gedrängt und gesagt hat, ihr solltet es tun. Ihr habt sie adoptiert, weil es genau das war, was ihr wirklich wolltet. Gott hatte euch schon lange darauf vorbereitet. Es war ein großes Opfer, ein radikales Opfer, aber es war gleichzeitig eine tiefe Freude für euch."

Ebenso bin auch ich ja nicht deswegen im hauptamtlichen Dienst, weil gute Christen das eben nun mal so machen, sondern weil ich damit das tue, was ich gern tue. Predigen ist keine höhere oder bessere Berufung als Häuser zu bauen, Kinder zu unterrichten oder Müll zu sammeln. Aber es ist meine Berufung.

Ich würde nicht wollen, dass jemand Missionar oder Pastor wird, es sei denn, er weiß ganz sicher, dass Gott ihn oder sie berufen hat – nicht, weil ich es für zu ehrgeizig oder zu groß hielte, sondern weil es in gewisser

> Ich würde nicht wollen, dass jemand Missionar oder Pastor wird, es sei denn, er weiß ganz sicher, dass Gott ihn oder sie berufen hat.

Weise eher zu klein für den Betreffenden wäre. Die höchste Berufung, die wir finden können, ist die, die Gott uns gegeben hat. Er hat uns geschaffen, er weiß, wie wir ticken, er kennt unsere Lebensgeschichte und unsere Erfahrungen und er sagt: „Hier ist die Aufgabe, die du besser wahrnehmen kannst als irgendjemand sonst." Jede andere Berufung mag sich großartig anhören, aber es wäre eine Ablenkung. Fanatischer Glaube hat schon zu viele Christen von ihrer tatsächlichen Berufung abgelenkt. Wenn man dir lange genug erzählt hat, du solltest Missionar werden, kann es schwer sein zu erkennen, dass deine wahre Berufung darin liegt, ein wirklich guter Barista zu sein, der ein offenes Ohr für seine Kunden hat.

Der Unterschied zwischen fanatischem Glauben und radikaler Normalität hat nichts damit zu tun, wie groß das Opfer ist, das sie bringen, oder wie ungewöhnlich es anderen erscheinen mag. Wenn die Motivation für dein Opfer Schuldgefühle, ein Gefühl von Verpflichtung oder Gesetzlichkeit sind, ist das fanatisch. Wenn du dagegen etwas tust, weil es dir Freude macht, Gott zu gehorchen, indem du genau das tust, dann bist du einfach radikal normal. Ich habe einige Freunde, die Missionare sind und diese Aufgabe wirklich lieben. Sie hoffen sehr, dass Gott sie noch nicht so bald wieder nach Hause zurückruft. Aber auch sie kennen andere Missionare, die unglücklich sind, weil sie ihrer Aufgabe aus Pflichtgefühl nachgehen, nicht aus Freude. Wer, glaubst du, wird die Liebe Gottes überzeugender weitergeben?

Was aber, wenn du dich weigerst, deine Berufung wahrzunehmen, weil sie dir zu schwer erscheint? Was, wenn du nichts anderes und nicht mehr willst als Videogames spielen, reich werden und so oft wie möglich in den Urlaub fahren? Na ja, das meine ich mit kurzsichtigem, selbstbezogenem Glauben.

Zu bescheidene Ansprüche

In meiner Starbucks-Filiale gab es einen Kunden, der mehr Zeit im Laden verbrachte als ich. Moe war ein spezieller Typ. Er trug Klamotten, die längst out waren und ihm um den knochigen Körper schlotterten; er hatte dicke Brillengläser in einem Gestell, das schon aus der Mode war, seit … na ja, ich bezweifle, dass es überhaupt jemals in Mode gewesen war. Moe erschien jeden Morgen um zehn und blieb dann bis ungefähr acht Uhr abends. Für fast zehn Stunden verschwand er in irgendeiner Ecke und spielte Videogames. Gelegentlich bestellte er ein Wasser oder suchte die Toilette auf, ansonsten saß er nur dort, zufrieden damit, imaginäre Königreiche zu erschaffen und zu verteidigen. Manchmal beneidete ich ihn fast dafür, dass ihm jedes Verantwortungsgefühl zu fehlen schien (meist dann, wenn ich meinen Kopf gegen die Wand schlug, um ein paar vernünftige Gedanken für meine Predigt herauszuschütteln). Aber die meiste Zeit tat er mir leid.

Ich meinte, sein Leben müsse leer und deprimierend sein.

Wir hatten andere Kunden, die hart arbeiteten, sich hip anzogen und ansehnliche Trinkgelder daließen. Von außen gesehen standen sie am anderen Ende des Spektrums als Moe. Aber wenn ich ihnen zusah oder ihre Gespräche mithörte, erkannte ich, dass ihre Ansprüche an das Leben genauso niedrig waren wie die von Moe. Sie waren damit zufrieden, Zeit und Energie darauf zu verwenden, ihr eigenes kleines Königreich zu bauen – im Job groß rauszukommen, den durchgestyltesten Körper im Fitnessstudio zu präsentieren oder das große Geld zu machen, um es nur für ihre eigenen Interessen auszugeben. Ihre Ziele waren genauso selbstsüchtig und kurzsichtig, wie den ganzen Tag lang Videospiele zu spielen.

Das ist nicht das, was Gott für dich oder mich im Sinn hat. Er möchte, dass wir Großes leisten. Er möchte, dass wir „als Gottes vorbildliche Kinder mitten in dieser verdorbenen und dunklen Welt leuchten wie Sterne in der Nacht"[12]. Er möchte, dass unser Leben eine Bedeutung erhält, die den Glanz der Sterne überstrahlt. Wir sollen das Reich Gottes voranbringen und die Welt verändern; wir sollen der Erde und ihren Bewohnern Heilung und Hoffnung bringen. Die meisten von uns sind nicht besonders ehrgeizig – wir sind bei Weitem nicht ehrgeizig genug. Wir geben uns, mit den Worten von C. S. Lewis, viel zu schnell zufrieden.

Wie man Größe erlangt

Neulich habe ich ein inspirierendes Buch gelesen. Es ging darum, wie man sein Leben gestaltet und ihm Bedeutung verleiht. Es enthielt jede Menge Mut machender Geschichten von Männern und Frauen, die ihr Leben in den Dienst irgendeiner großen Sache gestellt hatten. Mir gefiel, wie der Autor mich dazu motivierte, jede Szene meines Lebens ganz bewusst zu gestalten. Aber etwas an dem Buch irritierte mich. Die meisten Geschichten handelten von Leuten, die schon von Anfang an gute Karten hatten; zum Beispiel besaßen sie millionenschwere Unternehmen oder waren berühmt.

Was ist mit dem Rest von uns? Während ich diese Zeilen schreibe, bin ich ein unbekannter Pastor, dessen bisher größte Leistung darin bestand, seine ohnehin schon kleine Gemeinde noch weiter zusammenzuschrumpfen. Ich besitze nicht die Führungsqualitäten, um ein Non-Profit-Unternehmen von Weltklasse zu schaffen. Und vielleicht hast auch du nicht das Geld, eine kapitalkräftige Stiftung zu gründen so wie Bill Gates. Keinem von uns wurde die Ehre zuteil, zum Seelsorger der Fußballnationalmannschaft gekürt zu werden. Kennst du das Poster, auf dem in Großbuchstaben das Wort „Potenzial" steht – über einem Bild einer Portion Pommes? Unter dem Bild steht: „Nicht jeder wird Astronaut, wenn er erwachsen wird." Geht es uns auch so? Fehlt uns einfach das Potenzial für Größe und Bedeutung?

Meine Antwort ist ein entschiedenes Nein. Ich glaube, Gott hat alle seine Kinder dazu erschaffen, dass sie Größe und Bedeutung erlangen. Er hat keine Lieblingskinder. Er hat den Schlüssel zum Königreich nicht ein paar Auserwählten gegeben und den Rest von uns mit Kinderscheren und Buntstiften abgespeist. Lass mich erklären, wie ich die Sache sehe.

Wenn es Gott um Effizienz ginge, würde er vermutlich niemanden von uns an seinem Werk beteiligen. Der geringste seiner Engel könnte wahrscheinlich mehr ausrichten als wir alle zusammen. Ich denke an die vielen Male, in denen Grace und Sarah mir beim Autowaschen geholfen haben. Glaub mir, es geht dabei nicht um billige Arbeitskraft. Wenn die beiden mir helfen, dauert die Sache viel länger, vor allem dann, wenn Sarah den Schlauch in die Finger bekommt. Aber das ist in Ordnung, denn es geht mir nicht um Effizienz. Ich möchte Zeit mit meinen Töchtern verbringen und ihnen gleichzeitig zeigen, was arbeiten bedeutet. Und ganz ähnlich, da bin ich mir ziemlich sicher, ist es Gottes Ziel, wenn er uns am Bau seines Reiches mitarbeiten lässt, uns enger mit ihm selbst zu verbinden und uns auf die Ewigkeit vorzubereiten. Die Bibel gibt uns viele Hinweise, dass wir jetzt die Fähigkeiten erlernen, die wir im Himmel brauchen werden, wo wir sogar über die Engel richten sollen.[13] Also: Finden wir Größe und Bedeutung darin, dass wir ein größeres Eckchen vom Auto waschen? Oder geht es eher darum, die Aufgabe zu erfüllen, die er uns gegeben hat, egal wie unbedeutend sie uns erscheinen mag?

Unsere Bereitschaft, die Stars und Sternchen dieser Welt zu Idolen zu machen, offenbart, wie tief wir davon überzeugt sind, im christlichen Glauben ginge es darum, was Menschen vermögen, nicht um das, was Gott vermag. Aber wir alle, vom Apostel Paulus über Billy Graham bis hin zu dir und mir, sind ganz und gar auf Gottes Gnade angewiesen, um überhaupt irgendetwas zustande zu bringen. Beim Glauben geht und ging es schon immer nur um ihn.

Unser Problem mit der Größe ist nicht, dass wir nicht das Zeug dazu hätten, sondern dass wir eine verzerrte Sichtweise von Größe haben. Die Kirche verstärkt diese verzerrte Sichtweise noch unbewusst, indem auch sie berühmten Leuten mehr Aufmerksamkeit widmet als den ge-

> Unser Problem mit der Größe ist nicht, dass wir nicht das Zeug dazu hätten, sondern dass wir eine verzerrte Sichtweise von Größe haben.

wöhnlichen Menschen. Aber Größe bemisst sich nicht danach, wie viel Geld wir spenden, wie vielen Menschen wir dienen, wie viele Bücher wir schreiben. Unsere Größe bemisst sich danach, wie gut und umfassend wir den Auftrag erfüllen, den Gott für uns hat.

Wenn wir einmal vor unserem himmlischen Vater stehen werden, wird er unsere Größe nicht so bemessen, wie wir das auf Erden tun. Er wird uns danach beurteilen, wie wir unsere Berufung erfüllt haben. Ich habe mit Leuten gesprochen, die berühmte Schauspieler getroffen haben, und sie sagen oft so etwas wie: „Ich hatte ihn mir größer vorgestellt" oder: „Ich hätte gedacht, sie sei hübscher". Ich bin überzeugt: Wir werden im Himmel von vielen gefeierten Glaubenshelden wenig beeindruckt sein – nicht weil sie in irgendeiner Weise versagt hätten, sondern weil wir eine überhöhte Sicht von ihnen hatten. Und wir werden wahrscheinlich höchst überrascht sein, dass viele der wirklichen Glaubensgrößen Leute sind, von denen wir nie gehört haben.

Die eigene Berufung finden

Wie finden wir also unsere Berufung, unseren Weg zu Größe und Bedeutung? Was können wir denn besser als Mutter Teresa oder Billy Graham? Über diese Frage habe ich mich mit meiner Freundin Heather unterhalten, denn ihre Berufung (und ihr Beruf) ist es, anderen zu helfen, den Job zu finden, der ihren Fähigkeiten, Leidenschaften und Erfahrungen bestmöglich entspricht. Sie hat mir zwei Fragen gestellt, um der Sache auf die Spur zu kommen.

Was kannst du gut?

Kennst du das geflügelte Wort: „Gott begabt eher die Berufenen, als dass er die Begabten beruft"? Wenn ich das höre, zucke ich regelmäßig zusammen. Ich verstehe schon, was damit gesagt werden soll – die größten

Leistungen werden von Menschen vollbracht, die sich ihrer Aufgabe so wenig gewachsen fühlen, dass sie bei jedem einzelnen Schritt verzweifelt auf Gott vertrauen müssen. Amen. Aber Gott beginnt schon im Moment unserer Empfängnis damit, uns zu begaben – er schreibt seine Bevollmächtigung bereits in unsere DNA. Dann verbindet er unsere Stärken, Schwächen und Erfahrungen so miteinander, dass sie uns auf unsere Berufung vorbereiten. Wir sollten nicht vergessen, dass Gott einen Paulus bereits Jahre vor seiner Bekehrung auf seine Berufung vorbereitet hat, indem er ihn zum Schüler Gamaliels machte.[14] In ganz ähnlicher Weise wurden die Leidenschaftlichkeit und Impulsivität von Petrus (er konnte in einem Moment jemandem das Ohr abschlagen und im nächsten Jesus verleugnen) durch den Heiligen Geist umgeformt, nicht außer Kraft gesetzt.[15]

Was tust du gern?

Seit ich klein war, hat meine Mutter ein Herz für die Mission gehabt. Aber ihre größte Angst war, dass Gott sie nach Indien schicken würde. Und diese Angst erwuchs aus etwas, das ich „Jammer-und-Elends-Theologie" nenne. Diese Theologie besagt: „Sag nie: ‚Bitte Gott, schick mich nicht dorthin' – denn dann wird er dich genau dorthin schicken!" Dahinter steht der Gedanke, wenn man Gott einen einzigen Lebensbereich verweigert, dann wird dieser Bereich zum entscheidenden Schlachtfeld. Daran mag etwas Wahres sein, aber die Jammer-und-Elends-Theologie unterstellt, dass Gott dann am glücklichsten ist, wenn wir möglichst unglücklich sind.

Meine Erfahrung hat mir das genaue Gegenteil gezeigt. Wenn – und das ist ein großes Wenn –, wenn es wirklich unser Wunsch ist, Gott zu gehorchen, dann führt er uns sehr wahrscheinlich so, wie es auch den Wünschen unseres eigenen Herzens entspricht. Nachdem ich und auch meine Geschwister aus dem Haus waren, konnten meine Eltern für ein paar Jahre in den Missionsdienst gehen. Und wohin hat Gott sie geschickt? Nach Mexiko. Und sie haben ihre Zeit dort sehr genossen.

Tiefe Freude

Der Autor und Pastor Frederick Buechner hat zu diesem Thema etwas
Eindrückliches gesagt:

> *Gott ruft dich in der Regel in eine Aufgabe, die (a) wesentlich ist für*
> *dich und (b) nötig für die Welt. Wenn du wirklich Spaß hast am Ar-*
> *beiten, bist du wahrscheinlich auf dem rechten Weg (Bedingung a).*
> *Wenn deine Arbeit darin besteht, Werbespots für Zigaretten zu*
> *schreiben, ist fraglich, ob die Welt das nötig hat (Bedin-*
> *gung b). Umgekehrt kann es sehr wohl sein, dass du als*
> *Arzt in einer Leprastation zwar etwas Notwendiges tust*
> *(b), aber wenn du dich die meiste Zeit gelangweilt und nie-*
> *dergeschlagen fühlst, hast du vermutlich deinen Beruf ver-*
> *fehlt (a), und was noch schlimmer ist: Du hilfst auch deinen*
> *Patienten nicht viel.*
> *Härenes Hemd oder weiches Bett – das ist hier nicht die*
> *Frage. Der Platz, an den Gott dich stellt, ist dort, wo deine Freude und*
> *der tiefe Hunger der Welt sich begegnen.*[16]

> Der Platz, an den
> Gott dich stellt,
> ist dort, wo deine
> Freude und der tiefe
> Hunger der Welt sich
> begegnen.
> (Frederick Buechner)

Meine Berufung liegt dort, wo meine tiefe Freude daran, die Wahrheit
zu verstehen und weiterzugeben, auf das Bedürfnis der Welt trifft, diese
Wahrheit zu kennen. Das ist meine Berufung. Was ist deine?

- Vielleicht liegt deine tiefe Freude darin, dich um Kranke und Ster-
  bende zu kümmern, und die Welt hungert nach Menschen, die in der
  Kraft Gottes seinen Trost in Pflegeheime und onkologische Stationen
  bringen.
- Deine Freude könnte es sein, einen Hammer zu schwingen und Dinge
  zu bauen (oder einzureißen!), und die Welt braucht Zimmerleute, die
  nach ethischen Grundsätzen handeln, hart arbeiten, weder Firma noch
  Kunden bestehlen und Gottes Liebe beispielhaft leben.
- Deine Freude könnte es sein, Kaffee zuzubereiten und mit Menschen

zu reden, und die Welt könnte Menschen brauchen, die Kaffee zubereiten, ernsthaft am Ergehen anderer interessiert sind und mitten im Alltag ein rasches Gebet sprechen.

- Deine größte Leidenschaft könnte es sein, Kinder zu erziehen und zu unterrichten, und die Welt braucht Erwachsene, die wissen, was es heißt, geliebt zu sein, diszipliniert zu leben und Jesus zu folgen.

Wenn du etwas für Gott tun könntest und wüsstest, dass du damit nicht scheitern könntest – was würdest du tun?[17] Konzentriere dich nicht auf deine Unfähigkeiten, sondern auf seine Gnade. Ich kann nicht garantieren, dass du genau das zustande bringen wirst, was du dir vorstellst, aber du wirst deine wahre Berufung umso eher finden, wenn du in die richtige Richtung gehst. Ich kann nicht versprechen, dass du deinen Lebensunterhalt damit verdienen kannst, wenn du deiner Berufung folgst. Seit meiner Zeit bei Starbucks habe ich aber hohen Respekt vor Menschen, die die ganze Woche lang arbeiten und dann in ihrer Freizeit ihre Berufung leben.

Ich weiß, was ich mir für meine Töchter wünsche. Ich möchte, dass sie einmal Großes leisten, dass ihr Leben Bedeutung hat und dass ihnen alles gelingt, was sie in die Hand nehmen. Und wenn ich sie bitte, mir beim Autowaschen zu helfen, dann geschieht das auch, um sie auf ihre Größe und Bedeutung vorzubereiten. Ich bin überzeugt: Meine Wünsche für meine Kinder spiegeln die Wünsche, die unser himmlischer Vater für uns hat. „Gott hat seinen eigenen Sohn nicht verschont, sondern ihn für uns alle dem Tod ausgeliefert. Sollte er uns da noch etwas vorenthalten?" (Römer 8,32).

Wenn Gott uns genug liebt und schätzt, um uns seinen Sohn zu schicken, damit er uns aus dem Abgrund der Sünde herausholt – glauben wir wirklich, er wird es damit bewenden lassen, uns am Rand des Abgrunds sitzen zu lassen? Er hat weit größere Pläne mit und für uns, als uns einfach nur aus der Hölle zu holen. Streben wir also nach Großem, verfolgen wir unsere Berufung und kümmern wir uns nicht darum, ob andere glauben, dass sie nicht geistlich genug ist. Das Einzige, was wirklich zählt, ist, was Gott darüber denkt. Und Gott kann es gar nicht erwarten, endlich mit uns ans Autowaschen zu gehen.

Als ich bei Starbucks arbeitete, hat es mich immer wieder geärgert, dass die nervigsten Kunden sich oft als Christen entpuppten. Viele Christen scheinen den Rat, „nicht von der Welt" zu sein, ein wenig *zu* wörtlich zu nehmen. Gut gemeinte, aber irregeleitete Versuche, eben anders zu sein als die anderen, haben zu jeder Menge absonderlichem Verhalten unter Christen geführt – bis dahin (und das ist bei Weitem noch nicht das Extremste), dass man christliche Freizeitparks baut oder eine Liste christlicher Schimpfwörter herausgibt. Sicher ist es ein Problem, wenn wir uns nicht mehr von der uns umgebenden Kultur unterscheiden; aber es ist ebenso ein Problem, wenn wir überhaupt keine Verbindung mehr dazu haben.

Komische Christen

Als ich eines Nachmittags zur Arbeit bei Starbucks erschien, fiel mir auf dem Parkplatz ein Mann auf, der scheinbar ziellos herumlief und ein Dutzend roter Rosen in der Hand hielt. „Merkwürdig", dachte ich. Ein paar Minuten später, als ich gerade einstempeln wollte, betrat der Typ unser Café. Bei näherem Hinsehen verrieten mir seine glasigen Augen, dass er nicht voll da war. Als sich unsere Blicke trafen, breitete sich in seinem Gesicht plötzlich ein gigantisches Lächeln aus und er kam auf mich zu. Zu Recht oder nicht, jedenfalls beschloss ich, es sei höchste Zeit, die Toilette aufzusuchen.

Als ich wieder auftauchte, versuchte der Typ gerade, der Kollegin, die mit mir an der Theke stand, eine Rose zu schenken. Traci lehnte höflich ab: „Vielen Dank, aber ich denke, mein Mann wäre damit nicht einverstanden." Währenddessen dachte ich die ganze Zeit: „Bitte, sei kein Christ. Bitte, kein Christ." In dem Kampf, meinen Kollegen zu beweisen, dass nicht alle Christen komisch sind, stand ich bereits mit dem Rücken zur Wand.

„Die Rose ist nicht von mir", sagte der Typ schließlich. „Sie ist von Gott."

Na großartig! Natürlich ein Christ!

Traci verstand, wie es gemeint war, und nahm die Rose an. Später entdeckte ich sie in einer Vase, die so aufgestellt war, dass alle sich an der

Rose freuen konnten. Rückblickend bin ich wohl ein wenig überempfindlich gewesen. Jeder hatte verstanden, dass der Typ einfach ein netter, aber etwas schräger Kerl war. Wer an diesem Tag wirklich ein Muster an christlicher Tugend war, war Traci, von der alle wussten, dass sie einen starken Glauben hatte. Ihr Lächeln und ihre gleichbleibende Freundlichkeit sprachen an diesem Tag lauter als irgendein verwirrter Typ, der Rosen verteilte. Wie auch immer: In Anbetracht all des seltsamen Benehmens im Namen Jesu, das mir schon begegnet ist, kann man mir meine Besorgnis vielleicht nicht verübeln.

Sich anpassen

Dass ausgerechnet ich ein Buch über das Normalsein schreibe (sei es nun radikal normal oder einfach normal normal), entbehrt nicht einer gewissen Ironie. Ein Freund hat es auf den Punkt gebracht und gemeint, ich sei „schon ziemlich speziell". Früher habe ich es darauf geschoben, dass ich vier Jahre lang zu Hause unterrichtet wurde; aber inzwischen kann ich das auch annehmen, dass ich ein paar Macken habe. Ein Superchrist zu sein, war verlockend für mich gewesen, weil ich sonst nichts aufzuweisen hatte, das irgendwie cool war. Ich zog mich an wie ein Streber und meine schlechteste Note hatte ich in Sport. Es dürfte kaum überraschen, dass ich für die Mittwochabende lebte, denn die Jugendgruppe war der einzige Ort, wo ich mir wenigstens halbwegs normal vorkam.

> Nicht wenige Christen haben sich eine Theologie zusammengebastelt, die schräges Benehmen zu einer biblischen Tugend erklärt.

Die Kirche sollte ein Ort sein, an dem spezielle, manierenlose, übergewichtige, kaputte und gehandicapte Leute angenommen werden. Und wenn es so ist, ist das auch wirklich eine gute Sache. Aber es hat auch eine Kehrseite. Meine Dankbarkeit dafür, dass ich in der Gemeinde akzeptiert war, obwohl ich so schräg drauf war, verwandelte sich nur allzu rasch in Stolz darauf, dass ich eben nicht normal war. Ich weiß, ich bin da nicht der Einzige; nicht wenige Christen haben sich eine Theologie zusammengebastelt, die schräges Benehmen zu einer biblischen Tugend erklärt. Natürlich nennen wir es nicht so – wir nennen es „die Welt hassen" und „nicht von der Welt sein" oder ähnlich. Jedenfalls bin ich mit der Vorstellung groß geworden, wenn ein Nichtchrist mich nicht sofort an meinen komischen Klamotten oder meiner seltsamen Redeweise als Christ erkennen könnte, bedeute das, dass ich mich für meinen Glauben schäme.

Warst du schon mal in einer Situation, in der es dir peinlich war, zu deinem Glauben zu stehen, weil du nicht mit diesen „abgedrehten Christen" in Verbindung gebracht werden wolltest? Hast du dich schon mal gefragt, ob man von ganzem Herzen Christ und trotzdem normal sein kann? Und was genau hat Petrus eigentlich gemeint, als er die Christen „Ausländer und Fremde in dieser Welt" nannte (1. Petrus 2,11)?

Nicht von dieser Welt

Der Gedanke, Menschen, die zu Gott gehören, seien aus allen anderen Völkern und Menschen dieser Welt herausgehoben, geht zurück auf das erste Buch Mose. Dort beruft Gott Abram, er ruft ihn heraus aus seiner Heimatstadt Ur und schließt einen Bund mit ihm.

> *Der Herr sagte zu Abram: „Geh fort aus deinem Land, verlass deine Heimat und deine Verwandtschaft, und zieh in das Land, das ich dir zeigen werde!*
>
> *Deine Nachkommen sollen zu einem großen Volk werden; ich werde dir viel Gutes tun; deinen Namen wird jeder kennen und mit Achtung aussprechen. Durch dich werden auch andere Menschen am Segen teilhaben. Wer dir Gutes wünscht, den werde ich segnen. Wer dir aber Böses wünscht, den werde ich verfluchen! Alle Völker der Erde sollen durch dich gesegnet werden."*
>
> *Abram gehorchte und machte sich auf den Weg. Er war zu diesem Zeitpunkt 75 Jahre alt* (1. Mose 12,1-4).

An diesem Bund, den Gott hier mit Abraham schließt, gibt es eine Besonderheit. Gott ging es nicht nur darum, Abraham und seine Nachkommen zu segnen. Der Segen, den er Abraham verheißt, sollte durch ihn und seine Nachkommen allen Völkern der Erde zukommen. Soweit ich es beurteilen kann, ist Gottes Segen nie nur für die bestimmt, die ihn zuerst empfangen.

Damit Israel zum Segen für die Welt werden konnte, mussten die Israeliten anders sein als andere Völker. Ich denke, das liegt auf der Hand. Wie sollten sie ein Licht für die Völker sein (Jesaja 60,3), wenn bei ihnen ebenso große Finsternis herrschte? Das Problem war: Israel war ein kleines Volk und als solches ständig in Gefahr, kulturell und ethisch von den Nachbarstaaten assimiliert zu werden.[18] Meiner Meinung nach war ein Grund, warum Gott die Israeliten 400 Jahre lang in Ägypten leben ließ, der, dass er sie vor der Assimilation bewahren wollte. Der Rassismus der Ägypter wirkte sich in dieser Hinsicht zu ihren Gunsten aus.[19]

Als Gott Israel aus Ägypten befreite, schloss er einen weiteren Bund – den Sinaibund. Darin bestätigt Gott Israels besondere Identität als seine Familie und gibt ihnen das Gesetz. Ein Großteil des Gesetzes umfasst Vorgaben, die Israel deutlich machen sollen, wie es sich als Nation organisieren soll. Außerdem finden sich darin ethische Regeln, die sich auf das Verhalten in der Familie Gottes beziehen. Und schließlich gab es Vorschriften, die Kult und Gottesdienst regelten.

Darüber hinaus gab Gott seinem Volk auch Anordnungen, die es gegen die Verschmelzung mit den heidnischen Nachbarvölkern schützen sollten. Einige dieser Vorschriften sind uns noch bekannt, etwa die, koscher zu essen und die Beschneidung zu praktizieren. Andere sind weniger bekannt: nicht zweierlei Saatgut in einen Weinberg zu pflanzen oder nicht einen Ochsen und einen Esel in ein gemeinsames Joch zu spannen.[20] In der Tat sorgten diese Vorschriften dafür, dass Israel sich von den Nachbarvölkern unterschied; und das wiederum war ein Schutz vor der Assimilation.

Die Israeliten haben eine Weile gebraucht, bis sie gut darin waren, all diese Vorschriften zu befolgen. Aber spätestens im zweiten Jahrhundert vor Christus hätten sich die meisten Juden eher zu Märtyrern machen lassen, als Schweinefleisch zu essen. Koscher zu kochen und das mosaische Gesetz zu befolgen, halfen dabei, eine einzigartige jüdische Kultur zu schaffen und so allen Widrigkeiten zum Trotz ihre Identität zu bewahren. Gegen Ende des zweiten Jahrhunderts nach Christus hörte Israel als Staatsgebilde auf zu existieren; aber auch ohne ein eigenes Staatsgebiet bewahrten die Juden über mehr als 1 700 Jahre ihre Identität. Soweit ich weiß, ist das einmalig in der Menschheitsgeschichte.

Für sich bleiben

Als Schutz vor der Assimilation war es für die Juden hilfreich, dass sie sich von anderen Völkern unterschieden. Heißt das, dass es auch für Christen ein geeignetes Mittel ist, heilig (= herausgenommen) zu bleiben, wenn sie sich absondern (und auch ein wenig „sonderbar" sind)? Ich bin in der evangelikalen Welt aufgewachsen; die Kirche hat hier ihr Bestes getan, eine nette, sichere christliche Subkultur zu schaffen, die Leuten wie mir geholfen hat, sich so sehr „nicht von der Welt" zu fühlen wie nur möglich.

Mein christlicher Lieblingskünstler aus dieser Zeit, Steve Taylor, mokierte sich in einem Song „Guilty by Association" („Mitschuldig durch bloße Bekanntschaft") über die Sorte Christen, die nur noch Milch von christlichen Kühen kaufen. Er stellte unsere Isolation innerhalb unserer Gesellschaft überspitzt dar. (Ich erinnere mich daran, dass es in unserer Familie ein christliches Branchentelefonbuch gab.) Vielleicht nahm er sich aber dabei gleichzeitig auch selbst auf den Arm – er war schließlich ein christlicher Künstler und meine Eltern waren glücklich, dass ich seine Alben kaufte und nicht die von Van Halen und Dyndi Lauper. Ich hörte nur christliche Musik, ging auf eine christliche Schule oder wurde zu Hause unterrichtet, liebte die christliche Skate Night, trug christliche T-Shirts und sagte „verflixt und zugenäht" und „Mist noch mal" statt anderer Dinge ... So wie die Israeliten durch ihre Regeln für koscheres Kochen sicher waren vor den heidnischen Nachbarvölkern, war ich definitiv sicher vor der säkularen Welt. War das nun gut oder schlecht?

Wenn Gott den Israeliten gebietet, dass sie sich von anderen Völkern unterscheiden sollen, tut er das als Mittel zu einem höheren Zweck – er wollte sie für die ganze Welt zum Segen setzen. Wenn sie nicht gezwungen würden, sich kulturell von anderen Völkern zu unterscheiden, würden sie sich bald auch moralisch nicht mehr unterscheiden. Als Jesus kam, waren die Juden so gut darin geworden, sich kulturell abzusondern, dass sie den ursprünglichen Auftrag darüber ganz vergessen hatten. Die Mittel waren zum Selbstzweck geworden.

Das endete auch nicht abrupt, als einige Juden Jesusschüler wurden. Für die frühen Christen war die Trennung von den Heiden weiterhin ein hoher Wert – so sehr, dass es einer göttlichen Sonderoffenbarung bedurfte, um Petrus dazu zu bringen, einem Nichtjuden, dem Hauptmann Cornelius, das Evangelium weiterzusagen.[21]

Nachdem Cornelius und sein Haushalt Christen geworden waren, musste die frühe Kirche sich mit der Frage auseinandersetzen, was es bedeutete, wenn jetzt auch Heiden Jesus folgen wollten. Mussten sie dann erst einmal Juden werden und sich an das jüdische Gesetz halten oder konnten sie ihre Identität als Nichtjuden behalten?

Einige der Gläubigen, die früher zu den Pharisäern gehört hatten, verlangten: „Man muss die Nichtjuden beschneiden und von ihnen verlangen, dass sie das Gesetz des Mose befolgen."

Daraufhin setzten sich die Apostel und die Leiter zusammen, um diese Frage zu klären. Nach heftigen Wortwechseln stand schließlich Petrus auf und sagte: „Liebe Brüder! Ihr wisst doch, dass Gott mir schon vor langer Zeit aufgetragen hat, die rettende Botschaft auch denen zu verkünden, die keine Juden sind, denn auch sie sollen Gott vertrauen. Und Gott, der jedem von uns ins Herz sieht, hat sich zu ihnen bekannt, als er den Nichtjuden genauso wie uns den Heiligen Geist gab. Ja, Gott machte keinen Unterschied zwischen uns und ihnen: Er befreite sie von aller Schuld, als sie an ihn glaubten. Warum wollt ihr jetzt Gott he-rausfordern und diesen Brüdern eine Last aufbürden, die weder wir noch unsere Vorfahren tragen konnten? Wir glauben, dass wir allein durch die Gnade Jesu, des Herrn, gerettet werden. Dasselbe gilt auch für die Nichtjuden" (Apostelgeschichte 15,5-11).

Interessant ist Folgendes: Nirgendwo im Neuen Testament werden die Judenchristen aufgerufen, sich von der heidnischen Welt abzusondern, weder physisch noch kulturell. Stattdessen wird erwartet, dass sie unter den Heiden leben, ohne sich geistlich davon beeinflussen zu lassen.

In einer christlichen Subkultur zu leben, ist einfach. Es ist viel einfacher, „nicht von der Welt" zu sein, wenn man kaum in der Welt lebt.

Das Neue Testament macht ganz klar, dass die Hei-denchristen (also die meisten von uns) als Kinder Abra-hams gelten und ebenfalls Erben der Verheißung sind, die Abraham erhalten hat.[22] Das heißt: Wir haben beides ge-erbt: den Segen Abrahams und auch seine Verantwortung. Jetzt sind auch wir berufen, ein Segen für die Welt zu sein. Wie die Juden vor uns stehen wir vor der Herausforderung, Anpassung zu vermeiden, aber gleichzeitig doch in dieser Welt zu leben – wie Jesus gesagt hat: Wir sind in der Welt, aber wir sollen nicht von dieser Welt sein.[23]

In einer christlichen Subkultur zu leben, ist einfach. Es ist viel ein-facher, „nicht von der Welt" zu sein, wenn man kaum in der Welt lebt. Wenn man fein säuberliche Grenzen ziehen kann, muss man sich nicht so viele Gedanken darüber machen, welche Aspekte der vorherrschenden Kultur akzeptabel sind und was man besser meiden sollte.

Unsere Mission

Warst du jemals beim Karneval? Hast du als Kind Halloween gefeiert oder den Martinstag? Wenn du in der evangelikalen Welt aufgewach-sen bist, bist du vermutlich auch mal in Berührung gekommen mit alternativen Halloween-Feiern oder Vorbehalten gegenüber Faschingsfeiern. Dahinter steht der Gedanke, Halloween sei ein teuflisches Fest, mit dem Christen nichts zu tun haben sollten.[24] Aber unsere Eltern waren nicht so grausam, uns die Freude am Verkleiden und an den Süßigkeiten nicht zu gönnen, und viele Gemeinden veranstalteten Alternativfeiern, bei denen wir uns verkleiden konnten (nicht selten als biblische Figuren) und auch unseren Spaß hatten. Es war eine gute Idee, um uns vor vermeintlich heidnischen Einflüssen zu bewahren, und wir hatten fast so viel Spaß wie bei „Süßes oder Saures".

Meine eigene Gemeinde hat beschlossen, keine Alternativen zu Halloween anzubieten; denn damit würden wir eine ausgezeichnete Gelegenheit ungenutzt lassen, „in der Welt zu leben, aber doch nicht von der Welt zu sein". Jedes Jahr zu Halloween ziehen Marilyn und ich mit Sarah und Grace auf die „Süßes-oder-Saures-Tour". Statt die Haustür abzuschließen und das Licht auf der Veranda zu löschen, steht bei uns die Haustür offen, es gibt heißen Apfelsaft und Freunde und Nachbarn, die auch auf Halloween-Tour sind, können sich bei uns aufwärmen. Für unsere Töchter hat Halloween nicht das Geringste mit der Angst vor bösen Geistern zu tun. Für sie geht es dabei um tolle Verkleidungen, Süßigkeiten und Spaß mit ihren Freunden.

> Unser Stil (oder der Mangel daran) ist ein Ausdruck unserer Persönlichkeit, nicht unserer Frömmigkeit.

Als Christ in der Welt zu leben, aber sich ihr nicht anzupassen, dürfte in Zukunft nicht einfacher werden, wo unsere Welt immer weniger christlich geprägt ist. Ist das nun gut oder schlecht? Ist dir schon aufgefallen, dass diese Entwicklung uns auch mehr Chancen bietet als früher? Meine Töchter haben mehr nicht christliche Freunde als ich in ihrem Alter. Wenn wir uns in unseren Kirchen und christlichen Gemeinden verschanzen und alles tun, um nur ja nicht mit der Welt in Berührung zu kommen, wie sollen wir dann ein Segen und Licht für die Welt sein?

Schräg drauf, speziell oder anders zu sein, ist an sich noch keine christliche Tugend. Coolness ist es ebenso wenig. Unser Stil (oder der Mangel daran) ist ein Ausdruck unserer Persönlichkeit, nicht unserer Frömmigkeit. Vieles, was das christliche Leben ausmacht, *wird* anderen komisch vorkommen – das können wir uns nicht aussuchen. Aber unsere Besonderheit hängt nicht daran, dass wir nur bestimmte Lebensmittel essen, besondere Klamotten tragen oder nur bestimmte Radio- oder Fernsehkanäle einschalten. Unsere Besonderheit entscheidet sich da, wo wir die Junggesellenabschiede verlassen, wenn es in den Stripklub geht, darin, wie wir uns kleiden, ob wir uns am Herziehen über andere beteiligen und wie viel uns ein neues Auto bedeutet. Ob wir kulturelle Außenseiter sind, darüber sollten wir uns keine Gedanken machen. Legen wir es lieber darauf an, moralische Außenseiter zu sein, wo es darauf ankommt.

Bisher habe ich mich um ein Wort herumgemogelt, das für viele ein gewisses Schreckenspotenzial birgt – das Wort *Evangelisation*. Wir sind Abrahams Erben und Gottes große Verheißung besagt nicht, dass die Nationen der Erde unbeeinflusst von uns einfach weiter vor sich hin leben sollen. Wir sind berufen, Salz und Licht zu sein, ein Segen für die Welt, in der wir leben. Die gute Nachricht ist: Evangelisieren ist bei Weitem nicht so schrecklich, wie ich einmal dachte.

7

Ganz natürlich von Gott reden

Wenn ich bei Starbucks nicht an der Theke bedienen konnte, stand ich am liebsten am Drive-in-Schalter. Das war manchmal wirklich unterhaltsam. Einmal konnte ich zusehen, wie ein Stadtstreicher seine Hosen runterließ und der ganzen Straße sein Hinterteil präsentierte …

Ein anderes Mal arbeitete ich mit einer meiner Lieblingskolleginnen, Sara, einer jungen Frau, die einmal Christin gewesen, inzwischen aber zur Atheistin geworden war. Relativ früh in unserer Schicht fuhr eine Frau um die fünfzig vor. Sie sah ebenso mitgenommen aus wie ihr Astro Van. „Willkommen bei Starbucks. Wie geht's?", fragte ich.

„Das fragen alle, aber niemand will es wirklich wissen", sagte sie verdrossen.

Sie hatte natürlich recht. In der Regel will wirklich niemand die Antwort hören. Aber das liegt nicht daran, dass wir etwa oberflächlich wären oder gekünstelt höflich sein wollten. Wenn „Wie geht's?" buchstäblich bedeutete: „Bitte lassen Sie mich doch wissen, was Sie gerade quält", dann wäre die Frage einfach aufdringlich, es sei denn, sie käme von einem engen Freund. Nein, „Wie geht's?" ist einfach unsere kulturell akzeptierte Weise, Interesse an einem anderen zu zeigen, ohne allzu neugierig zu sein.

Aber diese Kundin war nur allzu bereit, einem wildfremden Menschen ihr problematisches Seelenleben zu offenbaren. Ich sah für mich keinen

Ausweg und so beteuerte ich: „Nein, ehrlich, wie geht es Ihnen?" Schon bald war ich eingeweiht in das gesamte Drama ihres Lebens, von ihrer Kindheit bis zu einem Vorfall, der sich an diesem Morgen ereignet hatte. Ich nickte und sagte Sachen wie „Oh … wirklich? … Das tut mir leid … Das kann ich verstehen …". Und schließlich sogar: „Ich werde für Sie beten." Wenn ich zwischendurch eine weitere Bestellung über Funk ausführen musste, unterbrach sie ihren Bericht, um kurz darauf direkt wieder einzusetzen. Die ganze Zeit ignorierte sie sowohl die lange Autoschlange, die sich hinter ihr aufstaute, als auch meine vielsagenden Blicke darauf.

Ich war nahe daran, sie höflich zu bitten, nun den nächsten Kunden an die Reihe zu lassen, als ihr plötzlich bewusst wurde, was sie da tat. Also fuhr sie ein kleines Stückchen vor, redete dann aber weiter. Weitere 30 Zentimeter, und noch mehr Drama, noch ein Stück, und noch etwas, das sie mir erzählen musste. Wieder einen halben Meter … Und so ging es, bis sie keinen Blickkontakt mehr mit mir halten konnte und einfach davonfuhr, wobei sie immer noch ihr Herz ausschüttete.

Die nächsten paar Kunden erhielten ihre Getränke umsonst – eine Beruhigungsmaßnahme. Nachdem alles wieder einigermaßen im Lot war, sagte Sara: „Ich bin schwer beeindruckt, wie du das mit dieser Frau und ihrem Seelenballast hingekriegt hast. Ich hätte nicht so freundlich bleiben können."

Ich musste lächeln, denn als Sara am Morgen zur Arbeit gekommen war, war sie sichtlich aufgewühlt gewesen. Bevor wir eingestempelt hatten, hatte ich sie ernsthaft gefragt, wie es ihr ging, und dann zugehört, als sie ein bisschen von den Schwierigkeiten erzählte, in denen sie gerade steckte. Atheistin hin oder her, als ich ihr anbot, für sie zu beten, hatte sie dankbar angenommen.

Sara wusste nicht, dass ich jedes Mal, wenn ich meine grüne Starbucks-Schürze umband, ein kurzes Gebet sprach. „Mit deiner Hilfe zu deiner Ehre." Ich hatte recht bald verstanden, dass ich Gottes Liebe auch hier im hippen Café weitergeben konnte – nicht, indem ich Traktate an Kunden verteilte oder meine Kollegen anpredigte, sondern indem ich jeden, der in den Laden kam, mit Würde und Respekt behandelte. Jeden – den Obdachlosen, die Karrierefrau, das schwule Paar, den Pastor und auch die Frau, die kein Gefühl für Grenzen hatte. Und auch wenn ich viel vermasselt habe, hat Gott mein Gebet immer beantwortet, und ich konnte auch bei Starbucks Salz und Licht sein – und zwar ganz natürlich. Daran fand ich weit mehr Gefallen als an dem bemühten „Zeugnisgeben" meiner jüngeren Jahre.

Hilfe, Zeugnisgeben!

Bei meinem ersten Missionseinsatz war ich vierzehn – wir reisten für sechs Wochen nach Jamaika. Physisch und emotional war es das Mörderischste, was ich je getan hatte, aber ich genoss jede einzelne Minute. Na ja, nicht wirklich jede Minute. Ich gehörte zu einer Performance-Gruppe – was sagen will: Wir boten mittelmäßige Tänze zu veralteter „moderner" christlicher Musik dar. Unglücklicherweise ist es mit meiner Körperkoordination nicht weit her (was erklärt, warum meine schlechteste Note die in Sport war). Aber ich übte wirklich hart, lernte meine Schritte und stolperte mich durch jeden Song – alles für Jesus.

Das Tanzen war nicht das Schlimmste, auch nicht das ungewohnte Essen und der Aufruhr, den das in meinen Gedärmen verursachte. Das Schlimmste war, was nach jedem Auftritt passierte. Wir mussten mit völlig fremden Menschen reden und versuchen, sie zu Jesus zu führen. Schon in Seattle mit Randy Radikalo hatte ich diese Straßenpredigten gehasst und in den Slums von Jamaika war es auch nicht besser. Immer wenn die Musik endete, wurde der Kloß in meinem Magen schwerer, denn nun rückte das gefürchtete Zeugnisgeben näher. Während mein Magen sich vor Angst verkrampfte, stieg mir die Schamesröte ins Gesicht. „Schäme ich mich etwa für Jesus?", fragte ich mich. „Wird er sich auch einmal für mich schämen?" Angst und Schuldgefühle kämpften am Ende jedes Einsatzes in mir – und das zwei- oder dreimal am Tag.

Meist siegte die Angst und ich tat alles, nur um kein Zeugnis geben zu müssen. Ich verstand ein bisschen was von der Lautsprechertechnik, also half ich dabei, unsere tragbare Verstärkeranlage einzupacken. Ironischerweise brachten mir meine Versuche, das Zeugnisgeben zu vermeiden, den Ruf ein, ich habe „das Herz eines Dieners". Wie auch immer – das war meine prägende Erfahrung zum Thema Evangelisation: Furcht, gemischt mit Schuldgefühlen. Kommt dir das bekannt vor? Vielleicht war es für dich nicht Tanzen, sondern Sketche oder Haustürevangelisationen. Hier ist die gute Nachricht: Auf meinem Weg zu einem radikal normalen Leben habe ich entdeckt, dass Evangelisieren Freude bereiten kann und auch sollte.

Das war meine prägende Erfahrung zum Thema Evangelisation: Furcht, gemischt mit Schuldgefühlen.

Ein attraktiver Glaube

Warum fiel es mir so schwer, über Jesus zu reden? Zweifellos hatte ich Angst, abgelehnt zu werden, aber vor allem kam mir dieses Zeugnisgeben schräg und peinlich vor. Ich habe kein Problem damit, mit einem Fremden in der Kassenschlange über das Wetter zu plaudern, aber geistliche Themen sind schließlich tiefgründiger und viel persönlicher. Einen fremden Menschen in ein Gespräch über Gott zu verwickeln, ist so, als erwartete ich von ihm, er solle seine innersten Probleme und Fragen mit mir teilen. Mir scheint einfach, dafür sollten wir einander ein bisschen besser kennen.

Was für viele Christen das Thema Evangelisation so beängstigend macht, ist unsere Annahme, dass wir dabei mit völlig fremden Menschen reden sollen. Es gibt Christen, die das wirklich gut können, und sie haben meine Hochachtung. Aber das bedeutet nicht, dass wir alle Straßenpredigten halten sollten. Denken wir noch einmal daran, dass die Gemeinde wie ein Leib ist. Jeder von uns ist einmalig angelegt und jeder wird auf seine eigene Weise von Jesus reden. Manche Menschen sind wirklich gute Straßenevangelisten (da fällt mir der Apostel Paulus ein), aber das sind die Ausnahmen. Mir liegt ein anderer Ansatz der Evangelisation näher.

Achtet darauf, dass ihr ruhig und besonnen lebt. Kümmert euch um eure eigenen Angelegenheiten, und sorgt selbst für euren Lebensunterhalt, so wie wir es euch schon immer aufgetragen haben. Auf diese Weise seid ihr von niemandem abhängig, und die Menschen außerhalb der Gemeinde werden euch achten und euch vertrauen (1. Thessalonicher 4,11-12).

Genauso ermahnt Paulus die Christen, hart zu arbeiten und zuverlässig zu sein, „damit ihr Beispiel die Menschen von der Botschaft Gottes, unseres Retters, überzeugt" (Titus 2,10). In beiden zitierten Abschnitten redet Paulus nicht explizit über Evangelisation, sondern darüber, wie wir den Weg dafür bereiten, vom Evangelium zu reden. Meist werden wir zuerst die Achtung der Menschen gewinnen und den Glauben attraktiv machen müssen, bevor sie hören können, was wir zu sagen haben.

Vielleicht können wir es uns so vorstellen: Meine Frau und ich haben vor Kurzem versucht, unser Haus zu verkaufen (erfolglos). Nehmen wir an, du hättest beschlossen, es zu kaufen. Bald nach dem Einzug hättest du die Nachbarn kennengelernt. (Es wäre dir nichts anderes übrig geblieben – in unserem Wohnviertel stehen die Häuser nur drei Meter auseinander.) Auf einer Seite wohnt eine großartige Familie. Sie hält den Vorgarten in Ordnung, lässt die Kinder nicht die ganze Nacht schreiend herumrennen und würde uns jederzeit ein paar Eier borgen. Sie ist auch ein wenig besonders – auf eine gute Weise. Sie ist freundlich, selbstlos, sie beteiligt sich nicht am Nachbarschaftsklatsch und sie scheint nicht allzu sehr darauf aus, mit allen anderen mithalten zu müssen. Das Beispiel ist übrigens gar nicht hypothetisch: Tristan und Christa sind wirklich gute Nachbarn und überzeugte Christen.

Nehmen wir an, auf der anderen Seite wohnt die Familie von Randy Radikalo. Sie verschwendet ihre Zeit nicht mit weltlichen Dingen wie der Pflege des Vorgartens oder dem Hausputz. Ihre Autos, fahrtüchtig oder nicht, sind vollgepflastert mit christlichen Aufklebern. Und bei der ersten Gelegenheit drückt sie dir einen Stapel evangelistischer Traktate in die Hand.

Dies ist natürlich eine konstruierte Situation – aber wer hat hier den besseren Evangelisationsansatz? Wohlgemerkt, Tristan und Christa haben noch kein Wort vom Evangelium geredet, aber du magst sie und möchtest sie gern kennenlernen. Wenn du nach Hause kommst und die beiden sind gerade im Garten, wirst du gern ein paar Minuten mit ihnen reden. Aber wenn du Randy und seine Familie siehst, wirst du direkt in die Garage fahren und das Tor hinter dir schließen, bevor du aus dem Auto steigst.

Wie wir im letzten Kapitel sahen, ist es die Aufgabe der Kirche, Licht für die Welt zu sein. Das zweite Große Gebot, der Missionsbefehl, gilt nicht nur für Apostel, Missionare und Pastoren. Jeder Christ soll dabei helfen, es zu erfüllen. Aber Evangelisation ist sehr viel leichter, wenn sie in einem normalen Gespräch geschieht, nachdem man eine Weile mit einem Menschen gelebt, sich ein paar Eier geborgt und ein Interesse am anderen als Mensch entwickelt hat, nicht nur als potenzielles Bekehrungsopfer. Man kann dabei sogar entdecken, dass man selbst von den anderen auch etwas lernen kann.[25]

Gemeinsamkeiten

In einem christlichen Buch las ich neulich: „Wenn unser Leben Nichtchristen einleuchtend erscheint, stimmt etwas nicht." Das ist sicherlich übertrieben. Manches an unserem Leben kann Nichtchristen nicht einleuchtend erscheinen, anderes dagegen sehr wohl. Aus meiner Sicht gibt es im Wesentlichen zwei Ansätze in unseren Beziehungen zu Nichtchristen. Wir können uns auf alles konzentrieren, was ihnen schwer verständlich sein muss, oder wir können uns auf die Dinge konzentrieren, die anderen einleuchten. Welcher Ansatz, glaubst du, wird uns eher ihren Respekt erwerben und den Glauben attraktiv machen?

Machen wir uns klar, wie viele Gemeinsamkeiten wir teilen. Christen und Nichtchristen wünschen sich …

- in guten Beziehungen zu leben,
- gut für ihre Familien zu sorgen,
- ein sicheres Gemeinwesen und eine gerechte Regierung,
- Gesundheit und ein Alter, in dem sie noch lange fit sind, und
- respektiert und gemocht zu werden.

Alles hier Genannte findet sich direkt in der Bibel. Es sind Bedürfnisse, die Gott selbst in uns hineingelegt hat.[26] Weil wir so viel mit Nichtchristen gemeinsam haben, unterscheidet sich das christliche Leben auf den ersten Blick vielleicht gar nicht so sehr von den Idealen der Welt. Es ist auch für Nichtchristen einleuchtend. Von außen sind wir gute Nachbarn und ideale Arbeitnehmer. Aber wenn unsere nicht christlichen Verwandten, Freunde und Kollegen an der Oberfläche kratzen, können sie entdecken, was uns motiviert: Unser Herz gehört Gott. Wir empfangen unsere Kraft vom Heiligen Geist. Das ist ein Aspekt dessen, was ich mit „radikal normal sein" meine – wir kümmern uns um dieselben Dinge, um die sich auch Nichtchristen kümmern, aber wir tun das auf eine andere Weise und aus radikal anderen Gründen.

- Unsere Beziehungen zu Freunden und Verwandten spiegeln unsere Beziehung zu Gott.
- Wir genießen unseren Besitz und die Dinge dieses Lebens, lassen aber nicht zu, dass sie von uns Besitz ergreifen.
- Wir genießen Essen und Trinken, nutzen beides aber nicht, um anderweitige Leere zu füllen.
- Wir arbeiten hart in unserem Beruf und sind durchaus ehrgeizig, aber unsere Karriere macht nicht unsere Identität aus.[27]

Bei diesen Unterscheidungen ist eines wichtig: Wir wollen nicht weniger als Nichtchristen; wir wollen mehr. Wir genießen die Gaben dieser Welt, aber wir erwarten nicht mehr von ihnen, als sie geben können. Das unterscheidet uns auf eine gute Weise. Der Sinn, die Hoffnung und die tiefste Freude unseres Lebens sind nicht an vergängliche Dinge gebunden, die uns im nächsten Augenblick auch genommen werden können. Paulus hat es so ausgedrückt:

Denn eins steht fest, Brüder und Schwestern: Wir haben nicht mehr viel Zeit. Deshalb soll von nun an für die Verheirateten ihr Partner nicht das Wichtigste im Leben sein. Wer weint, soll sich von seiner Trauer nicht gefangen nehmen lassen, und wer sich freut, lasse sich dadurch nicht vom Wesentlichen abbringen. Wenn ihr etwas kauft, betrachtet es so, als könntet ihr es nicht behalten. Verliert euch nicht an diese Welt, auch wenn ihr in ihr lebt. Denn diese Welt mit allem, was wir haben, wird bald vergehen (1. Korinther 7,29-31).

Er will nicht sagen, dass wir uns nicht an den Dingen dieser Welt freuen oder etwa unsere Ehepartner nicht mehr lieben sollten. Er will sagen: Wir sollen die vergänglichen Dinge des Lebens genießen, solange wir sie haben, sie aber auch nüchtern betrachten. Wenn sie uns genommen werden, haben wir nicht das verloren, was uns am wichtigsten ist. Wird ein Nichtchrist das verstehen? Vielleicht nicht. Aber es könnte zu einem interessanten Gespräch führen.

> Wir wollen nicht weniger als Nichtchristen; wir wollen mehr.

In den meisten Fällen werden wir besser zur Ehre Gottes leben und ein Licht in der Welt sein können, wenn wir anfangen, ein ruhiges und unauffälliges Leben zu führen und einen attraktiven Glauben zu haben, ohne uns seltsam zu benehmen. Außerdem werden wir auf diese Weise auch selbst glücklicher sein.

Wenn es Zeit ist zu reden

Ich sage nicht: Es reicht, auf diese Weise das Evangelium anziehend zu machen. Nein, das ist noch nicht alles. Ich weiß, es ist populär, Franz von Assisi zu zitieren: „Predigt das Evangelium jederzeit. Wenn nötig auch mit Worten." Das Problem ist: Er hat das nie gesagt. Franziskus glaubte zutiefst an die Predigt des Evangeliums mit Worten, aber ebenso nachdrücklich bestand er darauf, dass es auch mit Taten gepredigt werden muss.[28]

Paulus hat, wie wir sahen, davon gesprochen, dass Christen ein ruhiges Leben führen sollten. Aber er hat auch gesagt: „Wie aber sollen die Menschen zu Gott beten, wenn sie nicht an ihn glauben? Wie sollen sie zum Glauben an ihn kommen, wenn sie nie von ihm gehört haben? Und wie können sie von ihm hören, wenn ihnen niemand Gottes Botschaft verkündet?" (Römer 10,14).

Es braucht auch Worte. Die Frohe Botschaft, dass Gott Mensch wurde und für uns starb, ist uns nicht in die Seele gelegt, sodass wir sie intuitiv erfassen könnten. Dass es seltsam wirken kann, von Gott zu reden, enthebt uns nicht der Notwendigkeit, es zu tun. Aber wenn wir uns den Respekt unserer Mitmenschen erwerben, verdienen wir uns auf diese Weise die Erlaubnis, überhaupt zu reden. Gott bringt uns mit den Menschen, die er liebt, in Kontakt und er hilft uns, ihre Anerkennung zu gewinnen. Es wäre doch tragisch, wenn wir die Gelegenheit vertun und nie über seine Liebe und Gnade mit ihnen sprechen.

Irgendwann kommt für jeden von uns der Punkt, an dem wir unserer Angst ins Gesicht sehen und anfangen müssen, über die Dinge zu sprechen, die uns am tiefsten angehen. Und das muss nicht so beängstigend sein, wie es für mich war. Für alle, die ihre Schwierigkeiten mit Themen wie Evangelisation und Über-Gott-Reden haben, mag der folgende Abschnitt das Beste sein, was das Neue Testament zu diesem Thema zu sagen hat:

> Die Frohe Botschaft, dass Gott Mensch wurde und für uns starb, ist uns nicht in die Seele gelegt, sodass wir sie intuitiv erfassen könnten.

Christus, der Herr, soll der Mittelpunkt eures Lebens sein. Seid immer dazu bereit, denen Rede und Antwort zu stehen, die euch nach eurem Glauben und eurer Hoffnung fragen. Begegnet ihnen freundlich und mit Respekt. Ihr sollt ein gutes Gewissen haben! Dann nämlich werden alle, die Lügen über euch verbreitet haben, beschämt sein. Sie werden erkennen, dass sie Menschen verleumdet haben, die in der Verbundenheit mit Christus ein vorbildliches Leben führen (1. Petrus 3,15-16).

Sehen wir uns einige Formulierungen ein wenig genauer an.

Seid immer bereit. Wir sollten unser Leben lang Lernende sein und uns bemühen, die Bibel und unseren Glauben besser zu verstehen. Das heißt nicht, dass jeder ein Bibelexperte sein muss. Fangen wir damit an, so viel zu wissen, dass wir die entscheidenden Dinge weitergeben können. Wir müssen uns nicht darum sorgen, ob wir jede einzelne Frage beantworten können. Meiner Erfahrung nach kann die Antwort „Das weiß ich nicht, ich werde versuchen, es herauszufinden" manchmal wirkungsvoller sein als eine perfekte Antwort.

Freundlich und mit Respekt. Meistens ist es besser zu warten, bis jemand fragt (das sagt Petrus ja auch), und dann eine Antwort zu geben. Die meisten Menschen sind eher interessiert an Antworten auf Fragen, die sie selbst stellen, als auf solche, von denen wir glauben, sie sollten sie stellen. Zu warten, bis der andere fragt, ist freundlicher und respektvoller, als jemanden mit Informationen zuzuschütten. Menschen hören besser zu, wenn sie wissen, dass sie respektiert werden.

Der Grund eures Glaubens und eurer Hoffnung. Hier geht es nicht darum, Traktate zu verteilen oder Sketche aufzuführen, sondern darum, authentisch und wahrheitsgemäß zu erzählen, wer Jesus ist, was er getan hat und was er für mein Leben bedeutet. Wir alle wissen, was es heißt, Zeuge vor Gericht zu sein: Man muss wahrheitsgemäß beschreiben, was man gesehen und gehört hat. In biblischer Zeit bedeutete Zeugesein genau dasselbe und das hat sich bis heute nicht geändert. Weil Gott in deinem Leben etwas Einmaliges getan hat, bist du am besten geeignet, einigen

Menschen davon zu erzählen. Unterschätzen wir nicht die Macht unserer persönlichen Geschichten.

Ein gutes Gewissen … ein vorbildliches Leben. Geben wir niemandem einen Anlass, uns Heuchelei vorzuwerfen. Gegen ehrenhaftes Verhalten kann niemand etwas vorbringen; achten wir also gut darauf, dass alles, was wir sagen, durch unser Verhalten gedeckt ist.

Verleumdet. Schließlich müssen wir begreifen, dass wir noch so gut reden und noch so integer handeln und dennoch auf Ablehnung stoßen können. Dann sollten wir sicher sein können, dass wir aus den richtigen Gründen abgelehnt werden. Ich kann mit Zurückweisung besser umgehen, wenn ich weiß, dass jemand darin Jesus als den Herrn zurückweist. Aber ich möchte nicht so weltfremd oder heuchlerisch daherkommen, dass die Leute gar nicht schnell genug Reißaus nehmen können. Und ganz sicher möchte ich nicht, dass jemand meinetwegen Jesus ablehnt.

Hier ist eine kleine Herausforderung. Notiere dir die Namen von drei Menschen (Nachbarn, Freunde, Kollegen, Verwandte …), denen du wünschst, dass sie Gott und seine Gnade kennenlernen. Fang an, für diese Menschen zu beten. Bete besonders um Gelegenheiten, mit ihnen ins Gespräch zu kommen. Und dann lebe dein Leben so, wie Paulus es beschreibt (1. Thessalonicher 4,11-12), und rechne damit, dass Gott Gelegenheiten schenkt, ihn zur Sprache zu bringen (wie wir es bei Petrus gelesen haben).

Ich glaube nicht, dass wir hektisch jedem, dem wir begegnen, das Evangelium um die Ohren schlagen müssen aus Angst, der andere könne am nächsten Tag bei einem Autounfall sterben. Diese Art von Evangelisation beruht auf dem falschen Glauben, dass alles von uns abhängt. Du kennst deine eigene Geschichte und weißt, wie Gott dich auf vielleicht unwahrscheinliche, aber unübersehbare Weise geführt hat, um den Glauben in dir zu wecken. Vergessen wir nicht, dass Gott in jedem anderen auch eine einmalige Geschichte schreibt – eine Geschichte, in der ein Kapitel vorkommen kann, in dem du diesem Menschen das Evangelium weitersagst oder eben nicht. Paulus verstand, dass er im Leben der Menschen, die durch ihn Christen wurden, nur eine kleine Rolle spielte: „Ich habe gepflanzt, Apollos hat begossen, aber Gott hat euren Glauben wachsen lassen. Es ist nicht so wichtig, wer pflanzt und wer begießt; wichtig ist allein Gott, der euren Glauben wachsen lässt" (1. Korinther 3,6-7).

Seien wir also immer bereit, lassen wir uns nicht durch falsche Ängstlichkeit zurückhalten. Bemühen wir uns, dass unsere Botschaft von Gottes Gnade auch etwas von Gottes Gnade spiegelt. Wir sind nicht durch unser eigenes Zutun gerettet worden und wir können auch niemand anderen durch unser Tun retten, damit sich „niemand etwas auf seine guten Taten einbilden" soll (Epheser 2,8-9).

Ich bin wirklich ein Fan der christlichen Satirewebsite LarkNews.com. Ein Artikel darauf trägt die Überschrift „Christliches Paar lebt zwei Jahre nach der Hochzeit abstinent". In einem weiteren Klassiker auf dieser Seite geht es um Christen, die Missionseinsätze in der Dritten Welt satthaben und sich nun berufen glauben, die Wohlhabenden zu evangelisieren. Klingt das ein bisschen nach dem christlichen Lebensmodell, das ich hier vorschlage? Ist das alles nur ein Versuch, alles, was uns etwas kosten könnte, aus dem Glauben zu streichen und es uns zu leicht zu machen? Falls dieser Verdacht dir noch nicht gekommen ist – bevor du das nächste Kapitel zu Ende gelesen hast, könnte es so weit sein.

8

Freude an irdischen Dingen

Etwa ein Jahr nachdem ich meinen Job bei Starbucks begonnen hatte, fand in Seattle ein christlicher Autorenkongress statt und ich beschloss, daran teilzunehmen. Einer der Referenten sprach darüber, wie man einen guten „Elevator Pitch" schreibt, also eine 30-Sekunden-Präsentation des eigenen Buches, die den Zuhörer neugierig macht auf mehr. „Es schadet nicht, ein wenig provokant zu sein", sagte er. Da kam mir eine Idee. Ich notierte sie und feilte ein bisschen daran herum. Dann las ich sie noch einmal durch, grinste und dachte: „So was kann ich doch niemals sagen, oder?"

Als der Referent uns die Möglichkeit gab, unsere „Elevator Pitches" vorzustellen, hob ich schnell die Hand. Er nickte mir zu. Ich stand auf und erklärte: „Die Welt sagt uns, wir sollen für den Augenblick leben. Die Kirche sagt uns, wir sollen für die Ewigkeit leben. Beide haben unrecht … Und beide haben recht."

Nach dem betretenen Schweigen im Raum zu urteilen, nahm ich an, dass ich die Sache mit dem Provokantsein hinbekommen hatte. Schließlich sagte der Referent: „Okay, Sie haben das Prinzip verstanden. Ich war irritiert – aber ich möchte mehr wissen." Im Lauf dieses Kongresses gelang es mir, noch ein paar weitere Leute zu irritieren und zu interessieren, vor allem einen Lektor vom Verlag Harvest House. Seinem Interesse und seiner Unterstützung ist es zu verdanken, dass der Verlag beschloss, dieses Buch zu veröffentlichen. Es war wirklich ein gutes Wochenende.

Ja, die Welt sagt uns, wir sollen nur für heute leben. YOLO (You Only Live Once – Du lebst nur einmal) ist ein Motto, das gegenwärtig überall kursiert und auch dazu dient, jede Menge fragwürdiger Entscheidungen zu rechtfertigen. Die gängige Kultur ermutigt uns, uns auf das Heute zu konzentrieren, ohne an mögliche langfristige Konsequenzen zu denken, von ewigen Konsequenzen ganz zu schweigen.

In der Kirche dagegen hören wir, wir sollen für die Ewigkeit leben, und man legt uns nahe, die Freuden dieses Lebens gegenüber geistlichen Dingen gering zu achten. Neulich las ich in einer Predigt, es sollte uns alarmieren, wenn uns irgendein Vergnügen wichtiger sei als das Gebet oder wenn uns irgendein Buch mehr interessiere als die Bibel. Ein beliebtes Andachtsbuch vertritt die Meinung, wir sollten Gott so sehr vertrauen, dass wir nicht mehr nach seinen Gaben, sondern nur noch nach Gott selbst verlangen. Ein anderer Bestseller berichtet von einer Frau, die nicht mehr ins Theater gehen, sondern stattdessen lieber zu Hause beten wollte. Ich hatte kein Problem mit diesem Buch, bis der Autor dieses Beispiel als „entlarvend" bezeichnete.

Markieren diese Beispiele tatsächlich den Höchststand des christlichen Glaubens? Haben wir es tatsächlich gepackt, wenn uns das Gebet mehr Vergnügen bereitet als ein guter Theaterabend, wenn wir lieber in der Bibel lesen, als ein Fußballspiel anzugucken, und wenn ein Tag in der Kirche besser ist als ein Tag in Disneyland?

Ich finde: Beide Extreme sind falsch. Wir müssen nicht wählen, ob wir für dieses Leben oder für das nächste leben wollen. Und zugleich liegt in beiden Positionen auch ein Stück Wahrheit. Je enger wir mit Gott verbunden sind, umso intensiver können wir sowohl irdische als auch geistliche Dinge genießen.

„Zur Freude der Heiligen"

Freude ist eines der zentralen Themen der Bibel. Bei meinen Recherchen für dieses Buch habe ich mich mit der Verwendung des Wortes *Freude* und einigen seiner Synonyme in der Bibel beschäftigt: *Glück, Vergnügen, Genuss.*[29] Ich habe die Liste schließlich auf die 730 aussagekräftigsten Verse begrenzt, die diese Begriffe enthalten. Das ist eine beträchtliche Anzahl – mehr Verse als die, in denen *Friede, Gnade* oder sogar *Liebe* vorkommen.

Ich habe mir die Liste ausgedruckt – in einer Schriftgröße von zehn Punkt und mit einem Seitenrand von einem halben Zentimeter. Aber auch so waren es immer noch 48 Seiten. Nachdem ich sie ausgedruckt hatte, saß ich einfach da, blätterte die Seiten durch und spürte ihr Gewicht in meiner Hand. So konkret zu sehen und zu spüren, wie viel die Bibel über Freude zu sagen hat, hat meine Theologie verändert. Es ist unverzeihlich, dass Christen so leicht (und oft so zutreffend) als Miesepeter karikiert werden können. Ein Ergebnis der Monate, die ich damit verbracht habe, all diese Bibelverse zu analysieren, ist, dass ich seither meine Briefe wie folgt unterschreibe: „Zur Ehre Gottes und zur Freude der Heiligen." Das ist geradezu mein Lebensziel geworden: Ich möchte, dass die Worte *Christ* und *freudlos* zu Begriffen werden, die sich gegenseitig ausschließen.

> Ich möchte, dass die Worte *Christ* und *freudlos* zu Begriffen werden, die sich gegenseitig ausschließen.

Ein zweigeteiltes Leben

Als ich Kind war, war mein Vater Armeereservist, was bedeutete, dass er jedes Jahr für zwei Wochen nach Eastern Washington ging, um einen Panzer zu fahren. Wir warteten immer sehnsüchtig auf seine Rückkehr und hofften, dass er uns etwas von der Armeeverpflegung mitbrachte. Diese unverderblichen Fertigmahlzeiten sind in dicke braune Plastikfolie eingeschweißt, die etliche Beutel mit lebensmittelartigen Substanzen enthält. Ich war versessen auf die extrem nahrhaften Kräcker mit Käsesoße. Mein Bruder liebte Chicken-à-la-King-Pastete und ich glaube mich zu erinnern, dass meine Schwester auf gefriergetrocknete Apfelringe stand.

Am Montagvormittag nach seiner Rückkehr schnappten wir drei uns jeweils ein Fertigessen und das Kochgeschirr meines Vaters und verkrochen uns unter einen großen Rhododendronbusch, der unser Fort war. Um das Kochgeschirr stritten wir regelmäßig, und weil ich der Älteste war, gewann ich meist. Ich war fasziniert davon, wie exakt der Henkel über den Deckel passte. Wenn man das Kochgeschirr öffnete, wurde der Deckel zum Teller, den eine Blechkante in der Mitte säuberlich in zwei Abteilungen unterteilte.

Den größten Teil meines Lebens habe ich verbracht wie der Deckel dieses Kochgeschirrs. In meiner Vorstellung waren die Abteilung „Geistlich" und die Abteilung „Irdisch" immer fein säuberlich getrennt. Auf der geistlichen Seite waren all die Dinge, von denen ich glaubte, ich müsse sie tun, und auf der irdischen Seite war alles, was ich tatsächlich gern tat.

Abteilung Geistlich	Abteilung Irdisch
ewige Freude suchen	irdisches Glück erleben
Gott loben	Radio hören
zum Gottesdienst gehen	spielen
in der Bibel lesen	Hardy-Boys-Bücher lesen
den Zehnten geben	mein Taschengeld für Bonbons ausgeben
auf Missionseinsätze fahren	in die Ferien fahren
beten	mit Freunden reden
heilig sein	meinen Spaß haben

Das, was in meiner Abteilung Irdisch stand, hielt ich nicht einmal für schlecht; es war nur nicht geistlich, und geistlich ist immer besser, stimmt's? Jedenfalls glaubte ich das, bevor ich mich mit der Freude in der Bibel beschäftigte.

Nachdem ich mir die Verse über die Freude ausgedruckt hatte, ging ich sie der Reihe nach durch. Ich erstellte mir eine Datenbank, in der ich erfasste, wer Freude erlebte, ob die Bibel diese Freude für gut befand und ob es sich meiner Meinung nach um eine irdische oder eine geistliche Freude handelte. Dann analysierte ich das Ergebnis.[30]

Die erste Überraschung war die, dass sich die Aussagen über die Freude gleichmäßig auf Altes und Neues Testament verteilen. Also hatte das Alte Testament durchaus anderes zu bieten als Feuer und Schwefel. Noch mehr überraschte mich meine Entdeckung, dass etwa zwei Drittel der alttestamentlichen Verse sich auf Dinge bezogen, die ich als irdische Freuden eingeordnet hatte. Im Neuen Testament verlagert sich der Schwerpunkt fast ganz hin zu geistlichen Freuden. Das bedeutet nicht, dass Gott zwischen dem Alten und dem Neuen Testament seine Meinung im Blick auf die irdischen Freuden geändert hat. Wie ich in Kapitel vier bereits sagte, ist das Neue Testament in der Annahme geschrieben worden, dass wir das Alte Testament weiterhin lesen und uns danach richten. Nur zusammen ergeben sie ein vollständiges Bild davon, wie Gott sich das Leben für uns vorstellt, und das umfasst die Freude an allem, was uns gegeben ist – ob wir es nun für irdisch halten oder für geistlich.

Für jeweils zwei geistliche Freuden, die die Bibel (Altes und Neues Testament) anführt, wird eine weltliche Freude befürwortet. Wenn Gott also will, dass wir unseren Blick nur auf himmlische Angelegenheiten richten, dass wir nur ihn und nicht seine Gaben suchen, wenn er meint, irdische Freuden seien gegenüber geistlichen Freuden zweitklassig – dann hat er eine merkwürdige Art, uns das mitzuteilen. Einhundertfünfundsechzig Verse der Bibel reden von der uneingeschränkten Freude an irdischen Dingen:

- Ganze Psalmen widmen sich dem Dank an Gott für irdische Dinge wie gute Ernten, Schutz vor Feinden, wiedererlangte Gesundheit oder Wohlstand.[31]
- Sich am Ehepartner zu freuen und einander sexuell zu genießen, wird geradezu geboten.[32]
- Die Thora ordnet zahlreiche Feste an – große Partys, bei denen kein Mangel an Essen und Trinken herrscht.[33]
- Kennst du das Vergnügen daran, dass dir gerade diese perfekte, schlagfertige Bemerkung eingefallen ist? Auch das ist biblisch.[34]
- Paulus redet davon, dass Gott uns alles reichlich gibt, damit wir es genießen sollen.[35]

Um es ganz deutlich zu sagen: Wir sollten unser Glück *nicht* ausschließlich in Gott finden. Nicht weil er etwa nicht genügen würde – in ihm finden wir mehr als genug für eine ganze Ewigkeit purer Seligkeit; nein, sondern weil er nicht unser ganzes Glück sein *will*. Er hat diese Welt mit so vielen Dingen ausgestattet, von denen er möchte, dass wir uns daran freuen – so, wie sich ein Vater freut, wenn seine Kinder Gutes genießen können.

Vor ein paar Jahren hat ein Freund von mir für seine Kinder eine neue Schaukel gekauft und mir die alte überlassen. Mit jeder Menge Blut, Schweiß und Tränen und der Hilfe von einigen Freunden habe ich sie in unserem Garten aufgebaut. Während der Bauaktion tauchten Grace und Sarah immer wieder auf und fragten, wann die Schaukel fertig sei. Als wir es schließlich geschafft hatten, sagte ich ihnen, sie könnten nun darauf schaukeln. Wie hätte ich mich wohl gefühlt, wenn sie mir geantwortet hätten: „Oh, schon gut, Daddy. Wir wollen lieber dich."

Vielleicht hätte ich gesagt: „Es freut mich, dass ihr mich so lieb habt. Ich hab euch auch lieb, sogar sehr. Aber jetzt geht raus und genießt eure Schaukel!" Ich wäre wohl weniger erfreut darüber gewesen, dass sie so große Reife zeigten; vermutlich wäre ich eher enttäuscht gewesen, dass sie nicht verstanden hatten, wie sehr ich ihnen die Freude an meinem

Geschenk gönnte. Ob Gott vielleicht auch manchmal enttäuscht ist, wenn wir uns weigern, uns an seinen irdischen Gaben zu freuen?

Natürlich haben Grace und Sarah das an jenem Tag nicht gesagt. Noch bevor ich meinen Satz „Ihr könnt jetzt schaukeln" beendet hatte, stürmten sie schon mit einer Schar Freunde in den Garten. Seitdem vergeht kaum ein Tag (egal, wie das Wetter ist), an dem sie nicht draußen auf der Schaukel sind, und wenn ich ihnen zusehe, entlockt mir das meist unweigerlich ein Lächeln.

Gott mag irdische Dinge wirklich. Er hat diese Welt für sehr gut erklärt und ungefähr 80 Prozent der Bibelstellen, die davon reden, dass Gott sich an etwas freut oder über etwas glücklich ist, haben etwas mit den Dingen zu tun, die er geschaffen hat (uns eingeschlossen), und nicht mit Dingen, die wir für besonders geistlich halten. Mehr noch: Er wurde selbst Mensch und hat sich selbst an der geschaffenen Welt gefreut. Jesus ist unser bestes Beispiel dafür, dass man die Dinge dieses Lebens voll und ganz genießen und sich ganz auf sie einlassen kann, ohne dadurch vom Ziel seines Lebens abgelenkt zu werden. Und durch seinen Tod hat er es uns ermöglicht, dass auch wir sie nun ohne die Sünde, die sie verdirbt, genießen können. Dazu kommen wir gleich.

Leben aus einem Guss

Seit ich mich damit beschäftigt habe, was die Bibel über die Freude zu sagen hat, und mir aufgegangen ist, wie unbefangen sie zwischen der Abteilung Irdisch und der Abteilung Geistlich hin- und herspringt, habe ich begonnen, das Leben weniger wie den Deckel vom Kochgeschirr meines Vaters zu betrachten. Jetzt sehe ich es mehr wie den zweiten Teil des Kochgeschirrs, der einfach aus einem großen Topf bestand. Ich glaube nicht mehr, dass es unterschiedliche Arten von Freude gibt, sondern nur Variationen ein und derselben Sache. Alle Freude kommt von Gott. Wir erleben sie in unterschiedlichen Formen, aber jede Freude gehört ihm.

Radikal normal zu sein bedeutet, dass wir entdecken, dass das Leben aus einem Guss ist, und entsprechend leben; dass wir Gott in allen Dingen sehen und seine Freude in allen Dingen finden. Man kann ein geistlicher Mensch sein, ob man gerade tief im Gebet versunken ist oder ein Fußballspiel anschaut. In beiden Fällen genießt man etwas, das Gott gemacht hat.

Damit sage ich nicht, dass alle Freuden gleich sind. Zu einem Fußballspiel zu gehen, ist offensichtlich etwas anderes, als einen Gottesdienst zu besuchen. Die Frage ist nicht, was heiliger ist, sondern was zum jeweiligen Zeitpunkt angebrachter ist. Ich würde zum Beispiel nicht empfehlen, jede Woche den Gottesdienst ausfallen zu lassen, um Fußball zu gucken. Das wäre, als wollte man nur von Süßigkeiten, Chips und Cola leben.

Ein Leben aus einem Guss bedeutet natürlich weitaus mehr, als dass man in der Lage ist, ohne Schuldgefühle ein Fußballspiel anzuschauen. Wenn man nicht wirklich überzeugt ist, dass Gott sich freut, wenn wir dieses Spiel genießen – oder einen Einkaufsbummel mit Freunden oder das Lesen eines Romans oder worüber sonst wir uns freuen –, dann werden wir ihn sehr wahrscheinlich auch kaum bitten, während dieser Aktivitäten bei uns zu sein. Und wenn wir nicht glauben, dass Gott bei uns ist, verfallen wir mit viel größerer Wahrscheinlichkeit darauf, zerstörerische und ungute Dinge zu tun.

Stell dir vor, Gottes Freude an deiner Freude wäre dir so selbstverständlich, dass du ihn ganz spontan zu allem dazubittest, was du tust. Stell dir vor, du wärst in der Lage, dich in einem Augenblick heiser zu schreien vor Begeisterung über das Tor, das gerade gefallen ist, und im nächsten Moment ein „Danke" zu flüstern, ohne dazwischen einen nennenswerten Unterschied zu empfinden.

Wer gibt die besseren Partys, deine Gemeinde oder deine Nachbarn? Wenn Gott eine Party geben würde, wie, glaubst du, würde die aussehen? Wie sich gezeigt hat, hat Gott tatsächlich eine Reihe von Partys gegeben, und davon können wir eine Menge lernen.

9

Wenn Gott eine Party gibt

Ich werde nie verstehen, warum es Menschen gibt, die älter sind als zehn Jahre und keinen Eierpunsch mögen. Süß, cremig, kalorienreich und perfekt gewürzt – mmmh. Eierpunsch lässt mich an Weihnachten denken, an kurze Tage und lange Abende, an Adventskerzen und Geschenke. Und jetzt, dank meiner Arbeit bei Starbucks, verbinde ich noch etwas damit – ein durchdringendes, kreischendes Geräusch. Wer jemals Eierpunsch aufgeschäumt hat, hat dieses Geräusch noch in den Ohren; der Lärm rechtfertigt dann auch den Preis. Eierpunsch im Kaffee mag manchem als seltsame Kombination erscheinen; aber sie findet reißenden Absatz.

Als ich auf dem College in der Gegend von Los Angeles war, habe ich einmal über Weihnachten in einem Laden gearbeitet, der persönlich beschriftete Geschenke zu überteuerten Preisen verkaufte. Zwischen der Überkommerzialisierung und dem völligen Fehlen von Weihnachtsstimmung kam ich mir dabei ziemlich so vor wie in der ersten Szene von *Die gestohlenen Weihnachtsgeschenke*. In dem Jahr hätte ich Weihnachten beinahe völlig ausfallen lassen.

Im Gegensatz zu jener Erfahrung waren die Feiertage bei Starbucks immer fantastisch. Sobald die roten Tassen herausgeholt wurden und die besonderen Weihnachtsgetränke auf der Tafel standen, hatten Kunden und Personal das Gefühl, eine weihnachtliche Vorfreude breitete sich im

Laden aus. Natürlich war mir bewusst, dass das Unternehmen nur unsere Vorliebe für nostalgische Gefühle ausnutzte, um bessere Geschäfte zu machen, aber irgendwie war das reichlich egal. Allein der Gedanke an einen Eierpunsch-Latte an einem trüben, feuchten Dezembernachmittag weckt in mir eine Sehnsucht nach dem Winter und seiner Verheißung von Weihnachten.

Zum Eigentlichen zurückfinden

Regelmäßig hört man in der Weihnachtszeit Christen sagen: „Wir müssen an Weihnachten wieder zum Eigentlichen zurückfinden." Mir wird dabei jedes Mal ein wenig unbehaglich, denn ich fürchte, diese Leute werden keine Ruhe geben, bis Weihnachten irgendwann überhaupt keinen Spaß mehr macht. Vielleicht bin ich da etwas überempfindlich. Aber als ich jung war, dachte (oder fürchtete) ich: Wenn ich ein wahrer Christ wäre, würde ich ein ganz schlichtes Weihnachten super finden und vollkommen glücklich sein, wenn wir einfach nur die Weihnachtsgeschichte lasen. Ich würde keinen Weihnachtsbaum brauchen, kein geschmücktes Zimmer, keine Geschenke, kein besonderes Essen. Überhaupt: Sollte ich das ganze Geld nicht besser den Armen geben?

Weder unser Pastor noch meine Eltern hatten mir das beigebracht, aber immer wieder hörte ich, dass es an Weihnachten mehr um Jesus und weniger um Geschenke gehen müsse. Aber wie viel „mehr" ist genug? Ein Freund, der Sohn eines Pastors, erzählte mir, er müsse an Weihnachten immer ein Lieblingsspielzeug weggeben. Nicht einfach irgendein Spielzeug, sondern ein Lieblingsspielzeug. Er sollte dadurch lernen, dass andere Kinder schlechter dran waren als er. Meines Erachtens war es allerdings eher eine wirksame Strategie, Kindern beizubringen, die Kirche oder sogar Gott selbst zu verabscheuen. Allein der Gedanke, ich könnte meiner Tochter ihr Lieblingsspielzeug wegnehmen, um ihr eine wichtige Lektion beizubringen, bricht mir das Herz.

Auf der anderen Seite kann ich schon verstehen, warum der Kirche daran gelegen ist, die Aufmerksamkeit wieder auf Jesus zu lenken. Von Feiern, die aus zu viel Essen und zu viel Trinken bestehen, bis zu ausufernden Geschenkeorgien scheinen unsere Aktivitäten sich nicht so sehr von denen der Welt zu unterscheiden. Viele Familien stürzen sich sogar in Schulden, um ihren Kindern mehr Geschenke zu machen, als die auch nur annähernd wertschätzen können.

Unsere Familie hat das bisher vermieden – mehr aus Notwendigkeit denn aus Prinzip.

Weihnachten in dem Jahr, als ich bei Starbucks arbeitete, war das Geld besonders knapp. Wir konnten uns nur ein schönes Geschenk für die Familie leisten (und das auch nur dank stundenlangen Schlangestehens am ersten Adventssamstag) und darüber hinaus ein großes Stofftier für Grace und für Sarah und ein paar weitere Kleinigkeiten. Unsere Töchter bekamen in diesem Jahr mehr Geschenke vom Rest der Familie als von uns. Marilyn und mir fiel es schwer zu wissen, dass unsere Töchter vielleicht ein Zehntel dessen bekamen, was andere Kinder erhielten … bis unsere wunderbaren Mädchen auf uns zustürmten und sagten: „Unglaublich, wie viele Geschenke wir bekommen haben! Vielen Dank!" Und dann hopsten sie davon, um mit ihren neuen Stofftieren zu spielen. Ich musste ein paar Tränen der Rührung zurückhalten. In jenem Jahr beschlossen wir, egal, wie viel Geld wir in Zukunft vielleicht einmal haben mochten, wir würden nie wieder in die Falle tappen, mit anderen Familien mithalten zu wollen. Wir wollen unseren Mädchen ein paar Geschenke machen, über die sie sich auch tatsächlich freuen.

Ja, zu viel Zeug lenkt uns ab. Je mehr wir anschaffen, umso mehr lenkt es uns von den Dingen ab, die wir bereits haben, und von wichtigeren Dingen, die Botschaft der Hoffnung und Freude über unseren Retter eingeschlossen. Der Weihnachtsrummel kann uns ablenken und so ist es nicht verwunderlich, dass extreme Christen Weihnachten idealerweise ohne Geschenke und mit einem Einsatz in einem Obdachlosenheim feiern. Auch das hat seine Berechtigung (ich habe mehr als ein Weihnachten mit Einsätzen in Obdachlosenheimen verbracht), aber fröhliche Feste haben auch ihren Platz. Genau genommen sind Feste das Mittel, das Gott besonders gern wählt, um uns zu sich zu ziehen.

Frohe Feiertage!

Gott liebt eine gute Party! Daran lässt die Bibel keinen Zweifel. Das Alte Testament ist voll von Festen, Feiertagen und Festmahlen, mehr, als wir in unserem Kalender haben. Uns fällt das nicht auf, denn wir lesen das Alte Testament nicht mehr so viel, und wenn doch, dann lesen wir die Worte „Feiertag" und „heiligen" und stellen uns etwas vor, das ungefähr so erfreulich ist wie eine Beerdigung. Nur ohne das anschließende Kaffeetrinken.

In meiner Kindheit und Jugend gab es in unserer Familie immer eine Silvesterparty mit Freunden aus der Gemeinde. Die Kinder durften den ganzen Abend aufbleiben, spielen, essen und es eben genießen, dass sie aufbleiben durften. Aber exakt um 23:55 Uhr war das laute Fest zu Ende, alle Kinder wurden eingefangen und wir begannen das neue Jahr mit Gebet. Das waren alles ehrenwerte Leute, die Jesus von Herzen liebten – keine selbstgerechten und gesetzlichen Superchristen. Sie versuchten, so gut sie konnten, Gott zu ehren und ihn zum Mittelpunkt ihres Lebens zu machen. Das ist mir schon klar. Aber mein kindlicher Verstand kam zu einer irrigen Schlussfolgerung: Nichts kann eine gute Party so leicht verderben, wie wenn man Gott ins Spiel bringt. Sag nicht, du hättest noch nie Ähnliches gedacht.

Aber nichts könnte weiter von der Wahrheit entfernt sein. Beinahe alle biblischen Feste (heilige Tage) waren Partys.

Als die Menschen hörten, was im Gesetz stand, begannen sie zu weinen. Aber der Statthalter Nehemia, der Priester und Schriftgelehrte Esra und die Leviten, die das Gesetz auslegten, ermutigten sie: „Seid

> Gott liebt eine gute Party! Daran lässt die Bibel keinen Zweifel.

nicht traurig, und weint nicht! Heute ist ein Festtag; er gehört dem Herrn, eurem Gott! Und nun geht nach Hause, esst und trinkt! Bereitet euch ein Festmahl zu und feiert! Gebt auch denen etwas, die sich ein solches Mahl nicht leisten können! Dieser Tag gehört unserem Gott. Lasst den Mut nicht sinken, denn die Freude am Herrn gibt euch Kraft!" (Nehemia 8,9-10).

Sauertöpfische Christen würden sagen: „Dies ist ein heiliger Tag. Lacht nicht, esst nicht, trinkt nicht … Benehmt euch würdevoll und heilig" – als ob man nicht gleichzeitig das Leben genießen und heilig sein könnte. Aber Gott sagt (durch Nehemia): „Dies ist ein heiliger Tag, also genießt ihn! Schneidet den Schinken an, öffnet die Flaschen, genießt die Party!" Aber gibt es nicht auch Zeiten für Trauer und Fasten? Absolut, aber derartige Feierlichkeit ist die Ausnahme, nicht die Regel. Die Bibel redet ungefähr 40-mal vom Fasten, aber vom Feiern über 140-mal. Der Schwerpunkt liegt auf der Freude. „Die Freude am Herrn gibt euch Kraft."

Ein Kommentar übersetzt *Kraft* mit *Schutz*[36]: Die Freude an Gott ist unser Schutz. Das finde ich sehr einleuchtend. Zu viele Menschen sind auf Abwege geraten durch eine verwerfliche Irrlehre, die den Glauben von jeder sinnlich erfahrbaren Freude reinigen will. Unseren Teenagern etwas über die Inspiration der Bibel zu erzählen, wird wenig nützen, wenn sie insgeheim hoffen, die Bibel möge bitte doch nicht recht haben. Die Freude an Gott schützt uns und unsere Kinder vor derartigen Angriffen. Gott kann fröhliche Feste und Feiertage (und nicht nur die, die in der Bibel erwähnt werden) nutzen, um uns für sich zu gewinnen. Sie müssen uns jedenfalls nicht von ihm wegziehen.

Freude und Sinn

Passah, Sukkoth, Purim, Neumond … Wir lesen von einem Fest nach dem anderen, das feierlich begangen wird. Warum hat Gott so viele Feste angeordnet? Erstens: Wer wünscht sich nicht, dass seine Kinder Spaß am Leben haben? Wie schon gesagt, ist das Schönste am Elternsein nicht, dass wir unsere Kinder dazu bringen, ihre Pflichten zu erfüllen, oder sie zurechtweisen, sondern mit ihnen zu spielen oder ihnen beim Spielen zuzuschauen. Zweitens, und das ist wichtiger: Die Feste sollten die Israeliten (und besonders die Kinder) an ihre Geschichte erinnern, an Gottes mächtige Taten und seine Sorge für sein Volk.

Unsere Familie feiert zusammen mit anderen Familien aus unserer Gemeinde das Passahfest. Dieser Feiertag ist erst kürzlich in unserem Kalender aufgenommen worden, aber ich liebe ihn, vor allem, weil Grace und Sarah dieses Fest lieben. Begeistert suchen sie nach verstecktem Sauerteig, genießen das besondere Essen und trinken aus besonders geschmückten Gläsern. Weil ihnen das Fest Spaß macht, lernen sie auch alles, was sie über Gottes Rettung des jüdischen Volkes im Exodus und über ihre eigene Rettung durch das Kreuz wissen müssen. In jedem Krümel und jedem Detail der Passahfeier ist Jesus verborgen.

Ich suche immer wieder nach Wegen, diese Art zu feiern auch auf unser Weihnachtsfest zu übertragen. Durch unsere Traditionen möchte ich meinen Töchtern wichtiges Wissen ins Herz legen:

- Das Licht des Weihnachtsbaums oder der Adventskerzen in einem dunklen Raum erinnert uns: „Von ihm kam alles Leben, und sein Leben war das Licht für alle Menschen. Es leuchtet in der Finsternis, doch die Finsternis wehrte sich gegen das Licht" (Johannes 1,4-5).
- Unsere Weihnachtskrippe ist eine sichtbare Erinnerung an die Menschwerdung Gottes. Ich erinnere mich noch gut an die Krippe meiner Kindheit; an ihre Schönheit reicht in meinen Augen kaum eine andere Krippe heran.

- Die Geschenke, die wir verschenken und erhalten, erinnern uns an die vielen großzügigen Gaben, die Gott uns gibt, kleine und große. Ich fände es schrecklich, meine Kinder zu fragen: „Seid ihr in diesem Jahr brav gewesen?" Das widerspricht dem Evangelium und der gesamten Botschaft von Weihnachten. Das Evangelium sagt uns: Wir haben alle nur Kohlen in unserem Nikolausstiefel verdient und bekommen trotzdem ein Pony geschenkt.

- Andere zu beschenken lehrt uns, großzügig zu sein, vor allem dann, wenn wir auf Geschenkideen kommen, die sich nicht mit Geld aufwiegen lassen.

- Dass wir zu Weihnachten Gäste einladen, vermittelt unseren Töchtern den Wert der Gastfreundschaft. Niemand sollte die Geburt von Jesus allein feiern müssen.

- Ein guter, fröhlicher Heiligabendgottesdienst erzählt von Jesus und schafft eine Tradition, an die sich unsere Kinder noch jahrelang erinnern werden. Ich selbst denke immer noch gern an die Strümpfe voller Süßigkeiten, Mandarinen und Nüsse, die wir jedes Jahr von unserer Gemeinde geschenkt bekamen. Ich habe die Nüsse nie gegessen, aber in meiner Erinnerung gehören Weihnachten und Nüsse noch immer unauflöslich zusammen.

Ich will nicht sagen, dass jeder Weihnachtsbrauch eine Bedeutung haben muss, die direkt auf Jesu Geburt zurückgeht. Vielmehr sollten sich Freude und tiefere Bedeutung so nahtlos miteinander verbinden, dass wir gar nicht mehr unterscheiden wollen, was davon einen tiefen Sinn in sich trägt und was einfach Spaß macht. Wenn unsere Kinder Weihnachten begreifen als ein Fest der Geschenke, der Süßigkeiten und der Geburt Jesu, dann kann die Geburt Jesu den Geschmack der Süßigkeiten annehmen.

Und das gilt nicht nur für Weihnachten. Weihnachten ist nur ein Anlass, den wir nutzen können, um geistlich zu wachsen. Frag dich einmal:

> Das Evangelium sagt uns: Wir haben alle nur Kohlen in unserem Nikolausstiefel verdient und bekommen trotzdem ein Pony geschenkt.

Wie kann ich Weihnachten, Ostern, Geburtstage, Erntedank und andere Feiertage so gestalten, dass ihr Sinn darin deutlich wird?

Feiern mit Gott

Sicher, viele heute übliche Weisen, Feste zu feiern, sind nicht im Sinne Gottes – Essen im Übermaß, Alkoholgenuss bis zum Vollrausch, ungehemmtes Flirten bei der Betriebsfeier oder sich einem ungezügelten Materialismus überlassen. Das ist ein Grund, warum Gott zu unseren Festen eingeladen werden möchte.

Ab dem 15. Tag des siebten Monats, wenn ihr die gesamte Ernte des Landes eingebracht habt, sollt ihr sieben Tage lang dieses Fest für den Herrn feiern. Der erste Tag und der achte Tag des Festes sollen Tage vollkommener Ruhe sein. Am ersten Tag sollt ihr schöne Früchte von euren Bäumen sammeln und Palmwedel, Zweige von Laubbäumen sowie Weidenruten zusammentragen. Feiert dann sieben Tage lang fröhlich vor dem Herrn, eurem Gott (3. Mose 23,39-40; NLB).

Die entscheidenden Worte sind hier: „Feiert fröhlich vor dem Herrn, eurem Gott." Hier heißt es nicht: Seid fröhlich *„in* dem Herrn". Hebräisch heißt es wörtlich: „vor dem Angesicht des Herrn". Mit anderen Worten: Wir sollen unsere Feste in seiner Gegenwart feiern. Das Fest, um das es hier geht, war ein großes Erntefest. Man baute Zelte auf, genoss die Speisen und den Wein, die man erzeugt hatte, und ließ es sich rundum gut gehen.[37] Die meisten Kulturen kennen Erntefeste, aber in heidnischen Gesellschaften mit ihren Fruchtbarkeitsriten konnte es dabei ziemlich wild zugehen. Gott reagiert darauf nicht so, dass er sagt: „Bleibt nüchtern und trefft euch zum Beten." Nein, er sagt: „Genießt euer Leben in meiner Gegenwart, ohne all die Sorge und den Schmerz, der aus dem heidnischen Treiben erwächst."

Ein fröhlicher Feiertag ist eine fantastische Möglichkeit, etwas über

Gott zu lernen und das Leben zu genießen. Es ist auch ein Hauptgrund dafür, dass radikal normale Christen eine bessere, fröhlichere Lebensparty haben können als lauwarme Christen, die Gottes Richtlinien ignorieren und den Preis dafür zahlen müssen.

Ein Vorgeschmack auf den Himmel

Ein gutes Fest kann noch einen weiteren Effekt haben: Es kann helfen, uns auf den Himmel vorzubereiten. In Kapitel eins habe ich erzählt, dass der Höhepunkt meiner Ferien als Kind immer unser Besuch in Disneyland war. Am Abend davor lautete mein Gebet in der Regel ungefähr so: „Jesus, bitte komm nicht schon morgen wieder." (Dieses Gebet habe ich auch am Abend vor meiner Hochzeit gesprochen.) Natürlich wollte ich in den Himmel kommen, aber hier ging es schließlich um Disneyland!

Christliche Eltern haben zwei Möglichkeiten, darauf zu reagieren. Sie können das Kind zurechtweisen, weil es sich mehr auf Disneyland freut als auf den Himmel. Oder sie können am nächsten Abend etwas sagen wie: „War das heute nicht ein toller Tag? Ich hatte jede Menge Spaß, du auch? Und weißt du was? Disneyland ist fantastisch, aber der Himmel ist noch viel besser!"

Welche Reaktion ist wohl mehr im Sinne der Bibel?

Die populären Vorstellungen vom Himmel, in dem man auf einer Wolke sitzt und eine Ewigkeit lang Harfe spielt, erscheinen mir persönlich eher wie die Hölle als wie der Himmel. Den Menschen, die sie einmal erfunden haben, haben diese Bilder etwas bedeutet, aber den meisten Menschen heute sagen sie nichts mehr. C. S. Lewis erklärt das sehr gut.

Lassen wir uns nicht von Spaßvögeln irremachen, die die christliche Hoffnung auf den „Himmel" ins Lächerliche ziehen wollen, indem sie sagen, sie hätten keine Lust, „bis in alle Ewigkeit Harfe zu spielen". Die passende Antwort an solche Leute lautet: Wer Bücher, die für Er-

wachsene geschrieben sind, nicht verstehen kann, der soll auch nicht da-
rüber reden. Die ganze biblische Bildersprache (Harfen, Kronen, Gold
usw.) ist natürlich ein rein symbolischer Versuch, das Unaussprechliche
auszusprechen. Musikinstrumente werden deshalb erwähnt, weil für
viele (wenn auch nicht für alle) Menschen Musik die Sache im gegen-
wärtigen Leben ist, die sie am stärksten an einen Freudenrausch und
an die Unendlichkeit denken lässt. Von Kronen ist die Rede, um anzu-
deuten, dass diejenigen, die in Ewigkeit Gemeinschaft mit Gott haben,
auch seine Herrlichkeit und Macht und Freude mit ihm teilen. Gold
wird erwähnt, um von der Zeitlosigkeit (Gold rostet nicht) und der
Kostbarkeit des Himmels zu sprechen. Wer diese Symbole buchstäblich
auffasst, wird wohl auch die Aufforderung Christi an uns, wie die Tau-
ben zu sein, so verstehen, dass wir Eier legen sollen.[38]

Gott weiß, dass wir den Himmel nicht verstehen können, deshalb verwendet er Bilder. Wenn ich mit meinen Töchtern über den Himmel
rede, vergleiche ich ihn mit Disneyland – nicht weil der Himmel ein
großer Vergnügungspark wäre, sondern weil es das Größte ist, was sie
sich vorstellen können. Ganz ähnlich vergleicht Gott den Himmel mit
etwas, das ich leicht verstehen kann – mit einem Fest.

Hier auf dem Berg Zion wird der Herr, der allmächtige Gott, alle Völ-
ker zu einem Festmahl mit köstlichen Speisen und herrlichem Wein
einladen, einem Festmahl mit bestem Fleisch und gut gelagertem Wein.
Dann zerreißt er den Trauerschleier, der über allen Menschen liegt,
und zieht das Leichentuch weg, das alle Völker bedeckt. Hier auf die-
sem Berg wird es geschehen! Er wird den Tod für immer und ewig ver-
nichten. Der Herr, der allmächtige Gott, wird die Tränen von jedem
Gesicht abwischen. Er befreit sein Volk von der Schande, die es auf der
ganzen Erde erlitten hat. Das alles trifft ein, denn der Herr hat es
vorausgesagt (Jesaja 26,6-8).

Harfen und Wolken? Nein, danke. Ein Festmahl mit den besten Speisen und dem besten Wein? Halleluja! Wird es im Himmel wirklich Rinderfilet und abgelagerten Bordeaux geben? Ich kann mir schwer vorstellen, dass im Himmel noch Tiere für uns sterben müssen, es ist also vielleicht nicht ganz wörtlich gemeint. Aber dieses Bild vom Himmel enthält Dinge, die ich verstehen kann, und hilft mir so, mich auf Dinge zu freuen, die ich nicht verstehe.

Das beste Bild vom Himmel, dem ich bisher begegnet bin, ist eine Mischung aus drei Hochzeitsfeiern, bei denen ich die Trauung halten durfte. Die erste war die Hochzeit von Caleb und Theresa. Caleb stammte aus Mexiko, die Trauung wurde also zweisprachig durchgeführt, von mir und von Calebs Pastor, der Spanisch sprach. Bei der anschließenden Feier war eine solche Mischung von Sprachen, Kulturen und Speisen versammelt, dass es mir vorkam wie ein Abglanz der Hochzeit des Lammes, bei der Menschen „aus allen Nationen, Stämmen und Völkern" zugegen sein werden (Offenbarung 7,9).

> Harfen und Wolken? Nein, danke. Ein Festmahl mit den besten Speisen und dem besten Wein? Halleluja!

Die zweite Hochzeit, an die ich denke, war die unserer Freunde Dave und Elizabeth. Ich hatte Dave begleitet, nachdem seine erste Ehe gescheitert war und er Heilung und Hilfe suchte. Die Hochzeit von Dave und Elizabeth bedeutete mir also persönlich viel. Beide waren Beispiele dafür, wie Gottes Gnade und seine Macht verwundetes Leben heilen können. Ganz ähnlich, denke ich, wird der Himmel eine einzige große Demonstration von gelungener Heilung und Erlösung sein. Eine besondere Zugabe war, dass Dave in einem Pub gearbeitet hatte und Elisabeth in einer Band sang; bei ihrer Feier waren daher lauter Menschen, die sich amüsieren konnten, ohne in die Exzesse zu verfallen, die solche Feiern häufig kennzeichnen.

Die dritte Hochzeit war die eines meiner besten Freunde, Israel, und seiner Braut, Jen. Schon zwei Tage vor der Trauung hatten sie ein kleines Tagungshaus gemietet, sodass alle Freunde und Verwandten gemeinsam essen konnten, die Räume gemeinsam schmückten und es genossen, einfach beisammen zu sein. Als der Hochzeitstag schließlich kam, fühlten wir uns alle schon wie eine große Familie.

Diese drei Hochzeiten zusammengenommen geben mir einen Vorgeschmack davon, wie der Himmel sein wird, auf den ich mich wirklich freue: Alle Völker versammeln sich zu einer großen Party und feiern Gottes Gnade und seine erlösende Macht wie eine große Familie. Ich glaube inzwischen, dass Feiern unseren Appetit wecken sollen für *das* Fest unseres Lebens. Die Türen zu *diesem* Festsaal sind für mich jetzt noch geschlossen; aber wenn die Köstlichkeiten, die ich jetzt schon schmecke, auch nur im Entferntesten andeuten, was noch kommen soll … Oh, wow!

Wenn du einen Zweijährigen vor die Wahl zwischen einem billigen Hotdog von zweifelhaftem Ursprung und einem zarten, perfekt durchgebratenen und gewürzten Rinderfilet stellen würdest, würde er wahrscheinlich nach dem Hotdog greifen. Guten Geschmack muss man kultivieren. Ich habe verstanden: Wenn ich mich auf die irdischen Freuden konzentriere und die geistlichen darüber vernachlässige, beweise ich nur, wie unterentwickelt mein Geschmackssinn noch ist. Wenn wir es versäumen, unseren Geschmack für den Himmel zu kultivieren, sind wir diejenigen, denen etwas entgeht.

10

Freude an geistlichen Dingen

Es gab noch einen Grund, warum ich bei Starbucks gern am Drive-in-Schalter arbeitete: die Aussicht. Auf der anderen Seite des Riverside Drive und hinter ein paar Bankgebäuden und Einkaufszentren konnte man die Hügel der Umgebung sehen, die dank unserer geliebten immergrünen Bäume das ganze Jahr über sattgrün waren. Erst seit ich zum Studium in Südkalifornien war und elf Monate des Jahres ohne Grün auskommen musste, weiß ich das richtig zu schätzen. Hinter den Hügeln erhob sich der Mount Baker, der auch mitten im Sommer eine Schneekappe trägt. Ich habe in meinem Leben viel Schönes gesehen, aber nur weniges kann mit dem Anblick unserer Berge mithalten, wenn der Sonnenuntergang sie rötlich färbt oder ein silberner Mond darübersteht.

Ich bin im Nordwesten, am Pazifik, aufgewachsen und war immer von Schönheit umgeben: Berge, Wälder, Flüsse und die San Juan Islands. Washington und Oregon findet man häufig auf der Liste der am wenigsten kirchlichen Staaten der USA und Soziologen vermuten, das liegt daran, dass die Natur hier auch ohne Kirche genügend spirituelle Erfahrungen ermöglicht. Ich weiß, dass sich meine eindrücklichsten Begegnungen mit Gott gewöhnlich auch in der Natur ereignen. Wenn man an solchen Orten lebt, versteht man die Schönheit und Majestät Gottes auf eine Weise, die anderen Menschen vielleicht fremd bleibt. Auf der anderen Seite verstehen die Leute auf den großen Ebenen des Westens seine Unermesslichkeit vielleicht besser als ich und Großstadtmenschen erkennen ihn vielleicht besser in den Menschen, als ich es vermag.

Wir haben darüber gesprochen, dass man sich ohne Schuldgefühle auch an irdischen Dingen freuen darf. Aber es wäre tragisch, wenn das nun dazu führte, dass wir darüber die geistliche Freude vernachlässigten und nicht mehr Gott selbst suchten. Ich hoffe, dass die Lektüre dieses Buches deine Sehnsucht nach Gott verstärkt, nicht abschwächt. Ich habe weiter oben gesagt, dass wir nicht unsere ganze Freude und Erfüllung in Gott finden sollten. Aber er muss unsere letzte Erfüllung sein – die Quelle jedes glücklichen Momentes und die Wirklichkeit hinter all unseren flüchtigen Eindrücken.

Ich bin schon Fallschirm gesprungen und Wildwasser-Kanu gefahren, und ich habe es genossen. Aber die wenigen Momente, in denen ich ganz ohne Zweifel Gottes Gegenwart gespürt habe, haben mich tiefer beglückt als irgendetwas, das ich sonst erlebt habe. Ein Gebet mitten in großen Schwierigkeiten hat mich mit einem Frieden, Trost und einer Zuversicht erfüllt, mit dem der beste Rat guter Freunde nicht mithalten kann. Ein paar Momente der Stille in der Natur in Gottes Gegenwart haben mich ein so erhabenes Glück erleben lassen, dass ich darüber nicht sprechen kann, ohne diese Erfahrung abzuwerten.

Trotzdem bin ich nicht sicher, ob ich der Richtige bin, um über die Freude an Gott und seiner Gegenwart zu sprechen. In meiner Erfahrung sind solche Momente, wie ich sie gerade beschrieben habe, selten und wir haben es nicht in der Hand, ob wir sie erleben. Für mich ist es viel leichter, mich an irdischen Dingen zu freuen als an geistlichen. Geistliche Freude zu erstreben, ist für mich alles andere als natürlich oder automatisch. Die meiste Zeit ist es harte Arbeit. Das ist keine falsche Bescheidenheit; aus Gesprächen mit anderen weiß ich, dass es manchen Menschen leichter fällt, geistliche Dinge zu suchen und zu genießen, als mir. Vielleicht wird dieses Kapitel dir so selbstverständlich vorkommen, dass du es für überflüssig hältst. Aber wenn du auch Mühe hast, Gott zu genießen, dann hoffe ich, meine Erfahrungen können dir helfen. Hier sind vier Dinge, die ich als hilfreich empfunden habe.

Gespiegelte Freude

Im letzten Kapitel haben wir gesehen, dass unsere irdischen Feste uns einen Vorgeschmack auf den Himmel geben können. Ganz ähnlich hilft es mir in meiner Suche nach geistlichen Dingen, wenn ich dieses Leben wirklich genieße. An Tagen, an denen die Freude an Gott jede konkrete Bedeutung verliert und meine geistlichen Aktivitäten sich eher wie ein Opfer anfühlen als wie Freude, erinnere ich mich an alles, was mir in diesem Leben Freude macht.

> Wenn Gott diese Welt mit so viel Freude ausgestattet hat, wie viel mehr Seligkeit muss es bereiten, Gott selbst zu kennen?

Wenn Gott diese Welt mit so viel Freude ausgestattet hat, wie viel mehr Seligkeit muss es bereiten, Gott selbst zu kennen? Wenn Gott sich an mir freut, darf ich mich dann nicht auch an ihm freuen? Damit wird das Gebet nicht wie durch Zauberhand ebenso vergnüglich wie Fußballgucken. Aber diese Übung erneuert meine Hoffnung, dass auf lange Sicht gesehen das Gebet eine ganz eigene Freude entfalten wird.

Erfüllung jetzt oder später

Etwas vom Besten an meiner Arbeit bei Starbucks war die großzügige Kaffeeration, die wir erhielten: jede Woche ein Pfund. Außerdem hatten wir vor und nach jeder Schicht ein Getränk oder zwei frei, und während der Arbeitszeit gab es überhaupt kein Limit. Was weniger gut war: Man sah das schon bald an meinem Bauchumfang. Aber Marilyn arbeitete zum Glück damals in einem Fitnessstudio, also nutzte ich unsere kostenlose Mitgliedschaft, um meine Starbuckspfunde abzutrainieren.

Manche Leute reden ständig davon, wie begeistert sie Sport treiben – wegen des Flow-Gefühls und der Endorphine und so weiter. Zu diesen Leuten gehöre ich definitiv nicht. Ich hasse Sport. Während meiner Fitnessstudiozeit besuchte ich einmal in der Woche einen Kurs, in dem mit Hanteln trainiert wurde, und versuchte, mit den Kommandos des masochistischen Übungsleiters mitzuhalten. Das Einzige, was mich bei der Stange hielt, war, die Minuten zu zählen, bis ich mich endlich in der Sauna entspannen konnte. Die Sauna liebte ich. Ich konnte dort tatsächlich gut Predigten schreiben – irgendetwas an dem geräuschdämpfenden Nebel, der erstickenden Hitze und den kalten Kacheln erlaubte mir, durch das Dickicht in meinem Geist zu wandern und Ordnung darin zu finden.

Immer wenn ich ins Fitnessstudio ging, musste ich die Versuchung besiegen, den Sport einfach zu schwänzen und direkt in die Sauna zu gehen. Ein paarmal habe ich ihr nachgegeben und mir eingeredet, ich hätte keine Zeit und sollte besser gleich mit der Arbeit für meine Predigt beginnen. Aber seltsamerweise funktionierte das nicht, ohne dass ich mich vorher durch die Übungen gequält hatte. Die Gedanken, die nach dem Sport normalerweise nur so sprudelten, blieben ohne Sport im Dickicht verborgen.

Deshalb treibe ich Sport – nicht weil es mir Spaß macht, sondern wegen der Auswirkungen, die es hat. Ich bin froh, wenn ich beim Treppensteigen nicht außer Atem komme. Ich mag die Selbstdisziplin, die auch auf andere Bereiche meines Lebens überspringt. Ich mag die Extraenergie für die Arbeit und um mit Grace und Sarah zu spielen, die das Sporttreiben mir verschafft. Diese Dinge halte ich mir vor Augen, während ich mich durch meine Übungen quäle. Ich erinnere mich immer wieder daran, dass ich Sport treibe, um die Chance zu erhöhen, irgendwann einmal mit meinen Urenkeln zu spielen.

Jede Freude ist irgendwo auf einer Skala einzuordnen. Ganz links auf dieser Skala steht die sofortige Befriedigung und ganz rechts die ewige Freude an der Gegenwart Gottes. Irgendwo in der Mitte liegt die bleibende irdische Freude. Keine dieser Freuden ist an sich falsch, aber jede hat ihre eigene Zeit und ihren eigenen Ort. Selbst die sofortige Befriedigung eines Bedürfnisses kann völlig angemessen sein, zum Beispiel, wenn wir an einem heißen Tag ein Glas kühles Wasser trinken.

Das Problem entsteht, wenn wir eine dieser Freuden auf Kosten der anderen suchen. Manche Christen verwenden viel Energie auf die linke Seite, sie suchen die sofortige Befriedigung und einen unmittelbaren Nutzen. Das ist so, als streiche man das Training und ginge direkt in die Sauna und gönnte sich anschließend noch einen Eis-Frappuccino-Karamell. Ein halbherziger, kurzsichtiger Glaube ist nur zu schnell bereit, auf Kosten der ewigen Seligkeit nur für das Heute zu leben. Umgekehrt setzt ein nur in die Zukunft gerichteter Glaube ganz und gar auf die geistliche Freude und vernachlässigt das irdische Glück. Das kann sich anfühlen wie ein Trainer, der dir Schuldgefühle einredet, wenn du nicht noch eine Meile laufen oder noch weitere fünf Kilos stemmen willst oder ungeheuerlicherweise etwas isst, das Fett oder Zucker enthält.

Geistliche Praxis

Wenn wir geistliche Freude erleben wollen, werden wir uns häufig dafür entscheiden müssen, die sofortige Befriedigung zugunsten eines langfristigen späteren Glücks zurückzustellen. Die ganze Bibel und die ganze Kirchengeschichte empfehlen uns dafür unterschiedliche geistliche Übungen wie Beten, Bibellesen, Für-sich-Sein und Fasten. Da wir in einer Zeit der sofortigen Bedürfnisbefriedigung leben, sind diese Formen geistlicher Praxis etwas in Vergessenheit geraten. Geistliche Disziplin zu leben wäre viel einfacher, wenn sie uns dieselbe sofortige Befriedigung liefern würde wie ein besonders guter Schokoladenkuchen. Ich habe festgestellt, dass es mir nicht hilft, so zu tun, als machten diese geistlichen Betätigungen mir immer Spaß. Was mir hilft, ist, dass ich mich auf die langfristigen Wirkungen konzentriere, die sie haben. Es gibt viele geistliche Übungen, aber ich möchte mich auf fünf beschränken, mit denen man gut beginnen kann – Für-sich-Sein und Schweigen, Gebet, Fasten, Bibellesen und die Teilnahme am Gemeindeleben. Es gibt viele ausgezeichnete Bücher zum Thema geistliche Übungen und ich möchte nicht wiederholen, was dort schon gesagt ist. Ich möchte hier nur eine kurze Zusammenfassung aus meiner Sicht geben.

Für-sich-Sein und Schweigen

In unserer modernen Welt sind wir ständigem Lärm ausgesetzt und das lässt wenig Raum in unserem Geist für Gott. Es braucht ein bewusstes Bemühen, um aus dem hektischen Leben auszusteigen, allein zu sein, das Telefon abzustellen, die vielen Stimmen in unserem Kopf zur Ruhe kommen zu lassen und einfach da zu sein.

Seid stille und erkennet, dass ich Gott bin! Ich will der Höchste sein unter den Heiden, der Höchste auf Erden (Psalm 46,11; LUT).

Diese Übung des Alleinseins und des Schweigens hilft uns, unser Leben zu verlangsamen und Gott zu genießen. Ich glaube, das ist ein Grund dafür, warum es für mich einfacher ist, Gott in der Natur zu erleben – dort bin ich ganz bei mir, ohne Ablenkungen. Hier ein Vorschlag, diese Übung zu beginnen: Nimm dir zehn Minuten am Tag, um allein zu sein und einfach vor Gott zu schweigen. Geh spazieren, ohne Musik dabei zu hören, fahr von der Arbeit nach Hause, ohne das Radio einzuschalten. Vielleicht wird dir die Stille zunächst merkwürdig vorkommen, dann nimm wahr, wie sehr du dich an eine beständige Geräuschkulisse gewöhnt hast. Bitte Gott, dein Herz zur Ruhe kommen zu lassen.

Gebet

Beten kann beides sein: ein freies Gespräch mit Gott oder eine festgelegte, durchstrukturierte Zeit, in der wir Gott unsere Anliegen vortragen. Beides ist wichtig. Ich selbst pflege im Laufe des Tages das freie Gespräch mit Gott, bitte um seine Hilfe oder danke ihm, je nachdem, was die Situation erfordert. Mir fällt es schwerer, während einer festgelegten Gebetszeit konzentriert zu bleiben – und gerade darum ist es so wichtig. Übe beide Formen des Gebetes und widme der Form, die dir spontan weniger liegt, mehr Zeit.

Fasten

Das Fasten hat im christlichen Leben einmal eine große Rolle gespielt, aber in unserer modernen Gesellschaft ist es fast ganz verschwunden. Warum? Weil es von uns verlangt, nicht zu essen! Aber wie ich es auch drehe und wende, ich kann nicht leugnen, dass Jesus von uns erwartet, dass wir fasten.

> *Eines Tages kamen die Jünger des Johannes zu Jesus und erkundigten sich: „Warum fasten deine Jünger eigentlich nicht wie wir und die Pharisäer?"*
>
> *Jesus fragte: „Sollen die Hochzeitsgäste denn traurig sein, solange der Bräutigam noch bei ihnen ist? Die Zeit kommt früh genug, dass der Bräutigam ihnen genommen wird. Dann werden sie fasten"* (Matthäus 9,14-15).

Als ich schließlich begann, ihm in dieser Hinsicht zu gehorchen, stellte ich fest, dass das Fasten ein paar Dinge bewirkte, die sonst nichts bewirkt hatte. So kann ich konzentrierter beten, wenn ich faste, weil es mich etwas kostet. Das Fasten half mir auch zu erkennen, dass ich meinen Leib beherrschen sollte, nicht umgekehrt. (Und noch eine Lektion hat das Fasten mir erteilt, eine der wichtigsten meines Lebens, aber das hebe ich mir auf für Kapitel 16.)

Paradoxerweise hilft das Fasten mir auch, irdische Dinge mehr zu genießen. In unserer Familie haben wir seit Neuestem begonnen, während der Fastenzeit auf etwas zu verzichten, das an sich vollkommen akzeptabel ist (zum Beispiel Zucker). Ich muss dir nicht erzählen, wie sehr sich Grace und Sarah auf die Körbe mit den Ostereiern freuen! Aber es gab noch einen unerwarteten Nebeneffekt. An den Sonntagen fasten wir nicht und meine Töchter freuen sich entsprechend auf den heißen Kakao und den Nachtisch.[39] Ich kann dir gar nicht sagen, wie schön ich es finde, dass für meine Töchter der Sonntag eng verbunden ist mit der Freude über heißen Kakao und Marshmallows.

Bibellesen

Neulich las ich eine Studie, die besagt, dass sich die Fähigkeit, Versuchungen zu widerstehen, nicht danach bemisst, ob man zum Gottesdienst geht, betet oder zu einer Gruppe gehört, in der man einander Rechenschaft über das eigene Leben abgibt. Aber Menschen werden Versuchungen höchstwahrscheinlich widerstehen, wenn sie viermal in der Woche oder öfter in der Bibel lesen. Das Ergebnis überraschte mich, aber es passt gut zu dem, was die Bibel über sich selbst sagt.

Wie kann ein junger Mensch sein Leben meistern?
Indem er tut, was du gesagt hast, Herr.
Von Herzen frage ich nach deinem Willen;
bewahre mich davor, ihn zu verfehlen!
Was du gesagt hast, präge ich mir ein,
weil ich vor dir nicht schuldig werden will (Psalm 119,9-11).

Es gibt keinen Ersatz dafür, uns Zeit zu nehmen, in der Bibel zu lesen, sie zu studieren und das Wort Gottes zu meditieren. Durch sein Wort spricht Gott zu uns und erfüllt uns mit Hoffnung, Weisheit, Freude und Kraft. Vergessen wir nicht: Beim Jüngsten Gericht werden wir nicht unseren Pastor dafür verantwortlich machen können, wenn wir geistliche Analphabeten geblieben sind – wir haben alle eine Bibel und die Führung des Heiligen Geistes.

Teilnahme am Gemeindeleben

In den letzten Jahren ist die Verbindung zu einer Gemeinde als Wesensmerkmal eines christlichen Lebens signifikant zurückgegangen. Die Leute fragen: „Muss ich zur Kirche gehen, um Christ zu sein?"

Nein, im Prinzip nicht. Aber im Prinzip bedeutet verheiratet zu sein auch nicht, dass man Sex haben muss. Aber wenn es keine Intimität gibt, fehlt etwas sehr Wichtiges (und sehr Schönes). Wenn du nicht zu einer gesunden Gemeinde in deiner Nähe gehörst, dann ist das zu deinem eigenen Schaden und Nachteil.[40]

So wie die guten Auswirkungen auf meine Gesundheit mich veranlassen, auch dann Sport zu treiben, wenn ich keine Lust dazu habe, bleibe ich auch bei den geistlichen Übungen dran, weil ich weiß, dass sie mir letztlich Freude einbringen werden. Und wie meine körperlichen Übungen werden auch die geistlichen leichter und angenehmer, je öfter ich übe. Ich bekomme einen Geschmack für geistliche Dinge, und wenn ich meine geistlichen Übungen vernachlässige, empfinde ich das als Verlust.

Vor ein paar Wochen wollte ich unbedingt dieses Buch fertig bekommen und kämpfte mit einem Kapitel, das mir einfach nicht gelingen wollte. Marilyn gab mir den weisen Rat, das Schreiben sein zu lassen und lieber Zeit mit Gott zu verbringen. Zuerst erwiderte ich, dass ich dazu keine Zeit hätte, aber ich wusste, dass sie recht hatte. Es war erstaunlich, wie rasch ein Spaziergang um den Teich mir bewusst machte, wie sehr ich es genoss, diese Zeit mit Gott zu verbringen. Durch Schweigen und Alleinsein, ein wenig Gebet und Meditation über einen Bibelvers erinnerte mich Gott daran, dass es auch beim Schreiben dieses Buches um ihn ging und darum, was er durch mich sagen wollte, und nicht um mein krampfhaftes Bemühen. Es war, als hätte er mir gesagt: „Du hast mir gefehlt", und mir wurde plötzlich klar, dass er mir auch gefehlt hatte.

Gott im Lobpreis erfahren

Ist dir aufgefallen, dass ich bei den verschiedenen Formen geistlicher Praxis den Lobpreis nicht erwähnt habe? Das habe ich mir aufgehoben. Denn Lobpreis ist die Ausdrucksform des Glaubens, die für mich persönlich die größten Auswirkungen gehabt hat.

Ich bin in charismatischen und pfingstlichen Gemeinden groß geworden, wo man immer Wert darauf legte, Gott im Lobpreis zu erfahren, und Lobpreis war gleichbedeutend damit, Lieder zu singen. Das Problem war: Ich fand nicht so viel Gefallen an diesem Lobpreis wie alle anderen. Ich nahm an, dass etwas mit mir nicht stimmen konnte, also gab ich mir mehr Mühe. Ich konzentrierte mich auf den Text, so gut ich konnte. Manchmal entdeckte ich unbeabsichtigte Widersprüche: Was sollte denn nun das Wichtigste in meinem Leben sein: Gott zu kennen, ihn zu lieben oder ihm zu dienen?[41] Wenn ich diese Gedanken jemandem mitteilte, erntete ich nur verdutzte Blicke. Aber hin und wieder entdeckte ich doch während des Lobpreises etwas Neues über Gott und dann spürte ich seine Gegenwart sehr real.

Hast du jemals ein Buch gelesen, das tiefgründige Fragen beantwortete, auf die du nie gekommen wärst? Mir ging es so, als ich Gary Thomas' Buch *Neun Wege, Gott zu lieben* las. Die Kurzfassung: Jeder von uns ist anders und daher erfahren wir Gottes Gegenwart unterschiedlich und haben auch jeder unsere eigene Weise, wie wir ihn anbeten. Thomas nennt neun biblische Wege, Gott zu lieben. Alle sollten auf unserem Glaubensweg eine Rolle spielen, aber jedem wird einer oder der andere Weg wichtiger sein oder näher liegen als andere. Welche der folgenden Wege oder geistlichen Temperamente sprechen dich am meisten an?

1. Der Natur-Typ: Gott in seiner Schöpfung lieben
2. Der sinnliche Typ: Gott mit allen Sinnen lieben
3. Der traditionalistische Typ: Gott lieben durch Rituale und Symbole
4. Der asketische Typ: Gott lieben in Einsamkeit und Schlichtheit

5. Der aktivistische Typ: Gott lieben durch Konfrontation

6. Der fürsorgliche Typ: Gott lieben durch Nächstenliebe

7. Der enthusiastische Typ: Gott lieben durch Mysterien und Feiern

8. Der kontemplative Typ: Gott lieben durch grenzenlose Hingabe

9. Der intellektuelle Typ: Gott lieben mit dem Verstand

Dieses Buch war eine Befreiung für mich. Endlich verstand ich, warum Lobpreissongs für mich wenig mit Anbetung zu tun hatten, aber eine Wanderung im Wald mich direkt in die Gegenwart Gottes bringen konnte. Und es war auch nichts Falsches daran, dass ich wirklich Freude daran hatte, Gott mit meinem Verstand zu lieben.

Wie geht es dir? Hattest du schon jemals das Gefühl, etwas stimme nicht mit dir, weil du Gott anders erfährst als andere Menschen? Gemeinden und Konfessionen sammeln sich meist um den einen oder anderen Zugang. Wenn du also nicht gerade in einer Gemeinde bist, die deinem geistlichen Temperament entspricht, kann es sein, dass du dir wie ein Außenseiter vorkommst. Könnte es dir helfen, Gott mehr zu genießen, wenn du dein geistliches Temperament entdecken würdest?

Genug?

Wie können wir wissen, ob wir den geistlichen Übungen genug Zeit widmen? Ob wir genug tun, um geistliche Freude zu suchen? Ich habe mich mit dieser Frage lange herumgeplagt. Wenn ich ein Kapitel in der Bibel las, fühlte ich mich schlecht, weil ich nicht zwei las. Wenn ich zehn Minuten betete, fühlte ich mich geistlich minderwertig, weil ich nicht zwanzig Minuten betete. Manchmal war es leichter, gar nicht erst anzufangen, als mich schuldig zu fühlen, weil ich aufhörte.

Genug ist eines der verheerendsten Worte im christlichen Vokabular.

Genug ist eines der verheerendsten Worte im christlichen Vokabular. Wie kann man wissen, ob man genug tut? Ganz einfach: Wir tun nie genug. Wir könnten immer noch mehr beten und länger in der Bibel lesen. Auch wenn wir unser Bestes geben, wir können nie genug an geistlicher Praxis aufbieten. Dieser Aspekt der Gnade wird häufig übersehen. Denn am Ende läuft es doch darauf hinaus, dass wir uns auf Gottes Gnade verlassen und darauf vertrauen, dass Jesus tut, was wir nicht tun können. Geistliche Gesundheit besteht nicht darin, dass wir uns krampfhaft bemühen, alles selbst zu tun, sondern darin, dass wir dankbar die Rolle spielen, die er uns gegeben hat.

Woher wissen wir also, ob wir unserer Rolle gerecht werden? Wie können wir vermeiden, dass wir unter Berufung auf die Gnade einfach träge und lau sind? Indem wir uns am biblischen Beispiel orientieren. Die Bibel zeigt uns, wie irdische und geistliche Freuden in einem guten Gleichgewicht stehen können.

Vielleicht ist *Gleichgewicht* nicht der beste Begriff. Er legt die Vorstellung nahe, man müsse einen bestimmten Punkt zwischen zwei Extremen finden. Hast du schon mal versucht, auf einem Zaunpfahl zu balancieren? Das gelingt nicht, indem man vollkommen stillsteht. Ausbalanciert bleibt man nur, indem man zahllose kleine Bewegungen macht, um dem Wind, der Muskelschwäche und Freunden, die versuchen, einen hinunterzustoßen, entgegenzuwirken. Auch die Balance zwischen irdischen und geistlichen Freuden ist alles andere als statisch. Meistens wird unsere Aufmerksamkeit den irdischen Freuden gelten und wir müssen uns auf die Seite der geistlichen Dinge hinüberlehnen, um im Gleichgewicht zu bleiben. Aber in dem Moment, in dem wir anfangen, uns in unserer geistlichen Praxis wohlzufühlen, ziehen uns schon Selbstgerechtigkeit und Gesetzlichkeit in die andere Richtung, sodass wir uns wieder den irdischen Freuden zuwenden müssen.

Ich habe festgestellt: Die radikal normale Ebbe und Flut von irdischen Freuden und geistlichen Betätigungen bringt mich einem guten Gleichgewicht am nächsten. Ein Grund, warum regelmäßige geistliche Übungen so hilfreich sind, ist, dass sie uns immer wieder daran erinnern, unseren Blick auf Gott und die Ewigkeit zu richten. Sie nehmen uns mit in einen Rhythmus – genießen … verzichten … genießen. Sorge also dafür, dass es in deinem Leben Zeiten gibt, in denen du fastest, die Bibel liest, betest und Gott lobst, und dazwischen Zeiten, in denen du feierst und genießt. Das ist es, was ich in der Schrift sehe und was sich in meinem Leben bewährt hat. Es geht nicht um statische Perfektion, sondern um das immer weitergehende Wirken der Gnade Gottes an mir.

Wir kommen immer wieder zurück auf die Freude. Je besser wir Gott kennen und tun, was er von uns erwartet, umso mehr Freude werden wir finden – schon hier und jetzt und auch in der Ewigkeit. Dieser Tatsache wollen wir im nächsten Kapitel weiter nachgehen – dem Gehorsam, der zur Freude führt.

11

Fromm und glücklich

Es war ein schöner Sommernachmittag und ich saß auf meinem Platz am Drive-in-Schalter bei Starbucks, als eine Kundin einen großen Caramel Light Frappuccino mit Sahne statt Milch bestellte. Zur Erklärung: Das ist ein großer Frappuccino mit (beinahe) zuckerfreiem Karamellsirup, aber statt Milch wollte sie Sahne, aber ungeschlagen. Keinesfalls (und das machte sie sehr deutlich) wollte sie geschlagene Sahne.

Während sie vorfuhr, wartete ich neugierig darauf zu sehen, was für ein Typ Frau wohl einen Frappuccino mit Sahne statt Milch bestellen würde. Ich möchte nicht unhöflich sein, also sage ich einfach mal, sie entsprach meinen Erwartungen. Während der Drink hergestellt wurde, unterhielt ich mich mit ihr und fragte (so beiläufig, wie ich konnte), warum sie keine Schlagsahne auf ihrem Getränk haben wollte.

„Weil die Schlagsahne gezuckert ist. Ich mache gerade eine Diät, die mir so viel Fett erlaubt, wie ich will, aber keinen Zucker."

Ich reichte ihr den Becher und sagte: „Nur zu Ihrer Information, der Sirup, den wir verwenden, enthält ein wenig Zucker. Nicht viel, aber ein wenig."

„Oh", sagte sie. „Das erklärt, warum ich noch nicht abgenommen habe."

Mir verschlägt es selten die Sprache, aber da fehlten mir doch die Worte. Ich brachte noch irgendeine Art von Abschiedsbemerkung heraus und sie fuhr davon. Nur um das klarzustellen: In diesem Getränk steckten fast 70 Gramm Fett und sie glaubte, ein paar Gramm Zucker seien der Grund, warum sie nicht abnahm?

Das beschäftigt mich heute noch. Hat sie wirklich geglaubt, dass der Zucker der Grund für ihre Gewichtsprobleme sei? Irgendwo tief innen muss sie gewusst haben, dass es nicht damit getan sein würde, die Schlagsahne auf einem 750-Kalorien-Drink wegzulassen, wenn sie abnehmen wollte. Es ist natürlich leicht, mit dem Finger auf andere zu zeigen, wenn ihr Problem so deutlich sichtbar ist. Wir alle bevorzugen schnelle Lösungen für ernste Probleme. Aber schnelle Lösungen verschlimmern das Problem in der Regel nur.

Als ich jünger war (aber durchaus alt genug, um es besser zu wissen), ließ ich mich nicht gern beim Spielen unterbrechen, nur weil ich aufs Klo musste, also machte ich mir in die Hosen. An kalten Tagen war das besonders unangenehm. Ich erinnere mich noch lebhaft daran, dass ich sehr dringend zur Toilette musste, aber nicht ins Haus gehen wollte. Dann kamen die glorreichen Momente, in denen ich die Erleichterung verspürte und damit auch ein bisschen Wärme. Aber die Erleichterung war nur von kurzer Dauer. Die Wärme verwandelte sich bald in Kälte. Dann scheuerte meine Haut gegen kalte, nasse Baumwolle und es folgte auch ein charakteristischer Geruch. Ich behielt diese Gewohnheit bei, bis ich in der dritten Klasse war, das einzige Jahr, das ich in die öffentliche Schule ging. Es brauchte die beschämende Erfahrung, dass ich mir bei einem Ausflug in die Hosen machte, um mich zu motivieren, künftig die Toilette zu benutzen.

Sünde ist das moralische Gegenstück vom In-die-Hose-Machen. Sie scheint wie die schnelle Lösung für ein ernsthaftes Problem oder eine kurze Freude, doch sie geht auf Kosten eines andauernden Glücks. Die Regeln, die Gott uns gibt, verstehe ich deshalb im Wesentlichen so, als ob er uns sagt: Geh lieber aufs Klo.

Die große Lüge

Warum entscheiden wir uns zu sündigen? Weil wir in dem Moment, wo wir es tun, glauben, dass es uns glücklicher macht. Das ist natürlich eine Lüge. Und es ist nicht nur irgendeine Lüge – es ist eine Wiederauflage der ersten Lüge der Menschheitsgeschichte. Diese uralte Lüge wird seit Jahrhunderten beständig wiederholt: das Märchen, dass Sünde mehr Spaß macht als recht tun.

> *Die Schlange war listiger als alle anderen Tiere, die Gott, der Herr, gemacht hatte. „Hat Gott wirklich gesagt, dass ihr von keinem Baum die Früchte essen dürft?", fragte sie die Frau.*
>
> *„Natürlich dürfen wir", antwortete die Frau, „nur von dem Baum in der Mitte des Gartens nicht. Gott hat gesagt: ‚Esst nicht von seinen Früchten, ja – berührt sie nicht einmal, sonst müsst ihr sterben!'"*
>
> *„Unsinn! Ihr werdet nicht sterben", widersprach die Schlange, „aber Gott weiß: Wenn ihr davon esst, werden eure Augen geöffnet – ihr werdet sein wie Gott und wissen, was Gut und Böse ist"* (1. Mose 3,1-5).

Merkst du, was die Schlange hier tut? Erkennst du ihre Taktik? Sie hinterfragt, dass Gott gut ist. „Da gibt es etwas ganz Großartiges", sagt die Schlange, „aber Gott möchte nicht, dass ihr es bekommt. Er enthält euch etwas vor." Die Lüge funktioniert so gut, dass sie immer und immer wieder verwendet wird. Allzu oft erscheinen uns die Täuschungen und Lügen des Teufels plausibel. Wenn du hundert x-beliebige Leute fragen würdest: „Mit wem ist das Leben interessanter und bringt mehr Spaß, mit dem Teufel oder mit Gott?", wer würde die meisten Stimmen bekommen? (Wie würdest du stimmen, wenn niemand zuschaut?)

Ich hörte einmal von dem Direktor eines christlichen Colleges, dass er regelmäßig vernünftige Bitten seiner Studenten ablehnte, weil er glaubte, es sei gut für die Studenten, ein Nein zu hören. Stellen wir uns Gott auch so vor? Ich denke, es muss ihn schmerzen, dass so viele Menschen ihn so sehen, ganz besonders, nachdem Jesus so deutlich gemacht hat, wie der Vater ist.

Würde jemand von euch seinem Kind einen Stein geben, wenn es um ein Stück Brot bittet? Oder eine giftige Schlange, wenn es um einen Fisch bittet? Wenn schon ihr hartherzigen Menschen euren Kindern Gutes gebt, wie viel mehr wird euer Vater im Himmel denen Gutes schenken, die ihn darum bitten! (Matthäus 7,9-11).

Dieses Bild von Gott berührt mich sehr, weil ich weiß, wie viel Freude es mir macht, Grace und Sarah mit Dingen zu beschenken, die ihnen Freude machen oder gut für sie sind. Es hilft mir auch zu verstehen, warum Gott so oft Nein sagt. Was würde ich antworten, wenn meine Töchter fragten, ob sie mit dem schärfsten Küchenmesser spielen dürften? Wie sollte Gott antworten, wenn wir um eine Schlange bitten statt um einen Fisch? Ich bin überzeugt, dass wir ihn recht häufig um Schlangen, Steine, Dornen und tollwütige Eichhörnchen bitten, weil wir zu töricht sind, um zu erkennen, wie schädlich all das ist. Bedeutet sein Nein dann, dass er ein Spielverderber ist? Oder ist er ein liebender Vater, der seine Kinder vor Gefahren schützt?

Meine Töchter verstehen nicht immer, was ich als ihr Vater tue, und es gefällt ihnen auch nicht immer. Als Grace acht Monate alt war, hat sie sich einen tiefen Riss in der Lippe zugezogen. Der Arzt sagte, es müsse genäht werden, damit keine Narbe zurückbleibt. Wäre sie ein Junge, wäre eine Narbe vielleicht in Ordnung, aber nicht für meine kleine Prinzessin. Weißt du, wie man bei einem Baby eine Wunde näht, das unfähig ist, den Sinn hinter dem Schmerz zu verstehen, den es empfindet? Indem man es gegen seinen Willen festhält und zwingt, vollkommen still zu liegen.

Es waren genug Schwestern da, um Grace festzuhalten, aber ich wollte unbedingt helfen. Ich wollte nicht, dass sie diese Tortur allein durchstehen musste. Mir steigt immer noch ein Kloß in die Kehle, wenn ich daran denke, wie ich sie festgehalten und versucht habe, ein paar beruhigende

Worte zu sagen, während mir fast die Tränen kamen. Wenn ich meine Tochter auf eine Weise lieben kann, die ihr unverständlich erscheinen muss, kann ich da nicht umso mehr glauben, dass Gott in der Tat gut und voller Mitgefühl ist, in allem, was er als mein Vater tut? Vielleicht sind sogar seine Regeln und Gesetze gute und vollkommene Gaben.

In dem Film *Inception* betreibt der Protagonist, gespielt von Leonardo DiCaprio, Industriespionage, indem er sich in die Träume der Menschen einschleicht und vertrauliche Informationen stiehlt. Aber dann erhält er den Auftrag, etwas zu tun, was niemand für möglich hält: nämlich jemandem eine Idee ins Gehirn einzupflanzen. Das hat mich nachdenklich gemacht. Wenn ich jedem Menschen nur einen Gedanken einpflanzen könnte, welcher Gedanke wäre das? Vielleicht einfach dieser: „Gottes Gebote bringen Freude" – ein Gedanke, um die große Lüge zu entkräften. Ich möchte, dass die Menschen instinktiv wieder glauben, dass Gottes Gesetze Freude bringen und nicht den Spaß verderben. Leider verfüge ich nicht über die Technologie, Gedanken in andere Menschen einzupflanzen; deshalb habe ich dieses Buch geschrieben.

Faule Früchte

Eines der besten Bücher zum Thema Sünde, die ich je gelesen habe, ist C. S. Lewis' *Dienstanweisung für einen Unterteufel.* Es hat die Form von Briefen, die Screwtape, ein erfahrener Dämon, an einen jungen Versucher schreibt. Lewis hilft uns, die Natur der Sünde und des Teufels neu zu verstehen. Die lächerlichen Bilder von Hörnern und Dreizacken oder auch von einem sanften und harmlosen Teufel verblassen rasch. Stattdessen sehen wir Satan und seine Heerscharen so, wie sie wirklich sind. Ich habe einmal eine Vorlesungsreihe über Lewis gehört und etwas darin hat mich so getroffen, dass ich es mir noch mehrmals angehört habe und schließlich wörtlich mitschrieb. Am nächsten Sonntag haben diese Worte meine Predigt inspiriert.

Besser als viele Christen verstand Lewis, dass es Satan ist, nicht Christus, der die physischen Begierden und die echte Freude hasst, die damit verbunden ist. Satan, nicht Christus, ist der große Abstinenzler, der freudlose Puritaner, der kosmische Spaßverderber ... „Der Dieb kommt, um zu stehlen, zu schlachten und zu vernichten. Ich aber bringe Leben – und dies im Überfluss.“[42]

Wenn das Leben mit Satan mehr Spaß macht und interessanter ist als mit Gott, dann nur auf dieselbe Weise, wie der Drogendealer, der Schülern ein paar Kostproben umsonst gibt, interessanter ist als der Polizist, der versucht, ihn daran zu hindern. Der Spaß, das Interessante, ist nichts anderes als ein Köder, der uns ins Verderben zieht. Screwtape erklärt das so:

Im Grunde ist [Gott] Hedonist. All jene Fastenzeiten, Wachen und Scheiterhaufen und Kreuze sind nur eine Fassade. Oder nur wie der Schaum am Meeresufer. Draußen auf dem Meer, draußen auf seinem Meer, ist nur noch Freude und immer mehr Freude. Er macht kein Geheimnis daraus; zu seiner Rechten ist „ewige Seligkeit“ ...

Er hat seine Welt mit Freuden angefüllt. Die Menschen können sich den ganzen Tag mit Dingen beschäftigen, die ihn nicht im Geringsten stören – Schlafen, Waschen, Essen, Trinken, Lieben, Spielen, Beten, Arbeiten. Alles muss erst verdreht werden, bevor es für uns von Nutzen ist.[43]

Marilyn und ich arbeiten bei der örtlichen Tafel mit, sowohl aus finanziellen als auch aus philosophischen Gründen. Wir sammeln und verteilen abgelaufene Lebensmittel, die die ortsansässigen Supermärkte und Restaurants abgeben. Die Mitarbeiter sehen die Lebensmittel durch und sortieren aus, was nicht mehr verwendet werden kann. Die verdorbenen Lebensmittel wandern in einen großen Mülleimer, den jemand mitnimmt, um seine Hühner mit dem Inhalt zu füttern.

Stell dir diesen Mülleimer vor, voll verfaulter Erdbeeren, zerquetschter Tomaten und anderer Dinge, die sich nicht mehr identifizieren lassen. Lass dir den Geruch in die Nase wehen, nachdem er ein paar Stunden in der Sonne gestanden hat. Denke an die Wolken von Fruchtfliegen, die daraus aufsteigen. Und nun stell dir vor, dass du eine Handvoll aus dieser gärenden Masse herausfischst und dir in den Mund steckst. Bei mir löst allein die Vorstellung einen Würgereiz aus.

Das ist ein Bild für die Sünde. Sünde ist nicht einfach eine beliebige Liste von Dingen, die Spaß machen, die Gott uns aber verbietet. Nein, unser Schöpfer, der uns liebt und weiß, wie wir gestrickt sind, sagt: „Hier ist etwas, das euch und die Menschen, mit denen ihr lebt, zerstören wird, das eure Beziehung zu anderen Menschen und eure Beziehung zu mir zerstören wird. Nennen wir es Sünde. Lasst die Finger davon. Es ist verdorben, es ist giftig, es ist krank – bringt euch davor in Sicherheit."

Wenn die Bibel sagt, ich solle meine Frau nicht betrügen, mich nicht betrinken, nicht diese Welt und ihre Güter lieben, dann sehe ich vor meinem inneren Auge Gott, der vor dem Mülleimer steht und sagt: „Iss das nicht! Du glaubst, du brauchst es, aber du brauchst es nicht." Und wenn die Bibel mir sagt, ich solle meinen Nächsten lieben, anderen vergeben und großzügig sein, sehe ich Gott, der mir eine vollkommene Frucht reicht – reif, süß, saftig, ohne einen einzigen Makel – und sagt: „Hier ist das, was du wirklich willst, und es ist auch das, was ich für dich will."

Der Punkt ist: Ganze Hingabe an Gott ist der beste Weg zur Freude. Zu wirklicher Freude. Zu irdischer Freude und geistlicher Freude. Zur Freude in diesem Leben und zur Freude im nächsten. Es ist nicht unbedingt der kürzeste oder der leichteste Weg zur Freude, aber es ist der Weg zur tiefsten und beständigen Freude. Übrigens gab es im biblischen Denken noch keine scharfe Trennung zwischen zeitlicher und ewiger Freude. Das ist eine spätere, unbiblische Hinzufügung. Die Theologin Ellen Charry zeigt in ihrem Buch *God and the Art of Happiness* auf, wie die griechische Philosophie (vor allem der Neuplatonismus) die frühe Kirche beeinflusst und die ewige Freude auf Kosten der irdischen herausgestellt hat. Dieser unbiblische Einfluss ist uns bis heute erhalten geblieben.[44]

Pflicht oder Freude?

Laue Christen, so scheint mir, glauben nicht, dass alle Gebote Gottes dazu dienen sollen, uns irdische Freude zu schenken, und das heißt, sie glauben nicht, dass Gott wirklich unser Bestes will. Was wir wirklich glauben, zeigt sich in der Regel daran, was wir tun. Wenn wir wirklich glaubten, Gehorsam führe zur Freude, müsste man uns nicht ermahnen, das Richtige zu tun. Aber für uns ist Gehorsam das geistliche Gegenstück von Limabohnen essen (ich hasse Limabohnen). Extreme Christen glauben ebenfalls nicht, dass Gehorsam uns irdisches Glück bringt, also gehorchen sie Gott zwar, aber aus freudlosem Pflichtgefühl. Extreme Christen schlingen ihre Limabohnen weiter hinunter, weil sie glauben, sie müssten es tun. Sie glauben, um im Himmel glücklich zu sein, müsste es ihnen hier recht dreckig gehen.

Wenn wir radikal normale Christen sind, gehorchen wir Gott, weil wir wissen, dass Gehorsam zur Freude führt und Ungehorsam ins Unglück. Klingt das selbstsüchtig? Viele Christen nehmen an, es müsse besser sein, wenn man Gott aus Pflichtgefühl gehorcht, als deswegen, weil man sich etwas Gutes davon erhofft. C. S. Lewis sah das nicht so.

Wenn heute in den meisten modernen Köpfen der Gedanke herumgeistert, der Wunsch nach unserem eigenen Wohlergehen und die Hoffnung auf seine Erfüllung seien etwas Schlechtes, so halte ich entgegen, dass dieser Gedanke sich über Kant und die Stoiker eingeschlichen hat, aber nicht Bestandteil des christlichen Glaubens ist. Ganz im Gegenteil. Wenn wir die geradezu schamlosen Verheißungen auf Belohnung und die fantastischen Belohnungen, die in den Evangelien verheißen werden, betrachten, scheint es, als müssten unsere Wünsche dem Herrn eher zu schwach als zu groß vorkommen.[45]

In der Regel hat Gott unser Wohl im Blick, wenn er Gehorsam verlangt, nicht unser Pflichtbewusstsein.

> *Haltet euch an seine Gebote und Weisungen, die ich euch heute gebe. Dann wird es euch und euren Nachkommen gut gehen, und ihr werdet lange in dem Land leben, das der Herr, euer Gott, euch für immer gibt* (5. Mose 4,40).

Das längste Kapitel in der Bibel widmet sich dem Gesetz Gottes, das man kennen und befolgen soll. Es beginnt so:

> *Glücklich sind die Menschen, denen man nichts Böses nachsagen kann, die sich nach Gottes Gesetz richten. Glücklich sind alle, die sich an seine Weisungen halten und ihm von ganzem Herzen dienen. Sie tun kein Unrecht, denn sie leben nach seinem Willen* (Psalm 119,1-3).

Das Neue Testament redet häufig von Opfer und davon, für Jesus zu leiden, aber Jesus selbst ruft uns auf zu sterben, damit wir leben, und aufzugeben, damit wir umso mehr empfangen.

> *Darauf sagte Jesus zu seinen Jüngern: Wer mein Jünger sein will, der verleugne sich selbst, nehme sein Kreuz auf sich und folge mir nach. Denn wer sein Leben retten will, wird es verlieren; wer aber sein Leben um meinetwillen verliert, wird es gewinnen. Was nützt es einem Menschen, wenn er die ganze Welt gewinnt, dabei aber sein Leben einbüßt? Um welchen Preis kann ein Mensch sein Leben zurückkaufen? Der Menschensohn wird mit seinen Engeln in der Hoheit seines Vaters kommen und jedem Menschen vergelten, wie es seine Taten verdienen* (Matthäus 16,24-27; EÜ).

Vergessen wir nicht, dass er sein eigenes Leben hingab, „weil große Freude auf ihn wartete" (Hebräer 12,2). Sollten unser Gehorsam und unsere Hingabe nicht ebenfalls von Freude motiviert sein?

Ja, wir gehorchen auch, um Gott zu verherrlichen. Wie Jesus sagte: „So soll euer Licht vor allen Menschen leuchten. Sie werden eure guten

Taten sehen und euren Vater im Himmel dafür loben" (Matthäus 5,16). Und ja, gelegentlich befiehlt Gott die Dinge einfach mit der Begründung: „Weil ich es gesagt habe" (etwa, wenn er den Israeliten befiehlt, sieben Tage lang um die Stadt Jericho herumzuziehen). Aber wir haben so lange der Lüge Satans geglaubt, dass Gott ein Geizhals ist, dass wir neu in der Bibel entdecken müssen: Gehorsam gegen Gott dient unserem Glück und unserer Freude.

Die Sklaverei der Sünde

Wir haben so lange der Lüge Satans geglaubt, dass Gott ein Geizhals ist, dass wir neu in der Bibel entdecken müssen: Gehorsam gegen Gott dient unserem Glück und unserer Freude.

Wir müssen aufhören, uns die Sünde als etwas vorzustellen, mit dem wir davonkommen; stattdessen sollten wir beginnen, sie als etwas zu verstehen, vor dem wir gerettet sind. Wir kommen nie mit einer Sünde davon. Gott wird uns vergeben und heilen, aber Sünde beschädigt uns und die Menschen, die wir lieben, in jedem Fall.

Oft verstehen wir nicht, wie Sünde uns ins Unglück stürzt. Der erste Schritt, um von der Sünde frei zu werden, ist der, dass wir frei sein wollen. Die folgenden beiden Schritte wende ich an, wenn es mir schwerfällt zu verstehen, dass es mich glücklicher machen wird, wenn ich Gottes Willen erfülle.

Die Konsequenzen zu Ende denken

Ich würde gern ein Gerät erfinden, dass ich „Konsequenzenvorwegnehmer" nennen würde. Es würde folgendermaßen funktionieren. Sagen wir, ich habe mir eine teure Anschaffung geleistet, die wir uns nicht leisten können – und es Marilyn nicht gesagt. Der Konsequenzenvorwegnehmer würde dafür sorgen, dass ich alle Folgen, die diese Aktion haben wird, zu spüren bekomme, bevor ich die Verpackung öffne. Ich würde Marilyn gestehen müssen, dass ich unaufrichtig war, und es würde Monate dauern, bis sie mir wieder vertraut. Ich würde das Konto ausgleichen müssen und meinen Töchtern erklären, warum wir ihnen keine neuen Kleider für die Schule kaufen können. Schließlich, wenn ich das alles hinter mir habe, dürfte ich mit meinem neuen Spielzeug spielen. Aber die wichtigste Eigenschaft des Konsequenzenvorwegnehmers wäre es, dass ich die Anschaffung jederzeit zurückgeben und alle Konsequenzen damit ungeschehen machen könnte.

Wenn du ein solches Gerät hättest, wie oft, glaubst du, würdest du alle negativen Konsequenzen in Kauf nehmen, nur um etwas zu „genießen", was sich als schlechte Entscheidung erweist? Das ist das Ziel dieses Schrittes – Gott (und vielleicht auch ein paar erfahrene Freunde) zu bitten, uns zu helfen, die Konsequenzen der Sünde zu erkennen, die wir nicht aufgeben wollen. In den meisten Fällen wird es nicht schwer sein einzusehen, dass wir tatsächlich glücklicher werden, wenn wir uns an Gottes Wege halten.

Wenn ich deutlich die Konsequenzen der Sünde sehe und mir klarmache, wie leicht wir aus kleinen Sünden in große hineinschlittern, verliert die Sünde gewaltig an Attraktivität. Ich weiß, dass jede Sünde, wenn ich ihr nicht entgegentrete, zu einer wahren Hölle auf Erden führen kann. Wenn ich zum Beispiel versucht bin, eine attraktive Frau anzustarren, die nicht meine Frau ist, dann weiß ich, dass es dabei nicht bleiben wird. Demnächst fange ich an, mir fragwürdige Bilder im Computer anzusehen. Und dann fraglos schlechte Bilder. Wenn ich auf diesem Weg weitergehe, wird er mich alles kosten, was mir etwas bedeutet: meine Beziehung zu Gott, meine Frau, meine Familie und meine Gemeinde. Da ich das alles weiß, sage ich mir selbst, sobald ich versucht bin, diesen ersten Blick zu riskieren: „Das ist der Weg zur Hölle." Ich male die Sache hier nicht zu dramatisch aus – ich habe zu oft erlebt, dass es genau so passiert.

Gott mehr vertrauen als mir selbst

Und wenn ich die negativen Folgen nicht erkennen kann? So wie meine acht Monate alte Tochter nicht verstehen konnte, warum ich zugelassen habe, dass der Arzt sie mit einer Nadel traktierte, kann auch ich nicht immer völlig verstehen, wie Gott mit mir verfährt (schließlich ist er Gott und ich bin es nicht). Und hier kommt das Vertrauen ins Spiel.

Verlass dich nicht auf deine eigene Urteilskraft, sondern vertraue voll und ganz dem Herrn! Denke bei jedem Schritt an ihn; er zeigt dir den richtigen Weg und krönt dein Handeln mit Erfolg (Sprüche 3,5-6).

Dieser Abschnitt richtet sich nicht gegen kritisches Denken. Das ganze Buch der Sprüche preist die Weisheit und die Kunst, gute Entscheidungen zu treffen. „Verlass dich nicht auf deine eigene Urteilskraft" meint: Wenn unsere eigene Einsicht und das, was Gott sagt, nicht zusammenpassen, dann verlassen wir uns auf Gott und nicht auf unser Urteilsvermögen. Es bedeutet, dass wir davon ausgehen, dass er mehr weiß als wir.

Viele Christen glauben nicht, dass die ganze Bibel von Gott inspiriert ist, und nehmen sich die Freiheit, Teile auszuklammern, die ihnen nicht gefallen oder die sie nicht verstehen. Aber ist es nicht praktisch, dass die vermeintlich nicht inspirierten Abschnitte zufällig gerade die sind, denen wir nicht zustimmen? Ich meine, warum sollte nicht all das, was die Botschaft „Gott ist Liebe" transportiert, von Menschen erfunden und dafür die Hölle der einzig inspirierte Teil sein?

Ich verstehe nicht die ganze Bibel und ehrlich gesagt gefallen mir manche Abschnitte auch nicht, aber ich gehe von der Annahme aus, dass Gottes Wege höher sind als meine. Und ich versuche zu verstehen, was er mir auch durch die Stellen sagen will, die mir nicht passen. Wenn ich die Bibel in dieser Haltung der Demut lese, entdecke ich oft, dass die Aussagen, die ich am wenigsten mag, die sind, die ich am meisten brauche. Zum Beispiel habe ich oft Mühe damit, dass die Psalmisten ihre Feinde so rachsüchtig verfluchen. Aber C. S. Lewis stellt heraus: „Wenn die Juden bitterer als die Heiden fluchten, geschah es, wie ich glaube, teilweise aus dem Grund, dass sie Recht und Unrecht ernster nahmen."[46] Die Rachepsalmen helfen mir zu erkennen, wie locker ich über die Geißel der Sünde in dieser Welt hinweggehe.

Im Kern ist Sünde eine Form von Unglauben, von Misstrauen gegen Gott und sein Wesen. Wir glauben, wenn wir ihn ignorieren und tun, was uns passt, werden wir glücklicher. Gott mehr zu vertrauen als uns selbst, beginnt mit einem der besten, ehrlichsten und wirksamsten Gebete der ganzen Bibel: „Ich glaube, hilf meinem Unglauben!"[47] Ich bin vielleicht noch nicht bereit, mich von der Sünde zu trennen, und ich glaube vielleicht noch nicht wirklich, dass Gehorsam zur Freude führen wird, aber ich entscheide mich, Gottes Willen zu tun und nicht meinen eigenen.

Wenn wir erst einmal gehorchen *wollen* (auf welcher Ebene auch immer), dann haben wir die Seiten gewechselt und arbeiten jetzt mit Gott zusammen, nicht gegen ihn. Und er hilft uns, die Sünde aus unserem Leben zu verbannen. Gott ist nicht nur reich an Gnade, Erbarmen und Vergebung, er ist auch geduldig. Er weiß, wie schwach wir sind. Er ist nicht überrascht, wenn wir versagen. Er möchte, dass wir frei sind von der Sünde, in die wir uns verstrickt haben. Es geht nie darum, dass wir für Gott gut genug sein oder seinen Beifall verdienen müssen. Wenn es so wäre, wären wir alle schon längst untergegangen – ohne das Kreuz wäre dieses Kapitel so theoretisch wie eine Spazierfahrt zum Mond. Ohne die Gnade könnten wir ebenso wenig gerecht sein, wie mein alter 92er-Buick mich zum Mond bringen kann.

> Heiligkeit ist weniger eine Verpflichtung als ein Nebeneffekt, wenn wir Jesus folgen.

Der Zweck dieses Kapitels war es nicht, dich dazu zu bringen, dir mehr Mühe zu geben, gut zu sein. Vielmehr wollte ich deutlich machen, dass Gerechtigkeit zu den besten Gaben gehört, die Gott uns schenkt. Heiligkeit ist weniger eine Verpflichtung als ein Nebeneffekt, wenn wir Jesus folgen.

Das folgende Kapitel habe ich mir bis jetzt aufgespart – nicht weil es das wichtigste wäre, sondern weil es jetzt ans Eingemachte geht. Wir müssen jetzt über Geld reden und über die Dinge, die wir damit kaufen können. Wie geht ein radikal normaler Christ mit Geld um? Ist weniger besitzen besser als viel haben? Hat Jesus wirklich gesagt, wir müssten unseren gesamten Besitz verkaufen? Das nächste Kapitel könnte interessant werden – und ziemlich persönlich.

12

Money, Money

Es gab viele Gründe für meine Entscheidung, bei Starbucks zu arbeiten: meine Vorliebe für Kaffee, die Atmosphäre, flexible Arbeitszeiten und dass es Krankenversicherungsleistungen auch für Teilzeitkräfte gab. Was nicht zu den ausschlaggebenden Gründen gehörte, war ein gutes Gehalt. Selbst mit Trinkgeldern kam ich nicht über einen Minimalverdienst hinaus. Wir überlegten, ob Marilyn auch arbeiten sollte, entschieden dann aber, dass es wichtiger war, dass sie Grace und Sarah zu Hause unterrichtete. Wir begrenzten unsere Ausgaben mehr, als wir je für möglich gehalten hatten, und setzten unser Vertrauen darauf, dass Gott für uns sorgen würde, wenn wir allzu sehr in Rückstand gerieten. Ohne Zweifel waren wir ärmer als je zuvor in unserem Leben. Aber auch das war die Antwort auf ein Gebet, das ich ein paar Monate zuvor gebetet hatte.

Ich bin ein Pfennigfuchser. Als Junge führte ich Buch über jeden Cent, den ich ausgab. Der Griff zu der Fruchtbonbontüte für drei Cent verliert an Reiz, wenn man weiß, dass man den Kauf später aufzeichnen muss. Diese Angewohnheit half mir, meinen Collegeabschluss schuldenfrei hinzukriegen. Aber sie führte auch dazu, dass ich meiner Frau, als wir gerade frisch verheiratet waren, ausredete, fünf Dollar für ein paar Dekoartikel für unser „erstes Weihnachten" auszugeben. Upps.

Großzügigkeit fiel mir (ganz anders als meiner Frau) immer sehr schwer. Aber je besser ich die Bibel kennenlernte, umso mehr verstand ich, dass Großzügigkeit unabdingbar war. Nach einem intensiven inneren Ringen beschloss ich zu glauben, dass auch hier der Gehorsam zur Freude führen würde. Also sprach ich ein verhängnisvolles Gebet: „Herr, bitte hilf mir, ein großzügiger Mensch zu werden." Gott in seiner Gnade beantwortete dieses Gebet, indem er unser Haushaltseinkommen auf den Tiefststand in unserem bisherigen Eheleben reduzierte.

Es gibt ganz sicher leichtere Wege, Großzügigkeit zu erlernen, aber für mich brauchte es wohl die radikale Tour. Doch gerade als wir so wenig besaßen, verwandelte sich mein Herz, und wir entdeckten Wege, auf kreative Weise großzügig zu sein. Wir gaben von dem, was wir besaßen, Dinge an Menschen weiter, die sie nötiger hatten. Wenn Gott uns unerwartet etwas zukommen ließ, entdeckten wir, wie wir die Gaben teilen konnten. Marilyn fing an, den Nachbarkindern, die Kleinigkeiten verkauften, immer wieder etwas abzukaufen, damit sie das Geld für ihre Schulausbildung zusammenbekamen. Es klingt vielleicht seltsam, aber Marilyn und ich begannen, von einem Lotteriegewinn zu träumen, damit wir mehr spenden konnten. Ich kann nicht behaupten, dass sich die Dinge für mich auf einen Schlag veränderten. Aber den Anfang machte mein einfacher Glaube, es würde mich glücklicher machen, wenn ich Gottes Gebot befolgte, großzügig zu sein.

Schuldgefühle

Die Tatsache, dass du dieses Buch liest, verrät mir, dass du vermutlich nicht gerne ein halbherziger Christ sein möchtest. Und doch ist für so manchen Christen das, was ihn von einer Hingabe aus ganzem Herzen abhält, das Geld. Wir hören immer wieder Predigten darüber, dass wir großzügig sein sollten, aber niemand sagt uns je, wie viel genug ist. Und das war genau eines der Dinge, die es mir schwer gemacht haben, mich auf den Weg der Großzügigkeit zu begeben: die Angst, Gott würde immer mehr und mehr verlangen, bis mir gar nichts mehr blieb. War das nicht schließlich die Botschaft an den reichen jungen Mann, der zu Jesus kam?

„Aber etwas fehlt dir noch", sagte Jesus. „Verkauf alles, was du hast, und verteil das Geld an die Armen. Damit wirst du im Himmel einen Reichtum gewinnen, der niemals verloren geht. Und dann komm und folge mir nach!"
Als der Mann das hörte, wurde er traurig, denn er war sehr reich (Lukas 18,22-23).

Ist dies der Ernstfall des Gehorsams? Sind wir halbherzige Christen, wenn wir dahinter zurückbleiben? Vielleicht verstehst du, was mich zögern ließ, mit dem Geben überhaupt erst anzufangen. Gar nichts zu geben oder es bei den üblichen zehn Prozent zu belassen, erschien mir sicherer, als mich auf diesen Weg einzulassen.

Und noch etwas beschäftigte mich. Wenn „Verkauf alles, was du hast, und gibt es den Armen" das Ziel war, warum tat das niemand? Darauf konnte mir keiner eine Antwort geben. Die einzige Antwort, die ich zu hören bekam, war: Wir sollten bereit sein, alles zu geben, wenn Gott es verlangte. Das erschien mir als bequeme Ausrede. Wie praktisch, dass fast niemand Gott je so reden hörte. Aber meine Gebete blieben hohl aus Angst davor, dass er von *mir* genau das verlangen würde.

Kommt dir das bekannt vor? Hast du jemals ein schlechtes Gewissen gehabt, weil du dir ein neues Auto, eine neue Winterjacke oder sonst etwas gekauft hast? Vielleicht bist du dir als schlechter Christ vorgekommen, weil du dir einen schönen Urlaub gegönnt hast, statt das Geld den Armen zu geben? In einem Buch, das ich kürzlich las, fand ich folgende Frage: „Wie können wir in der einen Hand die Wahrheit halten, dass Jesus die Armen liebt, die Witwen und Waisen, und in der anderen Hand die Flugtickets für unseren Traumurlaub?" Klingt ganz biblisch – aber ist es das wirklich? Vielleicht lassen sich alle Fragen dieser Art wie folgt zusammenfassen: Wenn wir Geld für uns selbst ausgeben, ist das dann an sich weniger geistlich oder heilig, als es wegzugeben?

Halbherzige Spendenmoral

Vor ein paar Wochen schlenderte ich mit meiner Frau und meinen Kindern auf der Suche nach Sonderangeboten durch ein Einkaufszentrum. Was ich stattdessen erhielt, war ein Blick auf die andere Seite der Medaille. Wir betrachteten die Schaufenster mit ihren Angeboten von 250-Dollar-Jeans, die jetzt nur noch 175 Dollar kosteten, und sahen die langen Schlangen, in denen Menschen für das Privileg anstanden, das neueste Parfum zu erwerben. Ich musste meine Töchter aus einem Laden förmlich herausziehen, der darauf aus war, sie fünf Jahre älter aussehen zu lassen. Mit einer ungewohnten Klarheit sah ich den ungezügelten Materialismus und das überwältigende Gefühl von Unzufriedenheit, den diese Geschäfte verbreiteten. „Wie viele von diesen Läden würden wohl schließen müssen, wenn die Leute tatsächlich zufrieden mit ihrem Leben wären?", sagte ich zu meiner Frau.

Ich denke, wir sind extrem, wenn wir glauben, Gott wolle, dass jeder von uns so wenig wie möglich besitzt und den Rest weggibt. Aber ich glaube auch, dass wir halbherzig sind, wenn wir unser Leben damit verbringen, immer mehr Geld und immer mehr Dinge anzuhäufen. Wir sind halbherzig, wenn wir nur das weggeben, was übrig bleibt, und unseren Kindern (durch unser Vorbild) beibringen, dass das Leben eben doch darin besteht, dass wir viel besitzen (im Gegensatz zu Lukas 12,15). Während ich durch diese Einkaufsmeile wanderte, wollte eine Seite in mir die ganze Konsumkultur am liebsten verdammen und Feuer vom Himmel herabbeten, das dieses Marktgetriebe von Babylon verzehren möge.[48] Unsere Selbstverwöhnungskultur tötet uns körperlich durch ein Übermaß an Essen und Trinken, sie tötet unsere Seelen durch Ablenkung und unseren Planeten durch übermäßigen Konsum.

Wenn ich wählen müsste zwischen dem radikalen Extrem, alles wegzugeben, und dem halbherzigen Extrem, so viel zu behalten, wie ich kann, dann scheint mir, die radikale Position wäre für alle Beteiligten gesünder. Aber ist das wirklich die einzige Wahl? Ist es eine Sünde, schöne Dinge zu erwerben? Hat Gott irgendetwas dazu zu sagen, wenn ich eine Jeans für 175 Dollar kaufe? Würde Jesus seine Neffen und Nichten nach Disneyland einladen?

Eine komplizierte Angelegenheit

Wenn es um die Themen Geld und Besitz geht, gibt die Bibel keine einfachen Antworten. Verständlicherweise – wir haben eine sehr komplizierte Beziehung zu den Dingen dieser Welt. Auf der einen Seite sieht die Bibel in materiellem Wohlstand einen Segen Gottes. In der Tat redet sie viel öfter positiv über Geld als negativ. Hier nur ein Beispiel von vielen: „Wer Gott achtet und ihm gehorcht, besitzt Reichtum und Anerkennung und hat ein erfülltes Leben" (Sprüche 22,4).

Dieser Vers und andere, die Ähnliches besagen, werden oft missbraucht, um ein unbiblisches Wohlstandsevangelium zu verkünden. (Das ist die Auffassung, die besagt, Gott wolle, dass alle Christen finanziell und gesundheitlich gesegnet sind. Wer krank oder arm ist, heißt es dann, muss das durch irgendeine Sünde oder zu wenig Glauben verschuldet haben.) Aber nur weil Verse wie diese missbraucht werden, sollten wir sie nicht ignorieren – wir haben umso mehr Grund zu vermitteln, was sie tatsächlich bedeuten. Bibelworte wie dieses eine lehren, dass Geld, Besitz und Gesundheit nur einige der irdischen Freuden sind, die Gott uns großzügig gönnt, und häufig sind sie der Lohn für ein Leben nach Gottes Willen. *Einige* und *häufig* sind hier Schlüsselwörter. Vielleicht der größte Irrtum des Wohlstandsevangeliums liegt in der Annahme, Gottes Segnungen seien immer irdisch. Nein, vielmehr muss er uns gelegentlich irdische Gaben und Freuden geradezu entziehen, um uns geistlich beschenken zu können (wie meine Zeit bei Starbucks mich gelehrt hat).

Auf der anderen Seite habe ich auch Predigten gehört, die alle Verse dieser Art vom Tisch wischen, indem sie behaupten, das sei die Sicht des Alten Testaments. Das stimmt so nicht. Auch das Neue Testament hat durchaus Positives über materiellen Erfolg zu sagen.[49] Noch wichtiger ist, dass Jesus und die Apostel das Alte Testament nicht so einfach für überholt erklärt haben. Es ist nicht so, dass Gott zu Zeiten des Alten Testaments materielle Güter für gut befunden, aber im Neuen Testament gemerkt hat, dass sie in Wirklichkeit schlecht sind. Vielmehr baut das Neue Testament auf dem Alten auf und betont stärker die geistliche Gefahr, die darin liegt, nur Besitz anzuhäufen.

Derartige Warnungen finden sich in der ganzen Bibel. Die Propheten des Alten Testaments übten scharfe Kritik an den gottlosen Reichen, vor allem, wenn deren Wohlstand auf Unterdrückung anderer und auf Ungerechtigkeit beruhte.[50] Jesus nimmt diese Kritik auf, ebenso wie Jakobus.[51] Und der Apostel Paulus schreibt warnend:

Wie oft erliegen Menschen, die um jeden Preis reich werden wollten, den Versuchungen des Teufels, wie oft verfangen sie sich in seinen Netzen! Solche unsinnigen und schädlichen Wünsche stürzen die Menschen in den Untergang und ins Verderben. Denn alles Böse wächst aus der Habgier. Schon so mancher ist ihr verfallen und hat dadurch seinen Glauben verloren. Wie viel Not und Leid hätte er sich ersparen können (1. Timotheus 6,9-10).

Das Problem ist nicht, dass wir Geld haben, sondern dass wir reich werden wollen, dass wir das Geld lieben, dass wir manchmal alles tun, um an Geld zu kommen. Das Buch der Sprüche enthält viele ähnliche Warnungen, darunter auch die Bitte: „Lass mich weder arm noch reich sein" (30,8). Aber uns in der westlichen Welt erscheint selbst die Warnung davor, „habgierig" zu sein, oftmals als zu extrem.[52]

Was sollen wir nun also mit dem reichen jungen Mann anfangen? Ja, Jesus sagt ihm deutlich, er solle alles verkaufen, was er besitzt. Kurz zuvor hatte Jesus seinen Jüngern gesagt: „Verkauft euren Besitz." Sehen wir den Unterschied? Jesus sagt „alles, was du besitzt" zu einem, aber nicht zu den anderen.[53] Messe ich damit einem einzigen Wort zu viel Bedeutung bei? In Lukas 22,36 erfahren wir, dass die Jünger durchaus noch Geld, Gepäck und Mäntel besaßen. Sie hatten also entweder das Gebot Jesu in 12,33 nicht befolgt, oder sie hatten verstanden, dass Jesus angeordnet hatte, *etwas* von ihrem Besitz zu verkaufen und *etwas* zu behalten.

Aber was machen wir dann mit diesem Vers? „Niemand von euch kann mein Jünger sein, wenn er nicht zuvor alles aufgibt, was er hat" (Lukas 14,33; NGÜ). Sehen wir uns den Kontext an. Jesus sagt das im Anschluss an die Forderung, wer sein Jünger sein wolle, müsse seine Eltern, Geschwister, Ehepartner und Kinder hassen. Wir wissen also, dass er hier in Übertreibungen redet. Er spricht hier auch nicht davon, alles zu verkaufen, sondern alles aufzugeben. Worum es ihm also geht, ist: Weder unsere Familie noch unser Besitz sollten uns daran hindern, Jesus von ganzem Herzen zu folgen.

> Weder unsere Familie noch unser Besitz sollten uns daran hindern, Jesus von ganzem Herzen zu folgen.

Das heißt: Alles zu verkaufen und es den Armen zu geben, ist nicht der Höchststandard für Menschen, die Jesus folgen. Was Jesus stattdessen verlangt, ist allerdings noch schwerer, weil wir es nicht so leicht als übertrieben vom Tisch wischen können: Er erwartet tatsächlich von uns, dass wir einen Teil unserer Besitztümer fortgeben und lernen, uns einen Schatz im Himmel zu erwerben statt auf Erden.

Gefährliche Werkzeuge

Das vielleicht beste Geschenk, das ich je von Marilyn zum Hochzeitstag bekommen habe, war ein richtig scharfes Küchenmesser. Mit einem guten Messer macht Kochen einfach viel mehr Spaß. Ich kann eine Tomate in hauchdünne Scheiben schneiden und eine Zwiebel bequem in kleine Würfel. Allerdings funktioniert das Messer bei Fingern genauso gut. Meine sind zum Glück noch alle vorhanden. Um ehrlich zu sein, ist es nicht nur Glück. Ich verwende das Messer nur mit großer Vorsicht. Ich habe mir Videos angeschaut, wie man scharfe Messer sicher handhabt, ich lasse es nie im Waschbecken liegen und ich sorge dafür, dass Grace und Sarah es nicht in die Finger kriegen.

Geld (und die Dinge, die wir damit kaufen) sind wie ein Messer. Je mehr Besitz wir haben, umso schärfer wird das Messer. Geld im Überfluss zu haben, kann das Leben leicht machen und uns helfen, damit Gutes zu tun – aber es ist auch gefährlich. Die Bibel redet so viel darüber, wie wir gut mit Geld umgehen sollen, weil Gott nicht möchte, dass wir uns ernsthaft verletzen. Ich bin geneigt zu glauben, dass Gott uns nur so viel Geld gibt, wie wir sicher handhaben können – für einige von uns entspräche das vielleicht in etwa einem Buttermesser aus Plastik.

Gottes Gebote und Warnungen im Blick auf Geld und Besitz zielen immer auf unser Wohl. Ihnen zu folgen, bewahrt uns vor den Gefahren des Geldes. Warum sind aber Geld und Besitz so gefährlich? Ich kann mindestens zwei Gründe erkennen.

Machtansprüche

Erstens: Geld tendiert dazu, uns zu seinem Sklaven zu machen. Was wir besitzen, besitzt rasch uns. Und am Ende dienen wir den Dingen, die eigentlich uns dienen sollten. Beispielsweise ist es schön, ein Eigenheim zu haben, aber wenn man ein Haus hat, muss man sich auch darum kümmern. Marilyn und ich haben versucht, unser Haus zu verkaufen, um uns von den finanziellen Verpflichtungen zu befreien, die mit dem Hausbesitz einhergehen. Hast du je darüber nachgedacht, wie viel Zeit und Geld du aufbringst, nur um für das zu sorgen, was du besitzt?

Besitz ist nicht zwangsläufig schlecht, aber ganz sicher fordert er auch viel von uns! Unser Überfluss an Dingen stiehlt automatisch Zeit und Kraft, die wir sonst Gott, der Familie, Freunden und der Gemeinde widmen könnten. Und wenn wir nicht aufpassen, hat er bald Gott als Herrn unseres Lebens ersetzt. „Niemand kann zwei Herren gleichzeitig dienen. Wer dem einen richtig dienen will, wird sich um die Wünsche des anderen nicht kümmern können. Er wird sich für den einen einsetzen und den anderen vernachlässigen. Auch ihr könnt nicht gleichzeitig für Gott und das Geld leben" (Matthäus 6,24).

Warum können Geld und Besitz uns so leicht beherrschen? Ich denke, weil wir dazu neigen, sie für Dinge zu verwenden, für die sie nicht gedacht sind. Mein Küchenmesser schneidet großartig Tomaten, aber wenn ich mir damit die Fingernägel schneiden wollte, könnte es damit enden, dass ich meinen halben Finger verliere. Wir erwarten von unserem Geld, dass es für uns sorgt – uns eine sichere Zukunft schenkt, uns unsere Identität gibt und uns glücklich macht. Wir wollen, dass unsere Kleidung unser Selbstwertgefühl stärkt, und unsere Lieblingsspielzeuge sollen uns vor Beziehungen und Verletzlichkeit schützen. Aber Geld und Besitz können diese Dinge nicht leisten, denn dafür sind sie nicht da. Unsere Sicherheit kommt von Gott.

Wenn der Herr nicht das Haus baut, dann ist alle Mühe der Bauleute umsonst. Wenn der Herr nicht die Stadt bewacht, dann wachen die Wächter vergeblich. Ihr steht frühmorgens auf und gönnt euch erst spät am Abend Ruhe, um das sauer verdiente Brot zu essen. Doch ohne Gottes Segen ist alles umsonst! Denn Gott gibt denen, die ihn lieben, alles Nötige im Schlaf! (Psalm 127,1-2).

Wir sind Kinder Gottes – das ist unsere Identität. Ohne Gott sind alle Freuden dieses Lebens leere Zerstreuungen (wie der Prediger Salomo erkannte). Mit Gott dagegen können sie uns wirkliche Freude schenken. Wenn wir von Gott erwarten, dass er uns schenkt, was nur er uns geben kann, werden auch unser Geld und unser Besitz zu Instrumenten in seiner Hand.

Zerstreuungen

Der zweite Grund dafür, dass Geld und Besitz so gefährlich sind, liegt darin, dass sie zeitlich sind und uns leicht von ewigen Dingen ablenken können. Sehen wir uns noch einmal an, was Jesus dazu zu sagen hat: *„Verkauft euren Besitz, und gebt das Geld den Armen! Sammelt euch auf diese Weise einen Vorrat, der nicht alt wird und niemals verderben kann, einen Schatz im Himmel. Diesen Schatz kann kein Dieb stehlen und keine Motte zerfressen. Wo eure Schätze sind, da wird auch euer Herz sein"* (Lukas 12,33-34).

Vor etlichen Jahren fuhr ich einen kleinen Chevy Metro, bei dem die Vorderachse verzogen war. Wenn ich geradeaus fahren wollte, musste ich immer ein wenig nach rechts steuern. (Ich hätte es reparieren lassen sollen, aber es war billiger, in regelmäßigen Abständen Reifen vom Schrottplatz zu kaufen.)

Unser Besitz hat ähnliche Eigenschaften. Er zieht unsere Aufmerksamkeit, unseren Blick und unsere Loyalität in eine Richtung, weg von den geistlichen Aspekten unseres Lebens. Das gelingt ihm nicht deswegen, weil Besitz schlecht wäre, sondern weil er so handfest ist. Wie bei meinem Auto müssen wir ständig gegensteuern, wenn wir geradeaus fahren wollen. In dem Moment, wo wir dem Zug des Wagens nachgeben, verschiebt sich unser Schatz vom Himmel auf die Erde.

Sicherheitsmaßnahmen

Wie können wir also verhindern, dass unser Geld und Besitz uns beherrschen und vom Wesentlichen ablenken? Ehrlich gesagt, ein extremes Armutsgelübde wäre einfacher – bestimmt nicht lustiger oder heiliger, aber einfacher. Das erinnert mich daran, wie viele christliche Teenager mit ihrer sexuellen Lust kämpfen. Eine Option hat unser Jugendpastor dabei nie empfohlen: völlige Entmannung. Das hätte sicher den gewünschten Effekt, aber es ist offensichtlich nicht die richtige Antwort auf das Problem. Ebenso wie Sex ist auch der Besitz eine gute Gabe, die Gott uns gegeben hat und die wir genießen sollen. Gott will uns nicht unsere Wünsche und Begierden nehmen, aber er will sie in die richtigen Bahnen lenken. Wie genießen wir also unseren irdischen Besitz, ohne dass er uns besitzt? Hier sind drei Vorschläge, die ich als hilfreich empfunden habe, und alle finden sich in den Bibelstellen, die wir bereits betrachtet haben.

Zufriedenheit einüben

Seiner Warnung vor der Habgier stellt Paulus Folgendes voran:

> *Dabei ist doch jeder reich, der an Gott glaubt und mit dem zufrieden ist, was er hat. Denn wir sind ohne Besitz auf diese Welt gekommen, und genauso werden wir sie auch wieder verlassen. Wenn wir zu essen haben und uns kleiden können, sollen wir zufrieden sein* (1. Timotheus 6,6-8).

Das Geheimnis liegt also darin, dass wir Zufriedenheit einüben. Wenn für das Lebensnotwendige gesorgt ist, kann ich zufrieden sein. Paulus war Wandermissionar; er brauchte also ein bisschen weniger als ich als Ehemann und Vater von zwei Kindern. Aber wir alle kennen diese Kluft zwischen dem, was wir brauchen, und dem, was wir wollen. Ich denke aber: Mein Auto hat keine Klimaanlage, aber es fährt. Ich kann zufrieden sein. Mein Haus hat keine Traumaussicht, aber es ist ein Dach über dem Kopf. Ich kann zufrieden sein. Ich esse nicht wie ein Feinschmecker, aber ich habe zu essen. Ich kann zufrieden sein. Meine Kleider sind vom letzten Jahr und nicht topmodisch, aber sie passen. Ich kann zufrieden sein.

Sobald für das Notwendigste gesorgt ist, ist Zufriedenheit möglich.

Verelendung und absolute Armut sind Kennzeichen einer Welt, die durch die Sünde zerstört ist. Gott hat nie gewollt, dass Menschen leben müssen, ohne das Lebensnotwendigste zu haben. Aber sobald für das Notwendigste gesorgt ist, ist Zufriedenheit möglich. Ich würde sogar sagen: Wer damit nicht zufrieden ist, wird nie zufrieden sein. Es wird immer noch etwas geben, das wir zu brauchen meinen. Eine kleine Gehaltserhöhung, ein neueres Auto, einen größeren Schrank. Ohne Zufriedenheit werden wir nie genug haben. Zufriedenheit bringt Freiheit und Freude; Gier und Undank dagegen führen zu Sklaverei und Elend.

Heißt das, dass Christen nur das Lebensnotwendigste besitzen dürfen und alles, was darüber hinausgeht, weggeben müssen? Das ist jedenfalls nicht das, was Paulus gesagt hat. In Philipper 4,12 spricht er davon, dass er auch zufrieden sein kann, wenn er aus dem Vollen schöpft. Aber wir müssen uns klarmachen: Alles, was über das Notwendige hinausgeht, ist das Sahnehäubchen auf dem Kuchen. Und als solches sollten wir es auch zu schätzen wissen.

Einfachheit einüben

Ein Zweites, was uns vor den Gefahren des Geldes bewahrt, ist die Einübung von Einfachheit. Das leitet sich von Jesu Aufforderung ab, einen Teil unseres Besitzes zu verkaufen. Warum hat er nicht gesagt: „Gebt euren Besitz den Armen"? Weil wir es hier mit zwei verschiedenen Geboten zu tun haben: „Verkauft Besitz" und: „Gebt den Armen". Jesus scheint hier zu erwarten, dass wir einen Teil, aber nicht unseren ganzen Besitz aufgeben.

> Einfachheit einzuüben, bedeutet weniger, Dinge aufzugeben, als vielmehr, Freude zu gewinnen.

Allein der Akt, uns von irgendetwas zu trennen, ist eine Befreiung für unsere Seele. Als wir versuchten, unser Haus zu verkaufen, hat der Makler uns beraten, wie wir es präsentieren sollten – was vor allem bedeutete, dass wir die Hälfte unserer Sachen in der Garage stapelten. Als sich das Haus nicht verkaufen ließ und wir es wieder vom Markt nahmen, stellten wir fest, wie viel glücklicher wir ohne all diese Dinge waren. Sogar Grace und Sarah haben das überflüssige Spielzeug nicht vermisst. Anstatt all das nicht wirklich Notwendige wieder aus der Garage zu holen, beschlossen wir also, das meiste davon wegzugeben. Einiges haben wir verkauft, manches verschenkt, anderes in den Müll getan.

Einfachheit einzuüben, bedeutet weniger, Dinge aufzugeben, als vielmehr, Freude zu gewinnen. Vielleicht gehört dieser Satz zu denen, die man ausprobieren muss, um sie zu glauben. Aber ich habe entdeckt, dass es mir guttut, wenn ich weniger habe. Gleichzeitig weiß ich natürlich, dass man auch im Blick auf die Einfachheit extrem und gesetzlich werden kann. Übertriebene Einfachheit ist nicht notwendigerweise christlicher, als Dinge im Übermaß anzuhäufen.

Freigiebigkeit einüben

Praktizierte Freigiebigkeit schützt uns nicht nur vor den Gefahren des Geldes, sie bringt uns auch mehr Freude, als wir uns vielleicht vorstellen. Eines muss klar sein: Es sollte keine Frage sein, ob wir freigiebig sein wollen oder nicht. In fast jedem Buch der Bibel finden wir – in unterschiedlicher Form – das Gebot, gern zu geben. Freigiebigkeit ist ein grundlegendes Lebensprinzip: Wir sind gesegnet, damit wir ein Segen sind. So wie Abraham, dem Gott sagte: „Deine Nachkommen sollen zu einem großen Volk werden; ich werde dir viel Gutes tun; deinen Namen wird jeder kennen und mit Achtung aussprechen. Durch dich werden auch andere Menschen am Segen teilhaben" (1. Mose 12,2).

Freigiebigkeit ist das Beste von beiden Welten: Sie richtet unsere Aufmerksamkeit mehr auf den Himmel und lässt uns gleichzeitig diese Erde genießen. Immer, wenn Gott uns etwas schenkt, erwartet er, dass wir etwas davon an andere weitergeben. Er schenkt uns das Leben und wir teilen es mit anderen. Er schenkt uns Gnade und Erlösung und wir geben sie weiter. Es schenkt uns Geld und Besitz und wir teilen auch dies. Paulus hat das geglaubt: „Ihr werdet alles so reichlich haben, dass ihr unbesorgt weiter-

> Freigiebigkeit ist das Beste von beiden Welten: Sie richtet unsere Aufmerksamkeit mehr auf den Himmel und lässt uns gleichzeitig diese Erde genießen.

geben könnt. Wenn wir dann eure Gabe überbringen, werden viele Menschen Gott dafür danken" (2. Korinther 9,11).

Wem viel gegeben ist

In der Sommerzeit hat Marilyn immer gern einen gewissen Vorrat an Fruchteis im Gefrierfach. Meist geben wir Grace und Sarah die Eistüten, damit sie sie an die anderen Kinder verteilen. Wie würden wir uns wohl fühlen, wenn wir Sarah in einer Ecke entdecken würden, von oben bis unten mit Eis bekleckert und sechs leere Eispackungen um sich drapiert? Ich kann mir vorstellen, dass Gott sich so ähnlich fühlt, wenn wir mit dem, was er uns zum Teilen gibt, geizig sind.

Unter manchen extremen Christen habe ich eine etwas törichte Eigenart entdeckt. Sie haben so eine Art, dem Rest von uns ein schlechtes Gewissen zu machen, weil wir als Christen in der westlichen Welt im Wohlstand leben. Zugleich neigen sie dazu, das Leid in den ärmeren Ländern dieser Welt fast zu glorifizieren (oder zumindest zu spiritualisieren). Uns ist viel gegeben – nicht, damit wir ein schlechtes Gewissen haben, und auch nicht, damit wir im Überfluss leben. Vielmehr ist uns viel anvertraut, damit wir umso mehr ein Segen für andere sein können. „So wird von jedem, der viel bekommen hat, auch viel erwartet; denn wem viel anvertraut wurde, von dem verlangt man umso mehr" (Lukas 12,48).

Noch einmal: Ob wir freigiebig sind oder nicht, ist uns nicht freigestellt. Wir sollten uns den Ernst der folgenden Mahnung nicht schönreden:

Denn wie kann Gottes Liebe in einem Menschen bleiben, dem die Not seines Bruders oder seiner Schwester gleichgültig ist, obwohl er selbst alles im Überfluss besitzt? Deshalb, meine Kinder, lasst uns einander lieben: nicht mit leeren Worten, sondern mit tatkräftiger Liebe und in aller Aufrichtigkeit (1. Johannes 3,17-18).

Gott könnte jedes Bedürfnis dieser Welt stillen, alle Menschen auf dieser Welt ernähren, jedes Gemeindebudget auffüllen und alle missionarischen Aktivitäten dieser Welt ausreichend unterstützen – ganz ohne unsere Mitwirkung. Aber er hat beschlossen, all diese Bedürfnisse durch uns zu erfüllen. Das ist vielleicht nicht effizient, aber es verleiht uns die Ehre und die Freude, mit ihm zusammenzuarbeiten. Die Kehrseite ist: Wenn wir dieser Ehre nicht entsprechen, werden Menschen hungrig bleiben, Gemeinden eingehen und das Evangelium ungehört bleiben.

Ich habe dieses Kapitel dem Kapitel „Fromm und glücklich" folgen lassen, weil ich dir keine Schuldgefühle einreden, sondern dich mit Freude motivieren möchte. Aufgrund meiner eigenen Erfahrung glaube ich, dass wir nicht unglücklicher, sondern glücklicher werden, wenn wir dem Gebot Gottes gehorchen, großzügig zu geben.

Wie viel ist genug?

Aber wie können wir wissen, ob wir genug geben? Gibt es einen Punkt, an dem wir uns an dem, was wir haben, freuen dürfen, ohne ein schlechtes Gewissen zu haben? Es ist hier ähnlich wie bei den geistlichen Übungen: Man kann eigentlich nie genug tun. Wenn alle Christen dieser Erde jeden Cent, den sie besitzen, weggeben würden, könnten sie trotzdem nicht alle Probleme dieser Welt lösen. Naturkatastrophen, Kriminalität und Unrecht würden noch immer Menschen ins Elend treiben; eine unkluge Lebensführung ebenfalls. Arme wird es unter uns immer geben.[54] Gäbe es Gottes Gnade nicht, müssten wir bis zum Extrem freigiebig sein bei dem Versuch, die Welt zu retten und Gott freundlich zu stimmen. Aber stattdessen dürfen wir dankbar mit ihm zusammenarbeiten und ihn tun lassen, was wir nicht vermögen.

Immer noch bleibt die Frage: Wie viel ist genug? Als ich das letzte Mal diese Frage gestellt habe (s. Kapitel 10), habe ich das Bild vom Balancieren verwendet. Hier würde ich lieber von einem Fußballspiel sprechen. Freigiebigkeit folgt keiner einfachen Formel wie: „Gib soundso viel Prozent Gott, dann gehört der Rest dir." Alles steht Gott zu. Sehen wir uns also besser die beiden Prinzipien an, die die beiden entgegengesetzten Enden des Fußballfeldes markieren.

An einem Ende steht das Prinzip, verzichten zu können, aber nicht bis zur Selbstaufgabe. Im 2. Korintherbrief schreibt Paulus, die Gemeinden in Mazedonien hätten „nach Kräften ... und sogar über ihre Kräfte ... willig gegeben" (8,3). Aber er kann auch sagen: „Nicht, dass die andern gute Tage haben sollen und ihr Not leidet" (2. Korinther 8,13).

Am anderen Ende des Spielfelds kann man sich unbefangen an dem freuen, was man hat, und zugleich großzügig geben. Ein Beispiel dafür ist die ideale Hausfrau, die in Sprüche 31 beschrieben wird:

Sie erbarmt sich über die Armen und gibt den Bedürftigen, was sie brauchen. Den kalten Winter fürchtet sie nicht, denn ihre ganze Familie hat Kleider aus guter und warmer Wolle. Sie fertigt schöne Decken an, und ihre Kleider macht sie aus feinem Leinen und purpurroter Seide (Sprüche 31,20-22).

Sie ist großzügig zu den Armen. Aber durch ihre harte Arbeit erwirbt sie auch für sich selbst manchen Luxus – feines Leinen, Kleider aus purpurner Seide und Lebensmittel aus fernen Ländern (Vers 14). Purpur war, wie du vielleicht weißt, in der Antike irrsinnig teuer. Glaubt man manchen Quellen, dann konnten Purpurgewänder ihr Eigengewicht in Gold kosten. Verglichen damit erscheinen 175 Dollar für eine Jeans als Schnäppchen. Ich glaube, die Frau, die in Sprüche 31 beschrieben wird, hätte kein Problem damit gehabt, Gottes Liebe zu den Armen in der einen und die Flugtickets in einen Traumurlaub in der anderen Hand zu halten.

Radikal normal zu sein heißt, uns auf dem ganzen Spielfeld zu bewegen, ohne schlechtes Gewissen und voll freudiger Großzügigkeit. Manchmal (besonders, wenn uns unser Besitz zu sehr ans Herz gewachsen ist), wird Gott uns auffordern, mehr Verzicht zu üben. Zu anderen

Zeiten wird er uns die Früchte unserer Arbeit und die Freuden dieses Lebens genießen lassen.

Machen wir uns noch einmal klar, was auf dem Spielfeld nicht vorkommt: Besitz, den wir nicht teilen; exzessiven Wohlstand ansammeln; alles, was wir haben, für uns und unsere Familie ausgeben. Vom ersten bis zum letzten Buch betont die Bibel, dass Geiz Sünde ist. Geiz ist ebenso inakzeptabel wie Lügen oder Stehlen. Um genau zu sein, ist es ein Diebstahl an Gott.

> *Findet ihr es etwa richtig, wenn ein Mensch Gott betrügt? Ihr betrügt mich doch die ganze Zeit! Ihr entgegnet: „Womit haben wir dich denn betrogen?" Ihr habt mir den zehnten Teil eurer Ernte nicht gegeben, und ihr habt den Priestern ihren Anteil an den Opfergaben verweigert. Das ganze Volk betrügt mich, deshalb habe ich euch verflucht. Ich, der allmächtige Gott, fordere euch nun auf: Bringt den zehnten Teil eurer Ernte in vollem Umfang zu meinem Tempel, damit in den Vorratsräumen kein Mangel herrscht! Stellt mich doch auf die Probe, und seht, ob ich meine Zusage halte! Denn ich verspreche euch, dass ich dann die Schleusen des Himmels wieder öffne und euch mit allem überreich beschenke* (Maleachi 3,8-10).

Den Zehnten zu geben, ist keine gerissene Investmentstrategie; der Punkt hier ist ein anderer: Geiz bestiehlt Gott und hat Konsequenzen. Aber wenn wir gehorsam sind, verspricht Gott, für uns zu sorgen. Als meine Familie und ich auch bei geringeren Mitteln freigiebiger wurden, hat es uns nie an dem gefehlt, was wir brauchten.

Aufruf zur Großzügigkeit

Erlaube mir, dieses Kapitel mit ein paar seelsorgerlichen Ermahnungen abzuschließen.

Warte nicht auf finanziell bessere Zeiten, bis du beginnst, großzügig zu geben. Du wirst nie das Gefühl haben, jetzt reiche es. Ich wünsche dir nicht, dass Gott dein Einkommen so reduziert, wie es bei mir der Fall war, damit du lernst, großzügig zu sein. Bitte Gott, dass du die Freude sehen kannst, die im Geben liegt, und dann gehorche ihm – egal, wie viel du besitzt.

Gib bewusst Geld für Kernaufgaben, die Unterstützung benötigen: deine Gemeinde, Missionswerke, gemeinnützige Organisationen, deren Arbeit dich überzeugt – besonders Hilfswerke für die Armen, Hungernden und Flüchtlinge.

Gib auch spontan. Plane ein kleines Extra in deinem Budget ein und halte die Augen offen für Gelegenheiten, anderen etwas Gutes zu tun. (Besonders solche spontanen Gaben können dich erkennen lassen, welche Faszination im Geben liegt.)

Während du eine Haltung der Zufriedenheit einübst, kannst du allmählich einen größeren Anteil deines Budgets weggeben. Mir gefällt der folgende Satz von Randy Alcorn: „Gott schenkt mir Wohlstand nicht, damit ich meinen Lebensstandard anhebe, sondern damit ich meinen ‚Gebensstandard‘ anhebe." Erlaube dir ruhig ein wenig zu träumen, wie Großzügigkeit Freude in dein Leben bringen kann. Und dann beginne heute, den Traum in die Wirklichkeit umzusetzen. Warte nicht, bis du irgendwann mal mehr Geld hast.

Und schließlich: Falls du Kinder hast, vergiss nie, wie prägend dein Umgang mit Geld und Eigentum für deine Kinder ist. Ich muss nicht extra betonen, wie glücklich es mich gemacht hat, als Grace mir erzählte, was sie tun würde, wenn sie eine echte Prinzessin wäre: „Zuerst würde ich Leuten, die kein Geld haben, welches geben. Dann würde ich mir ein Pony kaufen."

In dem Moment, in dem wir Ernst machen mit dem Gehorsam, sind wir schon in Gefahr zu glauben, dass wir die besseren Christen sind. Die

Kirche taumelt die meiste Zeit, so scheint mir, zwischen den Extremen hin und her: zwischen Gesetzlichkeit und Verweltlichung. In Wirklichkeit sind diese Extreme beide faule Ausreden. Zu lernen, wie man fern von Gesetzlichkeit und Verweltlichung ein überzeugendes Leben führen kann, ist viel schwerer. Aber es macht auch viel mehr Freude.

13

Zwischen Gesetzlichkeit und
Verweltlichung, Teil 1

Ich hatte etwa zwei Monate bei Starbucks gearbeitet und saß wieder einmal am Drive-in-Schalter, als ein Kunde mit einer offenen Bierdose auf dem Schoß vorfuhr. Vielleicht ist das in deinem Winkel der Welt okay, aber in Washington State kriegt man mit Alkohol am Steuer echt Probleme.

„Und was ist das da?", fragte ich scharf.

„Ach, das …", antwortete der Fahrer und wurde etwas kleinlaut.

„Ein Bier, wenn ich mich nicht täusche", hakte ich nach.

„Ja, aber es ist von gestern."

„Von mir aus kann es von letzter Woche sein. Sie können nicht mit einer offenen Bierdose am Steuer sitzen."

„Ach, das ist schon in Ordnung."

„Nein, das ist es nicht. Mit dem Bier im Auto lasse ich Sie nicht weiterfahren." Entgeistert starrte mich der Fahrer an und hielt die Bierdose umklammert. Ich schaltete um in den Daddy-Modus. „Kommen Sie, geben Sie schon her", bat ich nachdrücklich. Er blinzelte ungläubig. Ich wiederholte betont langsam: „Sie geben mir jetzt das Bier, oder ich hole die Polizei." Der Fahrer wirkte jetzt ein wenig benommen, aber er reichte mir die halb leere Dose. Dann fuhr er davon. Ich schüttete das

Bier in den Ausguss. Unsere Filialleiterin hinter mir konnte sich vor Lachen kaum noch halten. „Das ist nicht wahr, oder? Haben Sie da gerade jemandem sein Bier abgenommen?", fragte sie.

„Was hätte ich denn sonst tun sollen?"

„Das war wirklich eindrucksvoll. Ich hätte Ihnen mein Bier auch ausgehändigt."

Der Vorfall sicherte mir meinen Platz in der örtlichen Starbucks-Chronik; aber nicht alle fanden es lustig. Ein Kollege warf mir vor, meine Nase in anderer Leute Angelegenheiten zu stecken; überhaupt sei ich gesetzlich und würde ständig über andere urteilen und so weiter.

Das saß. Ich habe so viel investiert, um mich von der Gesetzlichkeit zu befreien, dass ich es schwer ertrage, wenn man mir nun genau das vorwirft.

Es gibt aber auch immer wieder mal Menschen, die meinen, ich bemühe mich zu sehr, nicht gesetzlich zu sein. Einmal hat mir ein sehr idealistischer junger Mann vorgeworfen, ich würde die Gemeinde auf sehr weltliche Weise leiten, bei der Heiligkeit keine Rolle spiele. Ich hätte ihn gern als extremen Christen abgestempelt; aber ich musste mich doch fragen, ob an seinen Worten irgendetwas dran war. War ich in meinem Bemühen, nur nicht gesetzlich zu sein, vielleicht doch zu weltlich geworden – und meine Gemeinde ebenfalls?

Gesetzlichkeit und Verweltlichung sind nur andere Begriffe für die beiden Abgründe, die ich in Kapitel 2 beschrieben habe: den Abgrund der Selbstgerechtigkeit und den Abgrund der Sünde, die uns zerstört. Vielen in meiner Generation sitzt die Gesetzlichkeit früherer Generationen so nachhaltig in den Knochen, dass sie ins gegenteilige Extrem verfallen. Aber ich bin überzeugt: Das Leben, das Gott sich für uns wünscht und das uns die größtmögliche Freude bringt, findet man nur, wenn man den einen Abgrund ebenso vermeidet wie den anderen. In den beiden folgenden Kapiteln wollen wir uns ansehen, wie man das eine wie das andere Extrem vermeidet: Gesetzlichkeit und Verweltlichung.

Die Gefahr der Sicherheit

Aus ganzem Herzen gehorsam zu sein, ist etwas anderes als Gesetzlichkeit. Es ist „glückliche Heiligkeit", die Kunst, sich Gott hinzugeben und glücklich zu sein. Wir fallen von der Klippe der Gesetzlichkeit, wenn wir meinen, unser Stand vor Gott hänge davon ab, wie gehorsam wir sind. Wir können auch von dieser Klippe stürzen, wenn wir unser Leben nach einer Liste von Regeln und Gesetzen gestalten, die die Gebote der Bibel weit übertreffen, und wenn wir erwarten, dass andere es genauso machen. Diese zweite Art von Gesetzlichkeit hatte Jesus im Blick, wenn er die Pharisäer kritisierte.

Deshalb also fragten die Pharisäer und Schriftgelehrten Jesus: „Warum beachten deine Jünger unsere alten Vorschriften nicht und essen mit ungewaschenen Händen?" Jesus antwortete: „Wie recht hat Jesaja, wenn er von euch Heuchlern schreibt: ‚Diese Leute ehren Gott mit den Lippen, aber mit dem Herzen sind sie nicht dabei. Ihr Gottesdienst ist wertlos, weil sie ihre menschlichen Gesetze als Gebote Gottes ausgeben.' Ja, ihr beachtet Gottes Gebote nicht, sondern ersetzt sie durch eure Vorschriften!" (Markus 7,5-8).

Zur Zeit Jesu hatte die religiöse Elite Israels die Gebote Gottes erweitert und zahlreiche Traditionen etabliert, die jede noch so kleine Möglichkeit verhindern sollten, dass irgendein Gebot übertreten wurde. So sagt die Thora etwa: „Kocht ein Ziegenböckchen nicht in der Milch seiner Mutter!" (2. Mose 23,19). Die Gesetzeslehrer hatten die Vorschrift dahin gehend ausgeweitet, dass man nun Milchprodukte und Fleisch überhaupt nicht mehr zusammen essen durfte. Damit sollte „ein Zaun um das Gesetz aufgerichtet werden", der die Gefahr ausschloss, dass es verletzt wurde. Manche Juden gingen sogar so weit, dass sie Milch und Fleisch nicht einmal im selben Gefäß zubereiteten. Eine Freundin, die Christin ist, hat einmal in einem Kibbuz

> Aus ganzem Herzen gehorsam zu sein, ist etwas anderes als Gesetzlichkeit. Es ist „glückliche Heiligkeit".

in Israel gearbeitet und für Mordsaufregung gesorgt, weil sie aus Versehen das Geschirr für das Fleisch in einer Spüle abgewaschen hat, die für das Milchgeschirr reserviert war. Man holte extra einen Rabbiner aus Jerusalem, der die Reinigung von Geschirr und Spülbecken überwachte. Ein extremer Glaube liebt diese Art von Sonderregeln, die uns in einer Art Extrasicherheit wiegen sollen. Dazu gehören auch Dinge wie: Die Bibel sagt, Sex gehöre in die Ehe; also sollten junge Paare sich vor der Hochzeit nicht küssen. Sich zu betrinken, ist verboten; Christen sollten deshalb überhaupt keinen Alkohol trinken. Die Bibel verlangt Anstand; Christinnen sollten deshalb nie einen Bikini tragen. Die Bibel rät uns, unser Herz gut zu hüten; deshalb sehen Christen keine Filme, die nicht jugendfrei sind. Die Bibel nennt unseren Körper einen Tempel des Heiligen Geistes; deshalb sollen Christen nicht rauchen (aber gegen Fast Food ist nichts einzuwenden …).

Diese Regeln sind nicht unbedingt schlecht; sie sind nur nicht biblisch. Eher sind sie tatsächlich so etwas wie Zäune: menschliche Traditionen, die die Gebote Gottes ergänzen, um uns davon abzuhalten, zu nah an den Rand der Klippe zu geraten. Manchmal werden sie auch mit dem Hinweis begründet, wir sollen „das Böse – ganz gleich in welcher Gestalt – meiden" (1. Thessalonicher 5,22). Was ist also das Problem mit diesen Zäunen? Sie mögen nur menschengemacht sein, aber dienen sie nicht trotzdem unserer Sicherheit? Vorsicht ist schließlich besser als Nachsicht!

Das Problem ist: Zäune geben uns nur eine Illusion von Sicherheit.

Erstens: Zäune sind längst nicht so stark, wie sie aussehen. Das Pärchen, das sich bis zur Hochzeit nicht küsst, um nicht unversehens zu weit zu gehen, könnte entdecken, dass es den ersten Schritt auch überspringen und direkt zur Sache kommen könnte.

Zweitens: Zäune betonen in der Regel Äußerlichkeiten und Verhaltensweisen, ohne die innere Haltung und die Motive eines Menschen zu prüfen. In vielen Gemeinden können Kindergottesdienstmitarbeiter wohl selbstgerecht, arrogant und streitsüchtig sein, Hauptsache, die Kinder sehen sie nie mit einem Kaugummi im Mund. Oder mit den Worten eines klassischen Songs meiner Jugend „Versteck das Bier, der Pastor ist hier ...“:

Im Herzen den Hass verbirgst du so gut,
doch der Atem verrät den Alkohol im Blut.

Und schließlich: Zäune geben uns nur eine illusorische Sicherheit, denn es gibt nicht nur eine Klippe, sondern zwei. Zäune können helfen, uns vom Abgrund der Sünde fernzuhalten, aber sie drängen uns damit näher an den Abgrund der Gesetzlichkeit. Wenn jemand sich wirklich strenge Regeln im Blick auf Kleidung, Unterhaltung und Getränke auferlegt, gerät er vielleicht nicht so rasch in Sünde mit zerstörerischen Folgen. Ein Abstinenzler wird nicht betrunken am Steuer sitzen. Aber er vergrößert zugleich das Risiko, in Gesetzlichkeit, Selbstgerechtigkeit, Stolz und Freudlosigkeit abzugleiten.

Der richtige Umgang mit Zäunen

Heißt das, Zäune sind schlecht? Nicht unbedingt. Ich hatte einmal Spätschicht bei Starbucks, zusammen mit dem Schichtleiter und einer unverheirateten Kollegin. Beim Aufräumen fragte mich die Kollegin: „Josh, könntest du mich heute Abend mit dem Auto mitnehmen?“ Die Frage brachte mich ein wenig in Verlegenheit, weil ich es mir zur Regel gemacht habe, mit keiner Frau, mit der ich nicht verwandt bin, allein zu sein, auch nicht für eine kurze Autofahrt.

Leider hatte sie sich aber mehr oder weniger darauf verlassen, dass ich sie mitnahm, und ich wollte auch nicht, dass sie im Dunkeln allein nach Hause laufen musste. Ich rief meine Frau an und erklärte ihr die Situation. Ich konnte nicht übersehen, dass mein Verhalten meine Kollegin völlig verblüffte (und verärgerte), aber das war mir egal. Ich habe diesen Zaun aufgerichtet, weil ich schon zu viele Pastoren erlebt habe, die in dieser Hinsicht Grenzen überschritten haben, und zu viel Leid für ihre Familien und Gemeinden, das daraus folgte.

Es sind nicht die Zäune an sich, die problematisch sind. Selbst der Apostel Paulus hat sie empfohlen: „Ich weiß, und Jesus, der Herr, bestätigt es mir, dass uns keine Speise von Gott trennt, weil sie unrein wäre. Wer aber etwas für unrein hält, für den ist es tatsächlich unrein" (Römer 14,14).

Das Problem entsteht da, wo wir Zäune für andere aufbauen. Zu glauben, dass jeder Christ die Gebote Gottes erfüllen soll, ist keine Gesetzlichkeit; aber wenn wir meinen, es müsse auch jeder die Sonderregeln beachten, die wir vielleicht für uns selbst aufgestellt haben, dann sind wir gesetzlich. Zäune können sehr wertvolle Hilfsmittel sein. Die Kunst besteht darin, sie so aufzustellen, dass sie uns von *einer* Klippe abhalten, ohne uns auf die *andere* zuzudrängen. Hier sind zwei Strategien, die mir dabei geholfen haben.

Erstens: Ich mache mir klar, dass meine Zäune nur für mich gelten. Sie sind aus meiner Situation heraus erwachsen, sie gelten meinen Schwächen und meiner persönlichen Geschichte. Ein Alkoholkranker sollte besser nicht in eine Kneipe gehen. Jemand, der mit sexueller Lust zu kämpfen hat, muss sehr diszipliniert mit seinem PC umgehen. Wir haben alle unsere Stärken und unsere Schwächen und genau deshalb sollten wir uns darauf beschränken, Zäune für uns selbst zu errichten.[55]

Zweitens: Bilden wir uns nichts ein – weder auf unsere Zäune noch darauf, dass wir glauben, wir bräuchten keine. Eine der größten Gefahren dieser Zäune liegt darin, dass sie uns zu dem Irrglauben verführen, sie machten uns zu den besseren Christen.

Paulus hatte sich mit dem Problem auseinanderzusetzen, was Christen essen dürfen und was nicht und wo in dieser Hinsicht der Zaun zu errichten sei:

Niemand sollte deswegen auf die verächtlich herabschauen, die bestimmte Speisen meiden. Diese wiederum dürfen niemanden verurteilen, weil er das Fleisch der Opfertiere isst. Denn Gott hat den einen wie den anderen in seine Gemeinschaft aufgenommen.

Du bist nicht der Herr deines Mitmenschen. Mit welchem Recht willst du ihn also verurteilen? Ob er im Glauben standfest bleibt oder ob er fällt, ist eine Sache zwischen ihm und Gott, seinem Herrn. Und er wird im Glauben festbleiben, denn der Herr hält ihn (Römer 14,3-4).

Im Kern sagt Paulus hier: Wer keinen Zaun braucht, sollte nicht auf andere herabsehen, die Zäune brauchen. Ich kenne viele Christen, die sich von anderen als „eng" verurteilt fühlen, weil sie bestimmte Filme meiden, keinen Alkohol trinken und Ähnliches. Auf der anderen Seite sollten Christen, die sich durch Zäune schützen, nicht abfällig über andere urteilen, die sich größere Freiheiten erlauben und keine Zäune brauchen.

Römer 14 bietet uns das beste Gegenmittel gegen Gesetzlichkeit: den Blick auf Jesus richten. „Ob er im Glauben standfest bleibt oder ob er fällt, ist eine Sache zwischen ihm und Gott, seinem Herrn." Hören wir auf, uns mit anderen zu vergleichen. Fangen wir lieber an, unsere eigene Beziehung zu Christus in den Blick zu nehmen. Es geht immer darum, dass wir uns an Jesus halten, uns von seinem Geist leiten lassen, seine Vergebung erbitten, wenn wir fallen. In einem Wort: Es geht immer um die Gnade.

Auf der anderen Seite der Gesetzlichkeit lauert die Gefahr der Verweltlichung. Wirst du nervös, wenn in der Predigt mal davon die Rede ist, dass wir die Welt hassen sollen? Ich schon, das weiß ich. Ich befürchte immer noch, dass wir dann alle unsere weltliche Musik verbrennen und den Fernseher aus dem Fenster werfen sollen. Ich weiß aber auch, dass Verweltlichung ein echtes Problem darstellt und dass die Bibel uns aufruft, die Welt zu hassen. Aber was genau heißt das eigentlich?

14

Zwischen Gesetzlichkeit und Verweltlichung, Teil 2

Wieder einmal saß ich am Drive-in-Schalter bei Starbucks, als eine wohlbekannte Stimme über mein Headset einen Frappuccino bestellte. Ich schaute auf den Videomonitor, ob es wirklich mein Freund war, und antwortete dann: „Bist du dir da sicher? Das ist eine echte Kalorienbombe." Die anderen Kollegen sahen mich schockiert an, aber ich fuhr fort: „Lass wenigstens die Schlagsahne weg."

Wir hörten, wie der Kunde langsam und bestimmt antwortete: „Nein, ich möchte ihn wirklich mit Schlagsahne."

Dann fuhr mein Freund vor. Er wirkte ein wenig verschnupft, aber als er mich hinter dem Schalter erblickte und das breite Grinsen auf meinem Gesicht wahrnahm, brach er in schallendes Lachen aus. Wir amüsierten uns so sehr, dass ich mir auch mit anderen Freunden ähnliche Späße erlaubte.

Natürlich nutzten wir die Headsets nicht nur rein geschäftlich. Wenn es ruhiger war, unterhielten wir uns mit den anderen Kollegen, zogen einander auf und redeten über alles und nichts. Unter den Kollegen gab es viele Nichtchristen und so waren die Gesprächsthemen nicht immer ganz … unproblematisch. Ich kann damit leben, wenn andere über den Glauben lästern, aber der ganze Tratsch und die gehässigen Bemerkungen über andere zerrten nach einer Weile an meinen Nerven. Aber ich konnte das Headset ja nicht einfach absetzen und war deshalb gezwungen, vieles mit anzuhören, worauf ich gern verzichtet hätte.

Was ich da hörte, mag noch harmlos gewesen sein verglichen mit dem, womit du dich täglich auseinandersetzen musst. Trotzdem fiel es mir nicht leicht zu entscheiden, wie ich reagieren sollte. Würde es herablassend klingen, wenn ich die anderen bat, mit dem Getratsche aufzuhören? Würde es meine Glaubwürdigkeit als Christ beeinträchtigen, wenn ich über einen wahnsinnig komischen, aber geschmacklosen Witz lachte? Wie sauber mussten meine eigenen Witze sein? Ich glaube, kein Christ möchte als sauertöpfischer und besserwisserischer Mensch gelten, der nicht über einen guten Witz lachen kann. Aber ab welcher Grenze sind wir in Gefahr, uns der Welt gleichzumachen?

Die Welt lieben

Meine Grams (Großmutter Kelley) wuchs in den 1930er-Jahren in einer konservativen Pfingstgemeinde auf. Sie hat mir erzählt, dass sie einmal fast aus ihrer Bibelgruppe herausgeflogen wäre, weil sie ins Kino gegangen war. Das Problem war nicht der Film, den sie sich angesehen hatte – überhaupt ins Kino zu gehen, war tabu. Wenn ich mich richtig erinnere, mag es auch noch etwas damit zu tun gehabt haben, dass sie Lippenstift aufgelegt hatte. Überrascht es da, dass für mich „die Welt hassen" erst einmal gleichbedeutend war mit „nicht ins Kino gehen" und „keinen Lippenstift tragen"? (Nicht dass ich je in Versuchung gewesen wäre, Lippenstift zu tragen.)

Heute höre ich viele Predigten über Gesetzlichkeit, aber wenige über Verweltlichung, und ich selbst scheue mich auch, über die Gefahren der Liebe zur Welt zu predigen, aus Angst, ich könnte gesetzlich wirken. Aber inzwischen habe ich verstanden, dass die beste Reaktion auf ein Extrem nicht das andere Extrem ist. Die beste Reaktion ist Balance. Und außerdem: Wenn wir glauben, dass Gottes Gebote dazu da sind, dass wir die Freude finden, dann können wir alles, was er über Verweltlichung zu sagen hat, mit der Erwartung betrachten, dass es uns zu größerer Freude führen wird, nicht zu weniger.

Die Liebe zur Welt ist eine reale Macht und die Bibel drückt sich diesbezüglich unmissverständlich aus. „Ihr Treulosen! Ist euch denn nicht klar, dass Freundschaft mit der Welt zugleich Feindschaft mit Gott bedeutet? Wer also ein Freund dieser Welt sein will, der wird zum Feind Gottes" (Jakobus 4,4).

Für „Treulose" steht im griechischen Original das Wort „Ehebrecher". Der Ausdruck erinnert an das alttestamentliche Bild von Gott als einem zu Recht eifersüchtigen Ehemann. Altes wie Neues Testament sagen uns, dass Gott nicht an einer offenen Beziehung interessiert ist. Wir müssen wählen zwischen Gott und der Welt. Er will uns nicht mit anderen Liebhabern teilen.

Es ist klar, dass wir die Welt hassen sollen, aber das Problem entsteht, wenn wir nicht genau bestimmen, was wir mit *die Welt* meinen. Wir müssen diesen Begriff also klarer definieren, denn wenn wir hier nicht sorgfältig sind, kann das dazu führen, dass wir am Ende die falsche Welt hassen.

Erst gestern habe ich einen recht bekannten Pastor gehört, der eine Mahnrede an „Christen, die sich auf die heutige Kultur und Gesellschaft einlassen wollen" hielt und sich dabei auf 2. Timotheus 4,10 bezog: „Demas hat mich im Stich gelassen … weil ihm die Dinge dieser Welt wichtiger waren." Dieser Pastor warnte davor, die Dinge dieser Welt zu sehr zu lieben und darüber Jesus zu vergessen. Seine Botschaft war entweder ein biblischer Weckruf an eine allzu laue Christenheit oder ein unbiblischer Aufruf zu einer extremen Form des Glaubens. Aber ich bin mir nicht sicher, was es nun war. Warum nicht? Weil er nicht genau definiert hat, über welche Welt er sprach.

Die Bibel redet häufig von der Welt (griechisch *kosmos*). Aber der Ausdruck meint nicht in jedem Fall dasselbe. Hat dir schon mal jemand erzählt, dass Griechisch eine wunderbar präzise Sprache ist? Dein Pastor vielleicht? Das ist ein Mythos, den wir gern weitererzählen, um unseren Predigten größere Autorität zu verleihen. Griechisch kann mindestens so mehrdeutig sein wie Englisch oder Deutsch, eher noch mehr. Im Griechischen wie im Englischen und Deutschen haben viele Wörter eine doppelte, dreifache oder noch vielschichtigere Bedeutung.

Und so verwendet auch die Bibel den Begriff *die Welt* unterschiedlich. Das Bedeutungsspektrum reicht von „die Schöpfung, die Erde, die Kultur, die Dinge dieses Lebens (z. B. Nahrung und Kleidung)" bis zu „die Menschen". In einer weiteren Bedeutung bezeichnet *die Welt* den Herrschaftsbereich Satans, der Gott feindlich gegenübersteht.[56] Die Bibel kann also einerseits sagen: „So sehr hat Gott die Welt geliebt" (Johannes 3,16), und andererseits gebieten: „Liebt nicht diese Welt, und hängt euer Herz nicht an irgendetwas, das zu dieser Welt gehört" (1. Johannes 2,15).

Wie können wir wissen, welche der Bedeutungen von *Welt* ein Bibelvers meint? Wie in anderen Sprachen auch, ergibt sich die Antwort gewöhnlich aus dem Kontext.

Liebt nicht diese Welt, und hängt euer Herz nicht an irgendetwas, das zu dieser Welt gehört. Denn wer die Welt liebt, kann nicht zugleich Gott, den Vater, lieben. Was gehört nun zum Wesen dieser Welt? Selbstsüchtige Wünsche, die Gier nach allem, was einem ins Auge fällt, Selbstgefälligkeit und Hochmut. All dies kommt nicht von Gott, unserem Vater, sondern gehört zur Welt (1. Johannes 2,15-16).

Johannes redet hier nicht davon, dass wir unsere Kultur, Cheeseburger, Musik, Witze oder Kleidung hassen sollen. „Irgendetwas, das zu dieser Welt gehört" meint hier „selbstsüchtige Wünsche, die Gier nach allem, was einem ins Auge fällt" und was sonst noch genannt wird. Wir werden davor gewarnt, uns zu sehr an die Dinge dieses Lebens zu binden, denn „diese Welt mit allem, was wir haben, wird bald vergehen" (1. Korinther 7,31). Aber die Dinge dieser Welt sind in keiner Weise schlecht.[57]

All diese Dinge gibt Gott uns gern (zur rechten Zeit und auf die rechte Weise) als Geschenke eines liebenden Vaters. Aber was er nicht unterstützen wird, sind unsere Loyalität und Treue zu falschen Göttern und unsere fehlgelenkten Begierden, die ihm seinen Platz streitig machen wollen.

Verweltlichung oder „weltlich gesinnt sein" bedeutet, dass wir unser Herz an Überzeugungen, Prioritäten und geistliche Mächte hängen, die Gott entgegenstehen. (Im Interesse der Klarheit werde ich die Worte *Welt*, *weltlich* und *Verweltlichung* nur für den Bereich verwenden, der Gott entgegensteht.) Solange wir auf diesem Planeten leben und von dieser Art von *Welt* umgeben sind, werden wir immer wieder erleben, dass unsere Seele eine Neigung verspürt, Christus untreu zu werden. Wenn wir ihm treu bleiben wollen, erfordert das unsere ständige Aufmerksamkeit und die Hilfe des Heiligen Geistes.

Der Punkt ist: Jedes Mal, wenn wir das Wort *Welt* in der Bibel lesen, müssen wir uns klarmachen, welche Bedeutung es an dieser Stelle hat. Wenn wir radikal normal sein wollen, müssen wir lernen, uns an den irdischen Dingen zu freuen, aber die Welt zu hassen. Ein extremer Glaube meidet irdische Dinge aus Angst vor Verweltlichung. Ein lauer Glaube liebt sowohl irdische als auch weltliche Dinge, ohne zwischen beiden zu unterscheiden.

Das Gute im Schlechten entdecken

Wie also unterscheiden wir zwischen irdischen und weltlichen Dingen? In Kapitel 13 habe ich schon erwähnt, dass wir „das Böse – ganz gleich in welcher Gestalt – meiden" sollen. In einer früheren Ausgabe der Lutherbibel von 1918 lautet die Übersetzung: „Meidet allen bösen Schein." Bedeutet radikaler Gehorsam also, dass wir nicht nur die Sünde, sondern auch alles meiden, was nach Sünde aussieht? Eine neuere Übersetzung hilft uns da weiter:

Lasst den Geist Gottes ungehindert wirken! Wenn jemand unter euch in Gottes Auftrag prophetisch redet, so weist ihn nicht ab. Prüft alles, und behaltet das Gute! Das Böse aber – ganz gleich in welcher Form – sollt ihr meiden (1. Thessalonicher 5,19-22).

Es ist ein ziemlicher Unterschied, ob wir das Böse in jeder Form meiden oder ob wir alles meiden, was dem Anschein nach böse ist. Wenn man es genau bedenkt, hat Jesus eine Menge Dinge getan, die den Pharisäern als Sünde erschienen (am Sabbat zu heilen und mit Sündern am Tisch zu sitzen beispielsweise, um nur einiges zu nennen). Aber er hat nie gesündigt.

Bei Paulus finden wir einen moderaten Ansatz: Nehmt nicht alles kritiklos an, aber verwerft auch nicht alles. Prüft es lieber, und beurteilt es sorgfältig. Paulus spricht hier im Besonderen über die Prophetie, aber das Prinzip lässt sich in fast allen Lebensbereichen anwenden. Wenn wir sagen, man solle „das Kind nicht mit dem Bade ausschütten", meinen wir damit in etwa dasselbe. Biblischer Glaube geht davon aus, dass alles gut ist, es sei denn, Gott erklärt es für schlecht. „Denn alles, was Gott geschaffen hat, ist gut; und nichts ist schlecht, für das wir Gott danken. Durch das Wort Gottes und das Gebet wird alles rein; nichts kann uns da von Gott trennen" (1. Timotheus 4,4-5).

Wenn etwas Sünde ist, meiden wir es. Ist es das nicht, können wir es akzeptieren, genießen und Gott im Gebet dafür danken. Es wäre natürlich viel einfacher, das Gute anzunehmen und das Böse zu verwerfen, wenn alles sich fein säuberlich in diese Kategorien einordnen ließe. Aber seit dem Sündenfall hat die Sünde jeden Winkel dieser Welt infiziert und deswegen müssen wir alles sorgfältig prüfen. Als Beispiel dafür, wie wir das lernen können, wollen wir uns den Umgang mit einer Sache anschauen, die extrem weltlich sein kann. Unterhaltung.

Schauen wir uns gut an, was wir uns anschauen

In meinem ersten Jahr am Bibelseminar durften wir Studenten keinen Fernseher im eigenen Zimmer haben und so war der Fernseher im Gemeinschaftsraum ziemlich beliebt. Eines Abends saßen ein paar von uns zusammen und schauten *Die Simpsons*, als ein älterer und natürlich reiferer Student hereinkam. In dem Moment lief gerade eine wirklich witzige, aber auch recht respektlose Szene und ich lachte ungehemmt los. Der Ältere fuhr herum und sagte: „Würdest du auch darüber lachen, wenn dein Pastor hier wäre?"

„Du kennst meinen Pastor nicht", dachte ich, traute mich aber nicht, es auch laut zu sagen. Stattdessen zuckte ich einfach mit den Achseln und er stürmte davon und murmelte irgendetwas von Verweltlichung.

Als ich klein war, hatte meine Familie einen Fernseher, aber es gab noch keinen Kabelanschluss. Wir konnten also nur das sehen, was unsere Zimmerantenne auffing. Aber auch bei dieser begrenzten Auswahl an Sendern hatten meine Eltern noch eine Liste mit den Sendungen erstellt, die wir nicht sehen durften, zum Beispiel *He-Man* und *Die Schlümpfe*. Über diese Liste habe ich mich lange lustig gemacht, bis ich selbst Töchter hatte und mitbekam, was für Sachen ein paar Freunde von Grace und Sarah sich ansehen. Ich frage mich, ob meine Töchter einmal über mich lachen werden, weil ich ihnen nicht erlaube, *Bratz* zu sehen. Ich habe inzwischen mehr Respekt vor den Herausforderungen, vor denen meine Eltern standen, als sie versuchten, uns vor der Welt zu beschützen, ohne gesetzlich zu sein.

Zu Zeiten meiner Großeltern waren, wie schon erwähnt, Filme überhaupt für viele Christen tabu. Als ich geboren wurde, fanden viele es in Ordnung, sich Filme ohne derbe Sprache, Sex, Gewalt oder Drogen anzusehen. Filme, die irgendetwas davon enthielten, waren für Christen undenkbar; es wäre ein Skandal gewesen, hätte sich jemand einen solchen Film angesehen. Heute beziehen sich Prediger schon fast routinemäßig auf Filme letzterer Art und verwenden sie als Predigtillustration. So gern ich das alte Kinoverbot als überholte Gesetzlichkeit vom Tisch wischen würde, so sehr lässt mich Philipper 4,8 zögern. „Schließlich, meine lieben Brüder und Schwestern, orientiert euch an dem, was wahrhaftig, gut und gerecht, was redlich und liebenswert ist und einen guten Ruf hat, an dem, was auch bei euren Mitmenschen als Tugend gilt und Lob verdient."

Ich müsste schon lange nachdenken, um einen Film nennen zu können, der ausschließlich „wahrhaftig, gut und gerecht, redlich und liebenswert" ist. Ist also eine Dosis Welt, egal wie klein, wie ein Tropfen Gift, der das ganze Glas Milch vergiftet? Bedeutet eine Sexszene, dass der ganze Film nicht infrage kommt? Oder kann eine wertvolle Gesamtbotschaft jede Dosis von Unmoral ausgleichen? Wo finden wir Antworten auf derartige Fragen? (Die Lieblingsfilme der Apostel sind uns leider nur lückenhaft überliefert.)

Zu Paulus' Zeiten waren Theater und Sportwettkämpfe die beliebtesten Formen der Unterhaltung. Aber viele Juden und auch Christen mieden diese Veranstaltungen wegen ihrer Sittenlosigkeit und Brutalität. Sportveranstaltungen waren häufig heidnischen Göttern gewidmet und die Sportler waren unbekleidet. Das antike Theater war voller sexueller Anspielungen und derbem Humor. Diese Form der Unterhaltung stellte für die Christen des Altertums eine ähnliche Herausforderung dar wie die moderne Unterhaltungsindustrie für uns.

Was, meinst du, hätte Paulus wohl zu Sport und Theater in seiner Zeit gesagt? Wir lesen nichts davon, dass er die Christen ermahnt hätte, Theaterspiele oder Sportwettkämpfe zu meiden. Stattdessen verwendet er mehr Vergleiche aus dem Sport als etwa ich und zitiert sogar aus einem heidnischen Stück.[58] Wäre er der Meinung gewesen, seine Leser sollten entsprechenden Veranstaltungen grundsätzlich fernbleiben, hätte er das leicht sagen können. Stattdessen suchte er auch hier nach dem Guten und nach Aspekten, die wertvoll waren.

Was besagt Philipper 4,8 in dieser Beziehung? Bedeutet dieser Rat nicht, dass die frühen Christen Theatern und Sportarenen fernbleiben sollten? Genau genommen ist dieser Vers ein Beispiel dafür, was es heißt, alles zu prüfen und das Gute zu behalten. Etliche griechische Wörter, die Paulus hier verwendet, weisen darauf hin, dass er dabei auf heidnische Philosophie Bezug nimmt.

Höchstwahrscheinlich erkennt der Apostel hier an, dass am heidnischen Leben und an der heidnischen Moral durchaus auch etwas Gutes zu finden ist. Und er möchte seinen Freunden nahelegen, sich dieser Tatsache nicht zu verschließen oder sie zu leugnen. Vielmehr bittet er sie, alles Gute, das sich in der natürlichen Moralität erkennen lässt, wahrzunehmen und in ihrem eigenen Leben Gestalt gewinnen zu lassen und die einfachen, aber grundlegenden Wahrheiten zu beachten, auch wenn sie diese aus heidnischen Quellen schöpfen. Justin der Märtyrer hat es ein Jahrhundert später so formuliert: „Die Wahrheit, die die Menschen in allen Völkern zu Recht verkünden, gehört uns ebenfalls" (2. Apologie 2,13).[59]

Paulus sagt also in Philipper 4,8 so ziemlich das Gegenteil dessen, was ich früher glaubte. „Orientiert euch daran, was …" heißt nicht: „Schaut euch auf keinen Fall etwas an, das Böse sein könnte."[60] Vielmehr möchte der Apostel, dass wir seinem Beispiel folgen und lernen, das Gute, Gerechte und Tugendhafte zu erkennen und daraus Nutzen zu ziehen, selbst wenn wir es an unwahrscheinlichen Orten entdecken.

Damit meine ich nicht, Christen sollten sich bedenkenlos alles und jedes ansehen, solange sie irgendetwas Positives darin entdecken können. Viele Filme sind heute so weltlich, dass der Versuch, etwas Gutes darin zu entdecken, einem Gang durch ein Brennnesselfeld gleicht, in dem man einen Weizenhalm zu finden hofft. Wählen wir also sorgfältig aus, mit was für Stoff wir unsere Seele und unseren Geist füllen.

Was ich dir jetzt rate, ist wichtiger als alles andere: Achte auf deine Gedanken und Gefühle, denn sie beeinflussen dein ganzes Leben! Verbreite keine Lügen, vermeide jede Art von Falschheit (Sprüche 4,23-24).

Nehmen wir also das biblische Prinzip, alles zu prüfen, das Gute zu behalten und das Schlechte zu verwerfen (2. Thessalonicher 5,19-22) und wenden wir es auch auf andere Lebensbereiche an: was wir uns im Fernsehen ansehen, welche Musik wir hören, welche Spiele wir spielen und welche Bücher wir lesen. Finden wir darin etwas Gutes, Aufbauendes, Wertvolles? Haben sie irgendetwas an sich, was sie als nützlich qualifiziert? Welchen Nachgeschmack hinterlassen sie in unserer Seele?

Niemand kann für einen anderen eine genaue Liste mit Dingen aufstellen, denen wir Zutritt zu unserem Herzen erlauben oder verbieten sollten. Ein radikal normaler Christ wird sich gut überlegen, welche Filme er sich ansieht (aufgrund ihres Inhalts, nicht unbedingt danach, wie der Film eingestuft ist), und sich dann auch damit auseinandersetzen, was daran gut und was weltlich ist. Ein solcher Umgang mit der Medienwelt scheint mir viel mehr Nutzen zu bringen, als wenn wir gedankenlos alles ansehen, was das Fernsehen uns bietet, solange darin nicht geflucht wird.

Einen Gedanken will ich noch anschließen. Wir sollten uns auch klarmachen, wie viel Zeit wir mit Unterhaltungsmedien verbringen. Ich habe kürzlich ein Gespräch zwischen zwei Frauen mit angehört. Eine erzählte, dass der Film, den sie sich geliehen hatte, den Dollar Leihgebühr nicht wert gewesen sei, und dann lachte sie: „Aber wen kümmert schon ein Dollar?" In meinen Augen hat sie viel mehr verschwendet als nur einen Dollar. Sie hat ein paar Stunden ihres Lebens verschwendet. Wenn du oder ich ein paar der bedeutenden Dinge bewerkstelligen wollen, von denen Kapitel 5 spricht, dann müssen wir vielleicht ein wenig sorgfältiger mit unserer Zeit umgehen.

Nicht einfach. Aber gut.

Wenn ich auf das vorige Kapitel zurückschaue, scheint mir, Gesetzlichkeit ist deswegen so verbreitet, weil eine gesetzliche Glaubenspraxis leichter erscheint als die Aufgabe, gut zu unterschieden, was weltlich und was irdisch ist. Gesetzlichkeit ist nicht besser und bringt uns auch nicht mehr Lebensfreude, aber sie macht es uns leichter. Wenn wir nur eine Liste befolgen müssen, die jemand für uns aufgestellt hat, können wir uns sicher und geborgen fühlen. Und auch die Weltlichkeit ist einfach – wir nehmen einfach mit, was die Welt (in ihrem negativen Sinn) zu bieten hat, ohne uns allzu viele Gedanken zu machen. Wir haben unseren Spaß … jedenfalls so lange, bis wir die Konsequenzen zu spüren bekommen. Und außerdem ist es einfacher, sich über die engen, gesetzlichen Christen zu mokieren, als sich selbst um ein glaubwürdiges Leben zu bemühen.

Die Extreme – Gesetzlichkeit oder Verweltlichung – zu leben mag leichter sein, aber in beiden Fällen stürzen wir von der Klippe. Wir verlieren Gott und landen im Unglück. Die Gesetzlichkeit plagt uns mit der Frage, ob wir je genug getan haben. Die Verweltlichung schneidet uns von der Quelle der Freude ab. Nicht so einfach ist es dagegen, auf dem schmalen Grat zwischen beidem zu balancieren und uns auf die Gnade zu verlassen. Nicht einfach. Aber gut.

Bis hierher bin ich von der Annahme ausgegangen, dass das Leben im Allgemeinen recht erfreulich verläuft (wenn wir es uns nicht gerade durch irgendeine Sünde selbst verderben). Aber was, wenn die Dinge nicht mehr rund laufen? Wie geht ein radikal normaler Christ mit Schmerz und Leid um?

15

Leid, das Früchte trägt

Als ich anfing, bei Starbucks zu arbeiten, habe ich gegenüber der Filialleiterin sehr deutlich gemacht, dass meine Gemeinde für mich Priorität
hat. Am Sonntagmorgen zu arbeiten, käme nicht infrage. Corri war sehr
verständnisvoll und flexibel und wir hatten kaum jemals Konflikte wegen
der Arbeitszeiten. Aber meine Prioritäten waren auch der Grund, wes-
halb ich nie ins Management gehen konnte. Die Gemeinde musste die
Hauptsache in meinem Leben bleiben.

Nachdem ich die wichtigsten Routinehandgriffe gelernt und Gott
meine problematische Einstellung zu diesem Job geradegerückt hatte,
entdeckte ich, dass mir dieser Job sogar Spaß machte – vielleicht sogar
zu viel. Einen misslungenen Latte noch mal zu machen, war leichter, als
eine Predigt zurückzunehmen, die sogar meine Mutter zum Einschlafen
gebracht hatte. Probleme bei Starbucks blieben bei Starbucks, aber die
Gemeindeprobleme begleiteten mich auf Schritt und Tritt.

Im selben Maß, wie die Probleme in der Gemeinde wuchsen, wurde
es auch leichter, mich tiefer in meinen Zweitjob zu stürzen. Dabei ge-
riet mein Entschluss, keinen leitenden Posten anzunehmen, ins Wanken.
Dann kam der Tag, an dem Corri mich fragte, ob ich eine Beförderung
in Erwägung ziehen würde. Sie verstand, dass die Gemeinde immer noch
an erster Stelle stehen würde, und sie war bereit, meine Arbeitszeiten
entsprechend zu gestalten. Auch ich konnte jede Menge Gründe auf den

Tisch legen, warum eine Beförderung auch für die Gemeinde gut wäre, und so nahm ich ihr Angebot an. Irgendetwas tief in mir wusste, dass die neue Aufgabe unweigerlich mehr Energie und Herzblut von der Gemeinde abziehen würde, aber ich überzeugte zunächst mich selbst und dann auch mein Leitungsteam, dass das nicht geschehen würde. Habe ich recht behalten? Ich hatte keine Gelegenheit, das herauszufinden. Kurz nachdem sie mir die Stelle angeboten hatte, kündigte Corri aus gesundheitlichen Gründen und im anschließenden Übergangschaos fiel meine Beförderung unter den Tisch.

Gottes Wege sind manchmal seltsam. Nachdem mir zuerst eine Beförderung in Aussicht gestellt und dann wieder gestrichen worden war, erlitt meine Zufriedenheit mit meinem Job bei Starbucks deutliche Einbußen. Zuerst war es mir nicht bewusst, aber Gott bereitete mich darauf vor, in den hauptamtlichen Dienst zurückzukehren. Er sprach zu mir – durch meine Tochter.

Das Härteste an meinem Job bei Starbucks war, dass er so viel Zeit beanspruchte, die mir für meine Familie fehlte. Wenn ich morgens zur Arbeit fortging, zog Sarah immer an meinem Mantel, um zu sehen, was für ein Hemd ich trug. Ein schwarzes Hemd bedeutete, dass ich an diesem Abend bei Starbucks arbeitete und dass sie mich erst am nächsten Morgen wiedersehen würde. Dann jammerte sie herum. Ich erklärte ihr immer wieder, dass wir dankbar sein müssten, dass ich diesen Job hatte, aber sie ließ sich nicht von ihrem Verhalten abbringen.

Kurz bevor Gott mich wieder in den Vollzeitdienst zurückrief, fragte mich ein Kollege, ob ich die Schicht mit ihm tauschen könnte. Ich stimmte bereitwillig zu, denn auf diese Weise würde ich früher nach Hause kommen und Sarah und Grace noch mit zu Bett bringen können. Ich beeilte mich mit meinen letzten Aufgaben in der Hoffnung, ein paar Minuten mehr mit meinen Töchtern herausschinden zu können. Als ich nach Hause kam, erwartete mich ein dunkles, schweigendes Heim. Keine Töchter, die die Treppe herabstürmten, um sich mir in die Arme zu werfen; keine Ehefrau, die mich liebevoll begrüßte.

Ich stolperte die Treppe hinauf und fand alle drei bereits im Tiefschlaf, erschöpft von einem langen Tag ohne mich. Während ich in Graces und Sarahs Zimmer stand und meine schlafenden Töchter betrachtete, wäre ich fast durchgedreht. Ich sagte Gott, ich könne so nicht mehr weitermachen. Meine Familie fehlte mir zu sehr. Es war einfach zu schwer.

Das war mein dunkelster Tag während der Starbucks-Zeit.

Besser als Lachen

Erst heute verstehe ich, was Gott im Schilde führte: Er stupste mich aus meinem Job bei Starbucks heraus. Es war nichts Schlimmes daran, dort zu arbeiten. Ich glaube noch immer nicht, dass Pastor sein eine höhere Berufung ist als Barista sein, aber Pastor sein ist *meine* Berufung. In dem Bemühen, den Schmerz zu vermeiden, den es mir bereitete, eine schrumpfende Gemeinde zu leiten, hatte ich mein Herz an etwas gehängt, das es nicht ausfüllen konnte.

Ein paar Jahre früher, als ich meine Nachforschungen zur Freude in der Bibel machte, hatte mir ein Abschnitt wirklich Rätsel aufgegeben.

Geh lieber in ein Haus, wo man trauert, als dorthin, wo gefeiert wird. Denn im Trauerhaus wird man daran erinnert, dass der Tod auf jeden Menschen wartet. Leid ist besser als Lachen, Trauer verändert den Menschen zum Guten. Der Weise geht dorthin, wo man trauert, aber der Unverständige liebt den Ort, wo gefeiert wird (Prediger 7,2-4).

Leid ist besser als Lachen? Das schien allem zu widersprechen, was die Bibel ansonsten über Freude und Glück zu sagen hat. Aber jener dunkle Abend, als ich im Schlafzimmer meiner Töchter stand, und noch ein paar andere ähnliche Erfahrungen halfen mir, diese Verse zu verstehen. Manche Dinge lernen wir nur durch Kummer und Schmerz. Als ich darüber nachdachte, wurde mir klar, dass die größten Fortschritte in meinem Leben eine Folge von erlittenem Schmerz gewesen sind, egal, was dieses

Leiden verursacht hatte – eine eigene Sünde, die Sünde von anderen oder einfach nur das Leben, wie es eben kam.

Wie jeder andere befinde auch ich mich immer noch in einem Entwicklungsprozess. Jetzt, wo ich diese Zeilen schreibe, stehe ich am Ende einer neuen Herausforderung – der größten, die mir in meinem Gemeindedienst bisher begegnet ist. Ich möchte so etwas nicht noch einmal erleben, aber ohne diese Erfahrung wäre ich nicht der Mensch, der ich bin. Deshalb würde ich sie um nichts in der Welt missen wollen.

> Der Versuch, Leid und Schmerz zu vermeiden, wird uns letztlich auf unserem weiteren Weg um mehr Freude bringen.

Endlich verstehe ich, was der Prediger hier sagt. Wenn wir verzweifelt versuchen, immer und jederzeit glücklich und gut drauf zu sein, täuschen wir uns nicht nur über die Wirklichkeit, sondern wir benehmen uns auch töricht. Der Versuch, Leid und Schmerz zu vermeiden, wird uns letztlich auf unserem weiteren Weg um mehr Freude bringen.

Lieder für ein trauriges Herz

Vor vielen Jahren verstarb meine Großmutter Andrade unerwartet. Unsere Gefühle bei der Beerdigung waren eine Mischung aus Schock, Trauer und Zorn. Beim anschließenden Kaffeetrinken versuchte die Pastorin, ein paar Angehörige zu trösten, indem sie in einer Ecke mit ihnen Lobpreislieder sang. Die Gedanken, die ich damals ihr gegenüber hegte, waren – gelinde gesagt – alles andere als brüderlich. Dabei kam mir ein Vers aus den Sprüchen in den Kopf: „Für einen Traurigen Lieder zu singen ist so unsinnig, als würde man im Winter den Mantel ausziehen oder Salz in eine Wunde streuen" (Sprüche 25,20).

Großmutters Tod war ein schreckliches, schmerzhaftes Unglück. Eine andere Wirklichkeit gab es für mich an jenem Tag nicht. Wir würden den Schmerz irgendwann überwinden, aber in diesem Moment war die Zeit zu trauern. Was ich sagen möchte: Wenn du gerade mitten in einer

Phase von Trauer oder Leid steckst und dieses Kapitel auf dich wirkt wie ein Lied, das man einem traurigen Menschen vorsingt, dann tut mir das wirklich leid. Vielleicht wäre es das Beste, wenn du es erst einmal überspringst.

Ich möchte betonen: Leiden ist nicht leicht. Manchmal ist Leid fruchtbar, manchmal bleibt es nur schmerzlich. Manches Leid streift uns nur leicht, an manchem zerbrechen wir. Manchmal ist Leid selbst verschuldet, manchmal trifft es die Unschuldigen. Manche Menschen haben ein einigermaßen leidfreies Leben, andere müssen große Schwierigkeiten und Härten bewältigen. Ich behaupte nicht, dass meine Leiderfahrungen sich mit deinen messen können. In diesem Kapitel geht es mir nicht darum zu erklären, warum uns schlimme Dinge zustoßen – damit haben sich andere Bücher beschäftigt. Ich möchte von der Grundannahme ausgehen, dass Gott, der ja gut ist, das Leid zulässt. Und dann möchte ich weiterfragen (auch wenn das vielleicht merkwürdig erscheinen mag): Wie kann Gott das Leid so nutzen, dass es unsere Freude vermehrt?

Der Meisterweber

Mir ist es ein Anliegen, Hilfestellungen anzubieten, wie wir aus unseren leidvollen Erfahrungen am besten etwas Gutes ziehen können. Denn niemand von uns wird vom Leid verschont. Aber die Verheißung, die ich in Römer 8,28 lese, ist die: Kein Schmerz muss umsonst sein.

Das eine aber wissen wir: Wer Gott liebt, dem dient alles, was geschieht, zum Guten. Dies gilt für alle, die Gott nach seinem Plan und Willen zum neuen Leben erwählt hat. Wen Gott nämlich auserwählt hat, der ist nach seinem Willen auch dazu bestimmt, seinem Sohn ähnlich zu werden, damit dieser der Erste ist unter vielen Brüdern und Schwestern. Und wen Gott dafür bestimmt hat, den hat er auch in seine Gemeinschaft berufen; wen er aber berufen hat, den hat er auch von seiner Schuld befreit. Und wen er von seiner Schuld befreit hat, der hat schon im Glauben Anteil an seiner Herrlichkeit (Römer 8,28-30).

Dieser Abschnitt aus dem Römerbrief ist bekannt und gelegentlich wird er falsch ausgelegt im Sinne von: Alles, was geschieht, ist gut. Das ist Unsinn. Die Welt ist voll von Schmerz, Sorgen und Bosheit. Diese Dinge sind nicht gut. Jesus weinte am Grab von Lazarus, weil er wusste: Der Tod ist das Eindringen des Bösen in die gute Welt, die Gott geschaffen hatte (Johannes 11,33-37).[61]

Was dieser Abschnitt aber sagt, ist Folgendes: Auch all diese nicht guten Dinge kann Gott in etwas Gutes verwandeln. Die folgenden Worte von C. S. Lewis haben mir viel Trost und ein neues Verständnis geschenkt:

[Die Sterblichen] sagen über irgendein zeitliches Leiden: „Keine zukünftige Seligkeit kann mich dafür entschädigen" – und ahnen nicht, dass der Himmel, wenn sie ihn einmal erlangt haben, zurückwirken und selbst jene Qualen in Herrlichkeit verwandeln wird.

Und von irgendeinem sündhaften Vergnügen sagen sie: „Lass mich nur das haben, und ich nehme die Konsequenzen auf mich"; dabei lassen sie sich nicht träumen, wie die Verdammung sich immer weiter rückwärts in ihre Vergangenheit ausbreiten und ihnen selbst die Lust an ihrer Sünde vergällen wird.

Beide Vorgänge beginnen schon vor dem Tod. Die Vergangenheit eines guten Menschen beginnt sich zu verändern, sodass seine vergebenen Sünden und erinnerten Kümmernisse die Beschaffenheit des Himmels annehmen; die Vergangenheit eines bösen Menschen gleicht sich schon jetzt seiner Bosheit an und ist nur mit Trübsal angefüllt. Und darum werden am Ende aller Dinge, wenn hier die Sonne aufgeht und dort unten das Zwielicht in die Dunkelheit übergeht, die Seligen sagen: „Wir haben nie woanders gelebt als im Himmel", und die Verlorenen: „Wir waren immer in der Hölle."
Und beide werden die Wahrheit sagen.[62]

Diskussionen über Römer 8,28-30 geraten allzu oft auf Irrwege und verlieren sich in Streitigkeiten über Prädestination und freien Willen. Ich denke, das geht am Wesentlichen vorbei. Paulus schrieb diese Worte, um uns zu ermutigen: Gott schreibt die Geschichte unseres Lebens und er weiß, wie sie enden wird. Er weiß, dass unsere Geschichte keine Tragödie ist. Er weiß, dass sie gut ausgeht. Deswegen können wir sicher sein, dass jede einzelne Szene diesem Ziel dienen wird. Er ist der Meisterweber, der die hellen und die dunklen Fäden so in ein Muster zusammenwebt, dass sie ein erstaunliches Bild ergeben. Paulus will nicht sagen, dass Leiden an sich gut ist, sondern dass Gott unser Leiden in etwas Schönes verwandeln wird, wenn wir in Christus leben.

> Gott ist der Meisterweber, der die hellen und die dunklen Fäden so in ein Muster zusammenwebt, dass sie ein erstaunliches Bild ergeben.

Wachstumsschmerzen

Als ich bei Starbucks anfing, drückte man mir ein Exemplar von *Onward* von Howard Schultz, dem Starbucks-Firmenchef, in die Hand. Eine entscheidende Lektion in dem Buch besagt, dass Erfolg darüber hinwegtäuschen kann, dass das Fundament Risse hat. In einer Boomphase machten Hunderte von Starbuck-Filialen Verluste, die Lieferkette war zu umständlich und ineffizient, und Millionenbeträge wurden verschwendet. Aber es fiel niemandem auf, weil die Kette so viel Geld verdiente. Dann gab es eine Rezession und man musste entweder solide wirtschaften oder man riskierte, aufgekauft zu werden. So wurden endlich die schmerzhaften Entscheidungen getroffen, die schon Jahre früher nötig gewesen wären. Hätte man dieselben Veränderungen auch in der Erfolgsphase vornehmen können? Theoretisch ja. Praktisch nein.

Auch wir, du und ich, lernen manche Dinge nur dadurch, dass nicht alles glattläuft. Wenn du das nächste Mal in leidvolle Situationen gerätst, schau nicht nur auf die Symptome. Frag Gott, ob du dich vielleicht um

Risse im Fundament kümmern musst. Wir müssen nicht von vornherein davon ausgehen, dass es unser eigener Fehler ist, wenn wir in Leid geraten, aber wir sollten es auch nicht ausschließen. Suchen wir uns gute Berater – und nicht nur die Meinung von Freunden, denen daran liegt, dass wir uns so schnell wie möglich wieder besser fühlen. Auch wenn wir unsere leidvolle Situation nicht selbst verschuldet haben, können wir wichtige Lektionen daraus lernen.

Leider versuchen wir gewöhnlich, diesen Prozess abzukürzen, indem wir unseren Schmerz betäuben. Wir nehmen noch einen Drink, stürzen uns in die nächste Beziehung oder schalten den Fernseher nicht mehr aus. Aber indem wir versuchen, den Schmerz zu vermeiden, verlängern wir ihn oft nur. Ich habe in meinem Umfeld viele Scheidungen miterlebt. Dabei ist mir aufgefallen, dass die verlassenen Partner einem unheilvollen Trend folgen: Sie mögen zunächst geistlich und bestmöglich auf die Scheidung reagiert haben, aber später haben sie sehr häufig zerstörerische und wenig geistliche Dinge getan. Viele stürzen sich in ungute Beziehungen, die vorhersagbar tragisch enden. Ich verstehe durchaus, dass der Schmerz so groß ist, dass sie ihn möglichst schnell beenden wollten, aber leider haben sie ihn oft nur verstärkt.

Das Wichtigste, was das Leiden uns lehren kann, ist, uns nur umso tiefer auf Gott zu verlassen. In den jüngsten Turbulenzen in meinem Leben habe ich mir vor allem einen Bibelabschnitt immer wieder vor Augen geführt.

Liebe Brüder und Schwestern! Ich meine, ihr solltet wissen, dass wir in der Provinz Asia Schweres erdulden mussten. Wir waren mit unseren Kräften am Ende und hatten schon mit dem Leben abgeschlossen. Unser Tod schien unausweichlich. Aber Gott wollte, dass wir uns nicht auf uns selbst verlassen, sondern auf ihn, der die Toten zu neuem Leben erweckt (2. Korinther 1,8-9).

Wenn uns das Leid trifft, werden wir entweder zu Gott hinflüchten oder vor ihm fliehen. Wir versuchen entweder, unseren Schmerz zu bewältigen, indem wir uns auf seine Gnade verlassen, oder wir weisen sie zurück und versuchen, die Dinge selbst in Ordnung zu bringen. Ich habe beobachtet, dass Menschen auf vergleichbare Schwierigkeiten sehr unterschiedlich reagiert haben – manche, indem sie sich umso mehr an Gott klammerten, und andere, indem sie sich von ihm zurückzogen.

Hiob

Und damit sind wir beim eigentlichen Problem: Können wir Gott wirklich vertrauen?

Folgen wir der Thora und dem Buch der Sprüche, dann werden wir gesegnet, wenn wir nach dem Willen Gottes leben, und leiden, wenn wir sündigen. Die meiste Zeit verlaufen die Dinge nach diesem Muster. Aber das Buch Hiob bietet ein entscheidendes Gegengewicht zu dieser Sicht. Es erinnert uns daran, dass die Dinge nicht immer so einzuordnen sind.

Hiob ist so gerecht, wie ein Mensch nur sein kann, und Gott hat ihn reich gesegnet. Hiob ist überzeugt, dass Gerechtigkeit gleichbedeutend ist mit Segen – bis dieses System zusammenbricht. 28 Kapitel lang beteuern Hiobs Freunde dann: „Du musst wirklich schwer gesündigt haben, sonst würde dich nicht solches Leid treffen." Hiob entgegnet: „Nein, ich bin unschuldig", aber sie beharren darauf: „Doch, so muss es sein." Je länger das Gespräch dauert, umso mehr geraten sie in Panik – hier steht ein einzelner Mensch, der das ganze System zum Einstürzen bringen könnte. Denn: Wenn Hiob unschuldig leiden kann, dann kann es ihnen auch passieren.

Freunde von mir haben ein Kind durch einen Autounfall verloren. Ein paar Anhänger des Wohlstandsevangeliums sagten ihnen, es sei passiert, weil es Sünde in ihrem Leben gäbe. Wie kann jemand trauernden Eltern etwas so Schreckliches sagen? Weil sie, wie Hiobs Freunde, verzweifelt nach einer Vergewisserung suchten, dass ihnen nicht dasselbe geschehen könnte.

Das ganze Buch hindurch fordert Hiob unentwegt, dass Gott sich zeigt und erklärt, warum ihm all das Leid zugestoßen ist. Darin kann ich Hiob gut verstehen. Ich möchte wissen, warum Gott zulässt, dass Unschuldige leiden. Was könnte er antworten?

- „Das war nicht ich, das war der Teufel."
- „Du bleibst hinter meinen Anforderungen zurück; du bist nicht so unschuldig, wie du denkst."
- „Mach dir keine Sorgen, ich werde dir doppelt zurückgeben, was ich dir genommen habe."
- „Es geschah, weil du nicht genug Vertrauen hattest und befürchtet hast, dass genau dies geschehen würde."

Aber als Gott sich dann tatsächlich zeigt, ignoriert er Hiobs Fragen und bombardiert ihn stattdessen die folgenden vier Kapitel lang seinerseits mit Fragen (nach meiner Zählung sind es 72), die alle auf eine Aussage hinauslaufen: „Ich bin Gott, und du bist es nicht. Du bist nicht fähig, alles zu verstehen."

Ist diese Antwort Gottes denn zufriedenstellend? Nein. Ist sie wenigstens irgendwie tröstend? Das denke ich schon. Ich bin vielleicht nicht in der Lage zu verstehen, wie oder warum geschieht, was geschieht, aber ich vertraue Gott. Ich glaube, dass er gut ist und dass er mich liebt. Und wenn es mir schwerfällt, an Gottes Güte zu glauben, wenn ich all das Leid in der Welt sehe, dann erinnere ich mich daran, dass er Mensch wurde und aus freiem Willen mit uns und für uns litt. Ich schaue auf Jesus und erkenne: Einem Gott, der leidet wie wir, kann ich vertrauen.

> Einem Gott, der leidet wie wir, kann ich vertrauen.

Und nun?

Ein halbherziger Glaube, so scheint mir, versucht Leid um jeden Preis zu vermeiden. Und wenn es sich nicht vermeiden lässt, versucht er den Schmerz zu betäuben – selbst wenn das gewählte Betäubungsmittel langfristig viel mehr Schaden anrichtet. Ein extremer Glaube auf der anderen Seite verherrlicht das Leiden und sucht es vielleicht sogar, um sich besonders geistlich vorkommen zu können. Radikal normal zu sein bedeutet, dass wir das Leid akzeptieren und dass wir zulassen, dass Gott es so gebraucht, dass es letztlich unserer Freude dient. Ich hasse Schmerz. Ich hasse ihn so sehr, dass ich nicht möchte, dass auch nur der kleinste Schmerz sinnlos bleibt. Ich möchte sehen, wie Gott aus jedem Schmerz, selbst wenn er so trivial ist wie ein verstauchter Zeh, möglichst viel Gutes herauswringt.

Ich behaupte nicht, dass Leiden angenehm ist. Aber es ist unvermeidlich. Wie sollen wir also damit umgehen? Helen Keller (die mit einiger Autorität über das Leiden sprechen kann – sie war blind und taub), sagte: „Wir würden nie lernen, tapfer und geduldig zu sein, wenn es in der Welt nur Freude gäbe." Das ist also meine Ermutigung: Wenn du das nächste Mal in leidvolle Situationen gerätst, verschwende weniger Zeit damit zu fragen: „Warum ich?" Konzentriere dich lieber darauf, Gott zu bitten, das Leid in etwas Gutes zu verwandeln.

Dem Gesagten bleibt nur noch eines hinzuzufügen: Ich glaube, Leid und Schmerz erinnern uns auch daran, dass diese Welt nicht unsere Heimat ist. Und das gilt nicht nur für den Schmerz. Mir ist ein sehr seltsames (und überraschendes) Phänomen in meinem Leben aufgefallen: Je mehr ich diese Welt so genieße, wie sie genossen werden will, umso weniger fühlt sie sich an wie mein Zuhause.

16

Hungrig nach dem Himmel

Wieder einmal saß ich im Nachmittagshochbetrieb am Drive-in-Schalter. Normalerweise war ich an diesem Platz in Bestform, aber an diesem Tag hatte ich wirklich Mühe nachzukommen. Immer wieder musste ich Kunden bitten, ihre Bestellung zu wiederholen, und manchmal gab ich sogar das Wechselgeld falsch heraus. Kollegen mussten mir immer wieder beispringen. Als die Schichtleiterin mich fragte, ob alles in Ordnung sei, log ich und sagte, dass es mir gut ginge. Dann versuchte ich mir das auch selbst einzureden, um eine aufsteigende Panik in den Griff zu bekommen. „Es ist alles in Ordnung. Konzentriere dich einfach. Du schaffst das. Es ist nur Kaffee. Reiß dich zusammen." Aber es half nicht. Ich spürte, wie mir langsam die Kontrolle entglitt.

Plötzlich wurde mir klar, was nicht stimmte. „Kann mich bitte jemand ablösen", sagte ich in mein Headset. Jemand kam und ich hastete in den Mitarbeiterraum.

Ungefähr eine Minute später sah die Schichtleiterin nach mir. „Was ist los?", fragte sie besorgt.

„Ich habe vergessen, meine Tabletten zu nehmen. In fünf Minuten ist alles wieder okay", antwortete ich.

Hatte ich schon erwähnt, dass ich kürzlich als ADHS-Patient diagnostiziert wurde? Es ist schon seltsam, so etwas im Alter von 37 Jahren über sich selbst zu erfahren. Es fühlt sich an, als ob ständig zehn Radiostationen gleichzeitig mit voller Lautstärke in meinem Kopf spielen, und ich kann nicht wählen, welchen Sender ich hören möchte. Zu jedem beliebigen Zeitpunkt kann ich dir das Wesentliche von drei unterschiedlichen Gesprächen wiedergeben, die sich hinter mir abspielen, dazu in Grundzügen die Einrichtung des Raumes beschreiben und auch sagen, wie viele Eichhörnchen am Fenster vorbeigehuscht sind. Aber wahrscheinlich könnte ich nicht wiederholen, was du mir gerade eben gesagt hast.

Ritalin hat mir das Leben gerettet. Meine Predigten haben sich dramatisch verbessert; ein ganzes Buch zu schreiben, erschien mir nicht mehr unmöglich, und bei Starbucks kann ich mich endlich konzentrieren. Fünf Minuten später war ich wieder an meinem Schalter und kam wunderbar zurecht.

Nachdem man mir die Diagnose gestellt hatte, informierte ich mich online über ADHS. Es war, als würden da vollkommen Fremde exakt beschreiben, wie mein Leben aussah. Wie hatte ich das nur so lange übersehen können? Dann begann ich, auch Posts in Selbsthilfeforen für Angehörige oder Ehepartner zu lesen. Bis dahin waren mir Marilyns Erwartungen völlig überzogen vorgekommen. Es war doch normal, wenn der Ehemann beim Gedanken daran, die Wäsche zu sortieren, ein Panikanfall bekam, oder nicht? Es war doch normal, dass er den Schlüssel in der Haustür stecken ließ? Oder regelmäßig seine Frau ignorierte, weil er so in irgendein Projekt vertieft war? Ich hatte meine Späße gemacht, ich sei eben ein zerstreuter Professor, dabei aber nicht bemerkt, wie sehr ich meine Frau verletzte, indem ich sie vernachlässigte. Die Diagnose war für mich eine Erleichterung. („Ach, *deswegen* bin ich so, wie ich bin!") Für Marilyn war es eine Katastrophe. („Dann wirst du dich also *nie* ändern?")

Ich bin als Mensch angeknackst. Diesseits des Himmels wird es immer irgendetwas in meinem Gehirn geben, das nicht richtig funktioniert. Aber wir sind alle angeknackst – physisch, emotional, sexuell, geistig, geistlich und in unseren Beziehungen. Meistens läuft das Leben trotzdem ziemlich gut, aber immer wieder einmal geschieht etwas, das uns stöhnen lässt: „Wie lange noch, Herr?" Es ist, wie Paulus sagt: Wir sehnen uns danach, den neuen Leib anzuziehen und frei zu sein von Tod und Vergänglichkeit und jeder Form von Gebrochenheit. Sosehr ich dieses Leben genieße, so sehr sehne ich mich auch nach dem neuen, herrlichen Leben, das auf mich wartet.[63]

Hilfe oder Hindernis?

Ich habe viel über die Freude an irdischen Dingen gesprochen, angefangen bei einem schönen Sonnenuntergang bis hin zu einem guten Essen mit Freunden. Ich habe auch meine Kritik an einem extremen Glauben geäußert, der sagt, je näher wir Gott kommen, umso weniger sollten die Dinge dieser Welt uns bedeuten. Und in dieser Einschätzung bin ich mir ziemlich sicher. Aber als ich einen Vers aus dem Gleichnis vom Sämann las, habe ich mich noch einmal hinterfragt. „Der von Disteln überwucherte Boden entspricht einem Menschen, der die Botschaft zwar hört, bei dem aber alles beim Alten bleibt. Denn die Sorgen des Alltags, die Verführung durch den Wohlstand und die Jagd nach den Freuden dieses Lebens ersticken Gottes Botschaft, sodass keine Frucht reifen kann" (Lukas 8,14).

Grace und Sarah haben Spaß daran, im Garten die Löwenzahnsternchen in die Luft zu pusten. Aber ich sehe nur das Unkraut, das sich im ganzen Garten ausbreitet. Wird mein Buch denselben Effekt haben? Wird es das Unkraut von „Sorgen des Alltags, Verführung durch den Wohlstand und Jagd nach den Freuden des Lebens" verbreiten? Wenn mir etwas Angst macht, dann dies: dass meine Botschaft eine aufrichtige Hingabe an Gott ersticken könnte. Diese Sorge bestätigt mir auch Hebräer 12,1, ein Vers, der uns auffordert, „alles abzulegen, was uns in dem Wettkampf behindert, den wir begonnen haben – auch die Sünde, die uns immer wieder fesseln will". Die Freude an irdischen Dingen mag keine Sünde sein, aber verstricken wir uns nicht auch manchmal darin?

Halten diese Freuden uns hin und wieder davon ab, einen guten Wettkampf zu kämpfen?

Ich habe mir Zeit genommen, um mein Leben daraufhin zu überprüfen: Hatte die Freude an diesem Leben mich von Gott weggeführt oder mich ihm nähergebracht? Ich musste an einen kurzen Urlaub denken, den ich vor ein paar Jahren mit meiner Familie erlebt habe. Wir waren in einen Geschenkeladen gegangen, meine Töchter hatten sich Spielzeug angeschaut, meine Frau war in die Dekoabteilung gegangen und ich zu den Büchern. Ich hatte einen Band über die Geschichte der Pioniermissionare im Nordwesten durchgeblättert und darin von einem wahren Heiligen gelesen, der sein Leben damit verbracht hatte, Missionsstationen, Krankenhäuser und Schulen zu gründen, und schließlich in gesegnetem Alter im Schlaf gestorben war. Meine instinktive Reaktion war gewesen: „Mann, du hast's gut. Du erfährst schon jetzt, in diesem Moment, die Gegenwart Gottes voll und ganz." Damit du das richtig verstehst: Ich hatte keinen schlechten Tag – ich hatte einen *fantastischen* Tag. Aber die Freude dieses Tages verstärkte nur meine Vorfreude darauf, Jesus zu sehen.

> Die Freuden dieser Welt können uns von Gott ablenken. Aber für mich sind sie Hinweisschilder, die mir den Weg zum Himmel zeigen.

Die Freuden dieser Welt können uns von Gott ablenken. Aber für mich sind sie Hinweisschilder, die mir den Weg zum Himmel zeigen. Sie veredeln sozusagen meine tiefe Sehnsucht nach meinem Erlöser. Dieses Kapitel ist deswegen für mich auch das Highlight im ganzen Buch, denn es enthält Einsichten, die mein eigenes Leben entscheidend beeinflusst haben. Je mehr ich lernte, dieses Leben auf die rechte Weise zu genießen, umso mehr wuchs meine Sehnsucht nach dem Himmel. Weil ich dieses Leben liebe, wurde aus der entfernten Hoffnung auf eine Ewigkeit in der Gegenwart Gottes allmählich eine konkrete Wirklichkeit – etwas, das direkt vor mir liegt, allerdings noch nicht ganz in meiner Reichweite ist.

Und was mir am meisten geholfen hat, einen Geschmack für den Himmel zu entwickeln, war – ironischerweise – die geistliche Praxis, die ich am wenigsten mag: das Fasten.

Fasten macht hungrig

Mit dem Fasten habe ich erst vor ein paar Jahren begonnen. Es war eine etwas zögerliche Reaktion auf alles, was ich über die Freude begriffen hatte. „Du sagst, Gott zu gehorchen macht dich glücklicher", flüsterte meine innere Stimme, „aber du weigerst dich zu fasten. Glaubst du eigentlich selbst, was du sagst?" Eine Weile gelang es mir, mich selbst zu ignorieren, aber endlich gab ich doch nach und ließ mich auf ein Experiment ein. Einen Monat lang wollte ich einen Tag in der Woche ganz auf Nahrung verzichten, und zwar von Sonntagabend bis Montagabend (also ungefähr von Sonnenuntergang bis Sonnenuntergang). Am Ende des Monats wollte ich prüfen, ob das Fasten mich glücklicher gemacht hatte.

Und? War ich am Ende glücklicher? Nein. Trotzdem habe ich dieses Experiment nach dem ersten Monat weitergeführt und ich kann immer noch nicht sagen, dass ich es genieße. Jeden Sonntagabend ärgere ich mich, dass ich mir keinen Snack gönnen darf, und die Aussicht auf das Fasten am nächsten Tag nimmt bedrohliche Dimensionen an. Jede Woche bin ich versucht, Gründe zu finden, um meinen Vorsatz *nur diese Woche* nicht zu ernst zu nehmen. Die Vormittage am Montag (sowieso für die meisten Pastoren kein sehr erhebender Tag) sind besonders hart. Ich spüre regelrecht, wie der Nahrungsmangel mich langsamer macht und mir auf die Stimmung drückt, sodass ich um die Hilfe des Heiligen Geistes bete. Richtig schmerzhaft wird der Hunger zur Mittagszeit und dann bete ich, um mich zu erinnern, warum ich das tue. Am Spätnachmittag bin ich erleichtert, dass nur noch ein oder zwei Stunden verbleiben. Dann kommt das Abendessen – und egal, was meine Frau gekocht hat, es schmeckt immer fantastisch. Dienstags beim Frühstück bin ich beinahe überglücklich, dass ich eine Schale Müsli essen darf.

Warum also betreibe ich diese Übung weiter? Weil das Fasten mich eine der wichtigsten Lektionen lehrt, die ich je gelernt habe: Es ist okay, hungrig zu sein. Diese Erkenntnis ist weit tiefgründiger, als sie zunächst klingt.

Sehen wir uns an, was Jesus über das Fasten gesagt hat:

Da kamen die Jünger des Johannes zu ihm und sprachen: Warum fasten wir und die Pharisäer so viel und deine Jünger fasten nicht? Jesus antwortete ihnen: Wie können die Hochzeitsgäste Leid tragen, solange der Bräutigam bei ihnen ist? Es wird aber die Zeit kommen, dass der Bräutigam von ihnen genommen wird; dann werden sie fasten (Matthäus 9,14-15).

Der Abschnitt lässt keinen Zweifel daran, dass Jesus erwartet, dass wir fasten. Interessant ist aber, warum. Fasten ist ein Ausdruck der Trauer; etwas, womit wir beklagen, dass wir vom Bräutigam getrennt sind. Wir können ihn jetzt nicht sehen und wir sehnen uns nach der Zeit, in der er wieder bei uns sein wird.

Die längsten vier Monate meines Lebens erlebte ich in meinem letzten Semester am College. Drei Tage bevor die Seminare begannen, hatte ich Marilyn einen Heiratsantrag gemacht und sie hatte Ja gesagt. Am nächsten Tag musste sie aus Südkalifornien nach Washington State zurückfliegen. Ich versuchte, so viel wie möglich zu arbeiten, um mich von dem Schmerz der Einsamkeit abzulenken, aber der Plan ging nach hinten los. Ich hatte einen Job als Eisverkäufer einer bestimmten Marke Eis in zweitklassigen Supermärkten, meistens in Gegenden, wo die Leute sich dieses Eis nicht leisten konnten. Es war ein Job, der meinen Verstand kaum beanspruchte, und so dachte ich stundenlang daran, wie sehr ich meine Verlobte vermisste. Ich erinnere mich noch, dass mir jedes Mal Tränen in die Augen stiegen, wenn unser Song („My Heart will Go On") in einem Laden gespielt wurde. Ich war unglaublich erleichtert, als der Eishersteller schließen musste und ich den Job los war.

Die Erfahrungen dieses Semesters helfen mir zu verstehen, was Paulus über seine tiefe Sehnsucht danach schreibt, seinen Erlöser zu sehen:

Denn Christus ist mein Leben und das Sterben für mich nur Gewinn.
Weil ich aber mehr für Christus erreichen kann, wenn ich am Leben
bleibe, weiß ich nicht, was ich mir wünschen soll. Beides erscheint mir
verlockend: Manchmal würde ich am liebsten schon jetzt sterben, um
bei Christus zu sein. Gibt es etwas Besseres? Andererseits habe ich bei
euch noch eine wichtige Aufgabe zu erfüllen (Philipper 1,21-24).

Welche Reaktion lösen diese Worte spontan bei dir aus? Ich meine, nicht
nur an einem schlechten Tag – jeder von uns hat schlechte Tage, wenn
die Vorstellung, dem Leben entfliehen zu können, wirklich verlockend
erscheint. Aber spüren wir, so wie Paulus, einen schmerzhaften Hunger,
der selbst an den guten Tagen an uns nagt? Oder erscheint uns dieser
scheinbare Todeswunsch von Paulus bizarr und irrelevant für unser täg-
liches Leben?

Hunger, der wehtut

Als ich das erste Mal über diesen schmerzhaften Hunger nach Ewigkeit
predigte, war ich nervös. Ich befürchtete, ich könne der Einzige sein, der
die Dinge so empfand, wie ich sie beschrieb, und dass
meine Predigt nur auf verständnislose Blicke treffen
würde. Was ich aber stattdessen sah, waren gefesselte, beinahe ausgehungerte Augen, die mich ansahen, als wollten
sie sagen: „Soll das heißen, dass ich nicht der Einzige bin,
der das so empfindet?"

> Inzwischen bin ich überzeugt, dass wir alle diesen Hunger nach Ewigkeit deutlicher spüren, als uns manchmal bewusst ist. Wir erkennen ihn nicht, weil wir ihm falsche Namen geben.

Inzwischen bin ich überzeugt, dass wir alle diesen Hunger nach Ewigkeit deutlicher spüren, als uns manchmal
bewusst ist. Wir erkennen ihn nicht, weil wir ihm falsche
Namen geben. Vielleicht nennen wir ihn Leere. Vielleicht
nennen wir ihn Rastlosigkeit. Oder Erschöpfung, „wie Butter, die man
über zu viel Brot verstrichen hat" (wie Bilbo Beutlin sich ausdrückt). Es

ist ein Gefühl, das mit den Jahren immer intensiver wird. Vielleicht empfinden wir fast Schuldgefühle, weil wir selbst an einem perfekten Tag nicht wunschlos glücklich sind. Vielleicht nennen wir es Einsamkeit. Wer nicht verheiratet ist, glaubt vielleicht, eine Ehe würde dieses Gefühl heilen, aber wer verheiratet ist, weiß es besser.

Leere, Rastlosigkeit und Einsamkeit – all das sind nur Beschreibungen unseres schmerzhaften Hungers nach Ewigkeit. Sie erinnern uns beständig daran, dass diese Welt nicht unsere Heimat ist, dass es keine heile Welt ist und sie uns keine umfassende Erfüllung schenken kann. Je älter wir werden, umso größer fühlt sich das Loch in unserer Seele an.

Wenn wir diesen Hunger spüren, können wir auf zwei unterschiedliche Weisen reagieren.

Irgendetwas kann mit mir nicht stimmen.

Wenn wir diese Lüge glauben – dass irgendetwas mit uns nicht stimmt –, werden wir versuchen, unseren Hunger auf unterschiedliche Weise zu stillen. Vielleicht versuchen wir es mit zerstörerischen, unguten Gegenmitteln, zum Beispiel sexueller Freizügigkeit, Alkohol, Drogen oder Pornografie. Vielleicht versuchen wir, den Hunger mit etwas zu stillen, was nicht sündhaft ist, zum Beispiel mit Büchern, Musik, Nahrung oder Beziehungen. Aber auch diese Mittel wirken nicht; sie lenken uns für eine Weile ab, aber der Hunger bleibt.

Vielleicht glauben wir auch, wir spüren den Hunger deswegen noch, weil wir nicht das richtige geistliche Programm absolviert oder nicht die richtige spirituelle Erfahrung gemacht haben, die ihn stillen könnte. Wir verlängern unsere Stille Zeit, wir suchen intensivere Erfahrungen beim Lobpreis, wir probieren jede neue spirituelle Mode aus. Aber all das kann unseren Hunger nicht wirklich stillen. Ich habe erlebt, dass Christen schockiert reagieren, wenn ich darauf hinweise, dass geistliche Aktivitäten diesen Hunger nicht stillen können. Aber ich habe auch gesehen, wie Menschen von einer Erweckungsversammlung, einem Gebetstreffen, einem Lobpreiskonzert zum anderen irren, immer auf der Suche nach dem nächsten spirituellen Allheilmittel.[64]

Irgendetwas kann mit dieser Welt nicht stimmen.

Ja, irgendetwas stimmt hier *tatsächlich* nicht und es lässt sich nicht in Ordnung bringen. Es ist kaputtgegangen, als der Sündenfall geschah, und bis heute leiden wir unter den Auswirkungen. Diese Welt ist nicht unsere Heimat, wir sind für etwas Besseres gemacht. Gott hat diese Welt mit Freuden und Genüssen gefüllt, die alle dazu gedacht sind, dass wir sie genießen. Aber er hat uns auch den schmerzhaften Hunger gegeben, um uns daran zu erinnern, wie vergänglich sie sind.

> *Also iss dein Brot, trink deinen Wein, und sei fröhlich dabei! Denn schon lange gefällt Gott dein Tun! Trag immer schöne Kleider, und salbe dein Gesicht mit duftenden Ölen! Genieße das Leben mit der Frau, die du liebst, solange du dein vergängliches Leben führst, das Gott dir auf dieser Welt gegeben hat. Genieße jeden flüchtigen Tag, denn das ist der einzige Lohn für deine Mühen* (Prediger 9,7-9).

„Vergänglich" müsste man besser übersetzen mit „wie ein Windhauch" – nicht schlecht, aber unbeständig und von kurzer Dauer. Lesen wir diesen Abschnitt noch einmal. So zynisch er scheint, gibt er doch einen entscheidenden Hinweis, denn wenn wir von den Windhauchen dieser Welt erwarten, unserer Seele Erfüllung zu schenken, dann werden sie zu den Disteln und den Hindernissen, vor denen Jesus und der Verfasser des Hebräerbriefes uns warnen. Aber wenn wir sie so genießen, wie sie genossen werden wollen, dann werden die Freuden dieses Lebens unser Herz dem Himmel näherbringen.

Geschmack für den Himmel entwickeln

Wie können wir also dieses Leben so genießen, wie es genossen werden will? Natürlich beginnt es damit, dass wir uns an dem orientieren, was Gott gutheißt, wie bereits in Kapitel 11 gesagt. Hier sind noch zwei weitere Möglichkeiten, die mir selbst enorm geholfen haben.

Unseren Hunger verfeinern

Wie schon gesagt: Das Fasten hat mich gelehrt, dass es in Ordnung ist, hungrig zu sein, und dass diese Welt uns nie ganz zufriedenstellen kann. Ungefähr einmal in der Woche werde ich daran erinnert, dass ich genauso, wie ich nach Nahrung hungere, beständig danach hungere, im Himmel zu sein und meinen Erlöser von Angesicht zu Angesicht zu sehen. Das Fasten hilft mir, in einem Rhythmus zu leben, in dem ich einerseits dieses Leben genieße und dann wieder daran erinnert werde, dass es mich nie ganz erfüllen kann. Statt unseren schmerzhaften Hunger nach Ewigkeit zu ignorieren, zu betäuben oder davor davonzulaufen, sollten wir diesen Hunger verfeinern, pflegen, in dem Wissen, dass er uns auf etwas hinweist, das diese Welt übersteigt. „Denn sie sind nicht die Sache selbst; sie sind nur der Duft einer Blume, die wir noch nicht gefunden, das Echo einer Melodie, die wir noch nicht gehört, Berichte von einem fernen Land, das wir noch nie besucht haben."[65]

Geben wir dem Fasten eine Chance. Ernsthaft. Es wird uns nicht umbringen, medizinische Gründe natürlich ausgeschlossen. Gestalten wir es so, dass es machbar ist – vielleicht lassen wir zwei Mahlzeiten und die Snacks zwischendurch weg oder fasten ab nach dem Abendessen des einen bis zum Abendessen des anderen Tages. Wenn der Hunger sich schmerzhaft bemerkbar macht und wir instinktiv nach irgendeinem Leckerbissen greifen wollen, lassen wir uns von Gott daran erinnern,

> Wir machen uns viel zu wenig klar, wie sehr unser Körper unseren Geist beeinflusst. Aber Gott weiß das sehr gut.

dass es in Ordnung ist, hungrig zu sein. Wir sollten nicht überrascht sein, dass körperlicher Hunger uns helfen kann, unseren Hunger nach Ewigkeit zu verfeinern. Wir machen uns viel zu wenig klar, wie sehr unser Körper unseren Geist beeinflusst. Aber Gott weiß das sehr gut.

Unsere Freude pflegen

Ein lauer Glaube betäubt den Hunger in seiner beständigen Suche nach Freude. Ein extremer Glaube idealisiert den Hunger so sehr, dass die Freude auf der Strecke bleibt. Ein radikal normaler Glaube lässt dagegen Raum sowohl für den Hunger als auch für die Freude. Im vorigen Kapitel habe ich gesagt, dass es Dinge gibt, die wir nur durch den Schmerz lernen. Mein Lektor, Terry Glaspey, hat ergänzt, dass es auch Dinge gibt, die wir nur durch die Freude lernen können. Aber Gott nutzt beides, Gutes und Schlechtes, „zum Besten für die, die ihn lieben".

Lass mich noch einen Gedanken anschließen. Wenn es stimmt, dass unser Geschmack für die Freuden der Ewigkeit feiner wird, wenn wir unsere irdischen Freuden verfeinern, dann frage ich mich, ob Menschen mit einem freudlosen Glauben einmal Mühe haben werden, die Freude des Himmels zu genießen. Sie haben ihr Leben damit verbracht, das Glück hier unten zu meiden; vielleicht werden sie also einige Zeit brauchen, um sich daran zu gewöhnen, dass sie es dort genießen sollen. Für mich ist es die Freude, die ich in diesem Leben gefunden habe, die mich so sehr nach dem nächsten verlangen lässt. Wie schon gesagt, ich kann den Himmel nicht verstehen; aber was die Erde mir bietet, gibt mir einen Vorgeschmack. Es ist, als ginge man in ein Feinkostgeschäft und bekäme eine kleine Kostprobe von irgendeiner Leckerei. Die Kostprobe macht nicht satt, aber sie lässt mich wissen, dass ich mehr davon möchte. Und ich möchte mehr, mehr als diese Welt mir jemals bieten könnte.

Ich hoffe, es ist klar geworden: Wenn ich vom Himmel rede, dann meine ich vor allem die vollkommene Freude in der Gegenwart Gottes, nicht irgendeinen Ort. Ich möchte das nur klarstellen, denn genau genommen werden wir die Ewigkeit nicht im Himmel verbringen. Das ist nur eines von vielen Missverständnissen über den Himmel, die unter uns kursieren.

17

Dieses Leben ist wertvoll

Wie man sich vorstellen kann, hat Starbucks aufgrund der vielen Kaffee-
produkte einen enormen Milchverbrauch, was bedeutet, dass sich jede
Menge leerer Plastikflaschen ansammelt. In unserer Stadt ist das Recy-
clingsystem für Privathaushalte gut entwickelt, aber für Firmen ist das
nicht so einfach. Nach ein wenig Vorarbeit hatte Corri einen Recycling-
dienstleister gefunden, mit dem wir zusammenarbeiten konnten. Das
war noch leicht. Deutlich schwieriger war es, das ganze Team dazu zu
bringen, seine Gewohnheiten zu ändern und Biomüll und Recycling-
abfall in verschiedene Abfalleimer zu sortieren. Corri selbst hatte leider
nicht die Chance, uns erfolgreich umzuziehen, weil sie Starbucks ja aus
gesundheitlichen Gründen verlassen musste.[66] Aber mal im Ernst: Was
bedeuten schon ein paar Tausend Plastikflaschen auf einer Mülldeponie
im Licht der Ewigkeit? Nach der Theologie meiner Jugend würde Jesus
sowieso bald wiederkommen und diese ganze Welt würde den Bach run-
tergehen.

Ungefähr zur selben Zeit, in der das Recyclingprogramm anlief, wurde
ich gefragt, ob ich im Vorstand des Friendship House, eines Obdach-
losenheims in Mount Vernon, mitarbeiten wollte. Die Einrichtung arbeitet auf religiöser, aber nicht streng christlicher Basis – das Leitbild
redet von Gott, aber Jesus kommt nicht vor. Nach der Theologie meiner Jugend wiederum: Was nützt es, Menschen einen Ort für ihren Leib

zu geben, wenn wir nicht auch mit allen Kräften daran mitarbeiten, dass ihre Seelen gerettet werden?

Vielleicht war der Theologie meiner Jugend etwas entgangen ...

Es geht sowieso alles den Bach runter

Meine Liebe zu dieser Welt in ihrer ganzen atemlosen Schönheit lässt sich nicht verhehlen. Ich habe sprachlos unter einem Himmel von zahllosen Sternen gestanden und beim Anblick des Nordlichts Tränen vergossen. Ich habe meine Töchter gelehrt, in einem Gezeitentümpel ein ganzes Universum zu entdecken. Ich trage unzählige Erinnerungen an diese Welt in meinem Herzen – an den bei Nacht beleuchteten Eiffelturm, an eine Schweizer Alpenwiese voller Wildblumen und den Klang der Kuhglocken, die von den Hängen herübertönen, an eine Klosterruine aus roten Sandsteinmauern mit einer Decke aus Himmel und einem Fußboden aus frisch gemähtem Gras. Ich habe einen blutroten Mond über der Wüste aufgehen sehen und ich bin auf Dschungelflüssen durch Stromschnellen gepaddelt. Ich bin fasziniert von all den verschiedenen Kulturen, die sich diese Welt teilen, jede mit ihrer eigenen Sprache, Küche, ihren Gebräuchen und ihrer Kunst. Tausend Jahre würden nicht reichen, all die Schönheiten dieser Erde zu erleben.

Ich liebe alle Wunder und alle Schönheit dieser Welt, die natürliche genauso wie die von Menschen gemachte. Deshalb finde ich den Gedanken, dass die Welt am Ende den Bach runter oder in Flammen aufgeht und nie wieder ein menschliches Wesen ihre Schönheit genießen wird, niederschmetternd. Alles, was wir hier kennen, wird im Feuer enden; das Einzige, was wirklich Bedeutung hat, ist die menschliche Seele. Das ist es doch, was wir glauben, oder?

Macht dir diese Vorstellung zu schaffen? Mir schon. Ich liebe die Schöpfung und ich hasse die Vorstellung, dass sie der Zerstörung entgegengeht. Was ich außerdem hasse, ist die Gleichgültigkeit, die eine solche Glaubensauffassung hervorbringt. In den USA ist vielen Christen das Engagement für die Umwelt verdächtig. Auch der Kunst stehen sie oft eher ablehnend gegenüber. Viele Evangelikale hier glauben, dass Sport nicht wirklich wichtig ist.[67] Es gab einmal eine Zeit, in der die Christen die Ersten waren, die sich um Notleidende kümmerten. Aber heute halten sich viele Konservative in dieser Hinsicht bedeckt, aus Angst, mit liberalen Anliegen in Verbindung gebracht zu werden. Kein Wunder, dass unser Glaube an den Himmel der Welt so wenig attraktiv erscheint. Was ist also die radikal normale Perspektive darauf, wie diese Welt einmal endet?

Zerstörung oder Erneuerung?

Nun ist es natürlich ziemlich unerheblich, ob ein bestimmter Glaubenssatz mir gefällt oder nicht. Dass ich etwas nicht verstehe oder es mir nicht gefällt, ist kein Maßstab dafür, ob es wahr ist. Aber ist diese verbreitete Sicht des Himmels zutreffend? Über die Endzeit waren Christen seit sehr langer Zeit schon unterschiedlicher Meinung. Ansichten, die heute verbreitet sind, waren in früheren Zeiten Randpositionen und umgekehrt. Mir fehlt sowohl der Überblick als auch die Neigung, mich in diese Debatte einzumischen. Alles, worum es mir geht, ist, die verbreitete apokalyptische „Alles geht den Bach runter und ich schwebe in den Himmel"-Theologie neu zu bewerten.

Sagt die Bibel wirklich, dass Gott am Ende diese physische Welt zusammenknüllen und in den Papierkorb werfen und nur die Seelen retten wird? Die Antwort lautet kurz und knapp: Nein. Die Propheten des Alten Testaments verkündeten stattdessen, dass Gott diese Welt erneuern und wieder in Ordnung bringen wird.[68]

> *Jesus erwiderte ihnen: „Amen, ich sage euch: Wenn die Welt neu geschaffen wird und der Menschensohn sich auf den Thron der Herrlichkeit setzt, werdet ihr, die ihr mir nachgefolgt seid, auf zwölf Thronen sitzen und die zwölf Stämme Israels richten" (Matthäus 12,28; EÜ).[69]*

Was besagen dann aber apokalyptische Passagen, die andeuten, dass alles zerstört werden wird, wie 2. Petrus 3,10: „Doch der Tag des Herrn wird so unerwartet kommen wie ein Dieb. Dann wird der Himmel unter schrecklichem Lärm vergehen, und alles wird sich in Flammen auflösen; und die Erde wird mit allem, was auf ihr ist, dem Gericht ausgeliefert werden"? (NLB).

Zunächst fällt auf: Wenn alles sich in Flammen auflöst, wie kann die Erde dann noch „dem Gericht ausgeliefert werden"? Es hat den Anschein, als sei sie nicht völlig zerstört worden.[70] Petrus verwendet hier schlicht und einfach apokalyptische Sprache, um zu beschreiben, dass das Gericht Gottes unausweichlich ist.[71] Was wird also aus der Erde? Paulus beschreibt es uns so:

> *Darum wartet die ganze Schöpfung sehnsüchtig und voller Hoffnung auf den Tag, an dem Gott seine Kinder in diese Herrlichkeit aufnimmt. Ohne eigenes Verschulden sind alle Geschöpfe der Vergänglichkeit ausgeliefert, weil Gott es so bestimmt hat. Aber er hat ihnen die Hoffnung gegeben, dass sie zusammen mit den Kindern Gottes einmal von Tod und Vergänglichkeit erlöst und zu einem neuen, herrlichen Leben befreit werden* (Römer 8,19-21).

Ganz offensichtlich wartet die Schöpfung nicht sehnsüchtig darauf, zerstört zu werden, sondern erneuert und von Verfall und Vergänglichkeit befreit zu werden. Vielleicht hilft uns dieser Abschnitt, eine der aufregendsten theologischen Fragen unserer Zeit zu beantworten: Kommen unsere Haustiere in den Himmel? Noch immer können wir nicht mit Bestimmtheit sagen, dass wir das wissen. Allerdings hatte ich einmal eine siamesische Katze, von der ich ziemlich sicher weiß, dass sie in der Hölle gelandet ist. Aber was Paulus hier sagt, ist: Die Schöpfung selbst landet im Himmel. Das sage ich ein wenig augenzwinkernd, denn was die Bibel sagt, ist: Genau genommen *wird* die Schöpfung *zum* Himmel.

> *Dann sah ich einen neuen Himmel und eine neue Erde. Denn der vorige Himmel und die vorige Erde waren vergangen, und auch das*

Meer war nicht mehr da. Ich sah, wie die Stadt Gottes, das neue Jeru-
salem, von Gott aus dem Himmel herabkam: festlich geschmückt wie
eine Braut an ihrem Hochzeitstag. Eine gewaltige Stimme hörte ich
vom Thron her rufen: „Hier wird Gott mitten unter den Menschen
sein! Er wird bei ihnen wohnen, und sie werden sein Volk sein. Ja, von
nun an wird Gott selbst in ihrer Mitte leben. Er wird alle ihre Tränen
trocknen, und der Tod wird keine Macht mehr haben. Leid, Klage und
Schmerzen wird es nie wieder geben; denn was einmal war, ist für im-
mer vorbei" (Offenbarung 21,1-4).

Wenn wir alles, was die Bibel sagt, zusammenbetrachten, scheint sich
folgendes Bild zu ergeben: Gott wird den Himmel (was in diesem Zu-
sammenhang „das Himmelsgewölbe" meint) und die Erde erneuern und
dann das Neue Jerusalem auf die erneuerte Erde versetzen. Und nun verstehst du auch, warum ich am Ende von Kapitel 16 gesagt habe, dass wir
die Ewigkeit nicht im Himmel verbringen werden – wir werden sie auf
der neuen Erde in Gottes Gegenwart verbringen.[72] Und das ist nicht nur
eine Haarspalterei. Denn was wir über die Zukunft glauben, beeinflusst
die Art und Weise, wie wir unser Leben heute gestalten, entscheidend.

Das erste Kapitel

Zu den wichtigsten Fähigkeiten, die ich mir für das Schreiben von Büchern angeeignet habe, gehört es, dass ich mir gestatte, wirklich lausige
Rohentwürfe aufs Papier zu bringen. Die allerersten Skizzen für dieses
Buch taugten nur für den Papierkorb, aber irgendwo musste ich anfangen. Und durch viel Übung und zahllose Überarbeitungen ist schließlich etwas dabei herausgekommen, das ich sehr gern weitergebe. Über-
proportional viel Zeit habe ich auf das erste Kapitel verwendet – ich
habe es schätzungsweise an die fünfundzwanzig Mal überarbeitet. Denn
das erste Kapitel ist das wichtigste Kapitel in jedem Buch. Hier wird das

Thema vorgestellt, hier soll der Leser neugierig werden, um weiterzulesen. Wie viele Bücher hast du schon ins Regal zurückgestellt, nachdem du auf Seite drei das Interesse verloren hattest?

Ich möchte dir eine Frage stellen: Wie, glaubst du, sieht Gott seine Schöpfung – als einen ersten Rohentwurf oder als das erste Kapitel eines großen Abenteuers, „der Geschichte, die ewig weitergeht und in der jedes Kapitel besser ist als das vorangegangene"[73]? Ich kann mir irgendwie nicht vorstellen, dass Gott einen Rohentwurf gebraucht hat. Er selbst sagt uns, dass er alles, so wie es entstand, sehr gut fand. Viele Menschen glauben, der Sündenfall habe die Schöpfung so sehr zerstört, dass der Schaden sich nicht wieder beheben lässt.

> Wie, glaubst du, sieht Gott seine Schöpfung – als einen ersten Rohentwurf oder als das erste Kapitel eines großen Abenteuers?

Aber ich glaube, mit dieser Annahme unterschätzt man eklatant Gottes Macht zu heilen und zu erlösen.

Darf ich dir noch eine Frage stellen? Gestaltest du dein Leben, als sei es ein Rohentwurf, der irgendwann im Papierkorb landet, oder als das erste Kapitel deines eigenen großen Abenteuers? Glaubst du (wie ich), dass das, was wir hier tun, weitreichende Auswirkungen auf den Rest unserer Geschichte hat?

Das Fundament, das bei euch gelegt wurde, ist Jesus Christus. Niemand kann ein anderes oder gar besseres Fundament legen. Nun kann man mit den unterschiedlichsten Materialien weiterbauen. Manche verwenden Gold, Silber, kostbare Steine, andere nehmen Holz, Schilf oder Stroh. Doch an dem Tag, an dem Christus sein Urteil spricht, wird sich zeigen, womit jeder gebaut hat. Dann nämlich wird alles im Feuer auf seinen Wert geprüft, und es wird sichtbar, wessen Arbeit dem Feuer standhält. Hat jemand fest und dauerhaft auf dem Fundament Christus weitergebaut, wird Gott ihn belohnen. Verbrennt aber sein Werk, wird er alles verlieren. Er selbst wird zwar gerettet werden, aber nur mit knapper Not, so wie man jemanden aus dem Feuer zieht (1. Korinther 3,11-15).

In diesem Abschnitt geht es nicht darum, ob jemand gerettet ist oder nicht; Paulus spricht hier von Menschen, die „auf dem Fundament Christus" bauen. An anderer Stelle macht er klar, dass jeder Christ vor dem Richterstuhl Christi erscheinen muss, um zu „bekommen, was er für sein Tun auf dieser Erde verdient hat, mag es gut oder schlecht gewesen sein" (2. Korinther 5,10). Für Leute, die leben, als hätten sie im Himmel einen zweiten Versuch, kann dieser Vers ziemlich beunruhigend sein!

Ein halbherziger Glaube, der nur sieht, was vor Augen ist, behandelt dieses Leben und diese Welt, als gäbe es nichts anderes, und zieht die nächste Welt kaum ernsthaft in Betracht. Laue Christen werden im Himmel ankommen und feststellen, dass sie überhaupt nicht darauf vorbereitet sind. Für extreme Christen, die schon jetzt nur in der himmlischen Zukunft leben, ist dieses Leben dagegen ein notwendiges Übel, das es zu ertragen gilt, während man auf den Himmel wartet. Radikal normal zu sein heißt, dieses Leben zu genießen und sich voll und ganz darauf einzulassen, weil das weitreichende und vielfältige Auswirkungen für die Ewigkeit hat.

Materie mit ewiger Bedeutung

Betrachten wir die Sache einmal folgendermaßen: Ist unsere Erlösung schon jetzt Realität, oder ist sie eine Hoffnung für die Zukunft? Genau genommen: beides. Wir warten zwar noch auf unsere vollständige Erlösung und Neuwerdung, aber wir können schon jetzt Gottes verwandelndes Wirken in unserem Leben erfahren. Ebenso ist die Erneuerung der Schöpfung durch Gott sowohl eine Verheißung für die Zukunft als auch eine gegenwärtige Wirklichkeit. Die Schöpfung wartet auf ihre Befreiung von der Vergänglichkeit, aber Gott hat bereits begonnen, diese Welt zu erneuern, und zwar (und das ist das Entscheidende) durch uns. Wir wissen, dass er das Evangelium durch uns weitergeben lässt, aber die

Bibel sagt auch, dass er für die Armen sorgt, die Leidenden heilt und die Schöpfung bewahrt – durch uns.[74]

Wenn wir diese beiden Dinge zusammennehmen – dass unsere Taten hier auf Erden ewige Konsequenzen haben und dass Gott diese Welt durch uns erneuern will –, kommen wir zu einer sehr wichtigen Erkenntnis: Was wir hier tun, ist von Bedeutung. Was wir hier mit unserem Leib tun, ist von Bedeutung. Für andere da zu sein, ist von Bedeutung. Kunst ist von Bedeutung. Diese ganze Erde ist von Bedeutung.

Unser Leib ist von Bedeutung

Unsere Kultur bemisst unseren Wert in vielerlei Hinsicht nach unserem Körper. Bedeutet das nun, dass Christen ihrem Körper gerade keine Aufmerksamkeit widmen sollten? Die Bibel sagt etwas anderes:

Habt ihr etwa vergessen, dass euer Körper ein Tempel des Heiligen Geistes ist, der in euch wohnt und den euch Gott gegeben hat? Ihr gehört also nicht mehr euch selbst. Gott hat euch freigekauft, damit ihr ihm gehört; nun dient auch mit eurem Körper dem Ansehen Gottes in der Welt (1. Korinther 6,19-20).

Ganz im Gegensatz zu dem, was mir früher beigebracht wurde, ist dies kein Bibelvers gegen das Rauchen. Es geht um weit mehr als das. Unser Leib ist der Ort, an dem der Heilige Geist wohnt. Er ist ein Tempel und so sollten wir ihn auch behandeln.

Eines der wichtigsten Dogmen der frühen Kirche war die Lehre von der Auferstehung und Verwandlung unseres Leibes. Nicht nur unsere Seele lebt ewig, unser (verwandelter) Leib tut es ebenfalls.

Genauso könnt ihr euch die Auferstehung der Toten vorstellen. Unser irdischer Körper ist wie ein Samenkorn, das einmal vergeht. Wenn er aber auferstehen wird, ist er unvergänglich. Was begraben wird, ist unansehnlich und schwach, was aufersteht, ist herrlich und voller Kraft. Begraben wird unser irdischer Körper; aber auferstehen werden wir

*mit einem Körper, der von unvergänglichem Leben erfüllt ist. Denn
wie es einen sterblichen Körper gibt, so gibt es auch einen unsterblichen*
(1. Korinther 15,42-44).

Jesus hatte nach seiner Auferweckung einen wirklichen Körper, den
man sehen und berühren konnte und mit dem er (Halleluja!) auch essen
konnte. Das gilt auch für uns (Lukas 24,36-43). Der Leib Jesu war nach
seiner Auferstehung nicht weniger real als sein irdischer Leib, sondern
viel realer.

Wie sollen wir dann aber die Geschichte verstehen, in der Jesus durch
eine verschlossene Tür hindurchgeht (Johannes 20,26)? Meine Theorie
ist folgende: Jesus konnte durch diese Tür gehen, weil sein Leib eine
größere Dichte hatte als diese Tür. Betrachten wir es einmal so: Du und
ich, wir können mühelos durch Wasser gehen. Liegt das daran, dass wir
weniger Dichte haben als Wasser? Im Gegenteil. Wir sind so viel „realer" als Wasser, dass es sich vor uns öffnen und dann hinter uns schließen
muss. Ziemlich abgedreht, wenn man einmal darüber nachdenkt. Vielleicht sind wir es ja, du und ich, die Gespenstern gleichen, jedenfalls verglichen mit der Wirklichkeit des Himmels![75]

Warum ist es so entscheidend, dass auch der Körper aufersteht? Aus
vielen Gründen, nicht zuletzt der Möglichkeit, dass die Art und Weise,
wie wir mit unserem irdischen Körper umgehen, sich auch auf den Körper auswirken wird, den wir nach der Auferstehung haben werden. Jesus
trug nach seiner Auferstehung die Narben seiner Hinrichtung – jetzt
als Ehrenmale. Vielleicht werden die Behinderungen von Menschen wie
Joni Eareckson Tada, die ihre Querschnittlähmung mit großer Würde
trägt, im Himmel in Kronen verwandelt. Vielleicht werden umgekehrt
Menschen, die ihren irdischen Leib missbrauchen, etwas „verlieren".
Wenn jemand mit der grundlegenden Gabe Gottes, dem eigenen Körper, nicht verantwortungsvoll umgehen kann, was *kann* man ihm anvertrauen?

Wie wir mit unserem Leib umgehen, das spricht eine sehr deutliche

Sprache. Der Leib kann sagen, dass es jemandem an Disziplin und Selbstkontrolle mangelt. Der allzu freizügig gekleidete Leib kann sagen, dass jemandem mehr daran gelegen ist, Aufmerksamkeit auf sich zu ziehen, als Gott zu ehren. Extreme sportliche Aktivitäten sagen, dass jemand seinen Leib vergöttert. Der Leib kann sagen, dass jemand das Essen und den Genuss vergöttert. Ich möchte, dass mein Körper Folgendes sagt: dass ich dankbar bin, dass ich ihn habe, dass ich mich daran freue und dass ich so mit ihm umgehe, wie es dem Tempel und Wohnort Gottes angemessen ist.

Für andere da zu sein, ist von Bedeutung

Sagen wir, du willst 1 000 Euro spenden. Du könntest das Geld entweder einer christlichen Organisation geben, die schätzungsweise fünf Seelen damit retten würde, oder du könntest es einer säkularen Organisation geben, die 50 Mädchen vor dem Sexhandel rettet. Wie solltest du entscheiden? Nach der Theologie, mit der ich groß geworden bin, sollte die christliche Organisation eindeutig das Geld bekommen. Wozu sollte man denn die Mädchen retten, wenn sie doch in der Hölle landen?

Auf eine bizarre Weise mag das Sinn ergeben, aber es steht in völligem Gegensatz zu dem, was die Bibel wirklich sagt. Nirgendwo in der ganzen Schrift finden wir die kleinste Andeutung, dass es sinnlos ist, sich um die irdischen Bedürfnisse eines Menschen zu kümmern, wenn wir nicht auch seine Seele retten. Der Bibel ist zutiefst daran gelegen, dass wir uns um andere Menschen sorgen: dass wir denen, die nicht für sich selbst sprechen können, eine Stimme geben, dass wir Unterdrückte befreien, Hungrige speisen und Leidende trösten – auch ohne sie gleich zu missionieren. Nachdem ich begriffen hatte, dass Gottes Herz für „die geringsten unter diesen Brüdern" schlägt, habe ich die Gelegenheit gern ergriffen, mich für das Obdachlosenheim zu engagieren, und bis heute ist es mir eine Ehre, das zu tun.

Nicht, dass du mich falsch verstehst. Ich glaube, dass das Evangelium uns den einzigen Weg zu einem umfassenden Heil- und Neuwerden zeigt. Aber der Punkt ist: Gott erwartet von uns, dass wir sowohl der physischen als auch der geistlichen Armut etwas entgegensetzen. Loren Cunningham, der Gründer von *Jugend mit einer Mission*, hat gesagt, dass das Evangelium zwei Hände habe. Was er damit meinte: Wir müssen für die Seele *und* für den Leib sorgen. Ich glaube, das ist ein biblisches Modell, dem zu folgen sich lohnt.

Kunst und Schönheit haben eine Bedeutung

Die Kirche war einmal eine Vorkämpferin für Kunst und Schönheit, vom Petersdom in Rom bis zu Händels *Messias*. Heute halten viele Christen (zumindest bei uns in den USA) die Beschäftigung mit solchen Dingen für eine Zeit- und Geldverschwendung. Immer, wenn wieder mal eine Megagemeinde teure Bauprojekte verwirklicht, erheben sich Stimmen, die sie lauthals verdammen und fragen, wie man so viel Geld in vergängliche Gebäude investieren kann statt in missionarische Projekte oder in die Armen. Der Einwand scheint ganz im Sinne der Bibel, oder?

Stellen wir uns Folgendes vor Augen: Im ersten Heiligtum Israels, der Stiftshütte, fanden sich 3,75 Tonnen Silber und mehr als eine Tonne Gold – Werte, die die Stiftshütte leicht zum teuersten Zelt der Welt machten (2. Mose 38,24-25). Der Tempel Salomos war noch weit beeindruckender, aber die Bibel beschwert sich nirgends darüber, man hätte das Geld dafür besser den Armen gegeben oder in die Mission gesteckt. Im Gegenteil: Sie prahlt geradezu mit der Extravaganz und den Kosten des Tempels. Israel glaubte, dass der eine wahre Gott ein wirklich unvergleichliches Haus haben sollte, denn dieses Gebäude sollte seine Herrlichkeit widerspiegeln, wenn auch nur auf unvergleichlich viel geringere Weise.

Oder: Als ich mit Marilyn in Jerusalem war, haben wir viele alte Kirchen gesehen, die für unseren Geschmack viel zu grell und zu prunkvoll waren. Aber die orthodoxen Christen, die dort Gottesdienst feiern, glauben, ihre Kirchen sollten einen Abglanz von der Schönheit des Himmels vermitteln. Sie würden vermutlich die meisten Gemeinderäume evangelikaler Christen nüchtern und steril finden.

Aber gehört der Tempel nicht ins Alte Testament? Die ersten Christen hatten überhaupt keine eigenen Kirchenräume, oder? Das stimmt schon. Aber warum? Weil sie überzeugt waren, dass sie keine Gebäude errichten sollten? Oder war es der fragwürdige Rechtsstatus der frühen Kirche, der sie daran hinderte zu bauen? Ich weiß es nicht, aber ich weiß, dass die Bibel nirgendwo das Bauen von Kirchen verurteilt. Also sollten wir vielleicht auch ein wenig vorsichtiger in unserem Urteil sein.

Natürlich will ich nicht jedes extravagante kirchliche Bauprojekt rechtfertigen. Ich kann mich nicht zum Immobilienbudget irgendeiner Gemeinde äußern, denn das ist nicht meine Angelegenheit. Worum es mir nur geht, ist Folgendes: Geld für Schönheit auszugeben (selbst wenn es eine Menge Geld ist), ist nicht von vornherein falsch.

Und was die Kunst angeht: Wenn wir das biblische Beispiel, einen Abglanz der Herrlichkeit Gottes zu präsentieren, mit der prophetischen Aufgabe der Kirche verbinden, die Wahrheit zu verkünden, dann haben wir, glaube ich, eine sehr gute Begründung dafür, dass die Kirche ihre Rolle als Förderin der Kunst in all ihren Erscheinungsformen wieder mehr wahrnehmen sollte. Das heißt nicht, dass christliche Kunst immer nett und gefällig sein müsste. Die Propheten des Alten Testaments mussten manchmal ziemlich schockierende Dinge sagen und tun, um der Wahrheit Gehör zu verschaffen. Auch christliche Künstler können berufen sein, uns einen (heilsamen) Schock zu versetzen.

Diese Erde ist von Bedeutung

Wie schon erwähnt: Wenn es darum geht, sich für die Umwelt einzusetzen, haben US-amerikanische Christen sich häufig hinter dem Rest der Welt versteckt. Viele befürchten, mit einer bestimmten politischen Partei oder dem New Age in Verbindung gebracht zu werden. Unsere verbreitete apokalyptische Theologie ist diesbezüglich auch nicht sehr hilfreich. Glücklicherweise ändert sich in dieser Hinsicht gerade etwas. Aber leider laufen wir hier noch eher dem Beispiel der Welt hinterher, als dass wir vorangingen. Gott liebt seine Schöpfung (siehe Hiob 38–41) und wir sollten es als Privileg empfinden, dass er sie unserer Fürsorge anvertraut. Statt die Erde wie ein Hotelzimmer zu behandeln, das jemand anders sauber machen muss, sollten wir sie behandeln wie eine Hütte am See, die uns unser Chef für das Wochenende überlassen hat. Daran, wie wir seine Schöpfung behandeln, sieht Gott, wie weit er uns auch andere Dinge anvertrauen kann.

Nicht umsonst

Ich wünschte, ich könnte zu jedem dieser Punkte mehr sagen – jeder davon verdient ein eigenes Buch. Aber um die Sache zusammenzufassen, möchte ich einen Abschnitt aus *Von Hoffnung überrascht* zitieren, der diesem Kapitel zugrunde liegt. N. T. Wright schildert hier leidenschaftlich, was es heißt, Mitarbeiter zu sein, wenn Gott diese Erde erneuert.

Was du im Herrn tust, ist nicht vergeblich. Du ölst nicht die Räder eines Wagens, der in Kürze an einer Steilküste abstürzen wird. Du restaurierst kein großartiges Gemälde, das in Kürze ins Feuer geworfen wird. Du pflanzt keine Rosen in einem Garten, der in Kürze in einen Bauplatz verwandelt wird. Du bist dabei – so seltsam das auch zu sein scheint, fast so schwer zu glauben wie die Auferstehung –, etwas zu bewerkstelligen, das zu gegebener Zeit Teil der neuen Welt Gottes werden wird. Jede Tat der Liebe, der Dankbarkeit, der Freundlichkeit; jedes Werk der Musik, inspiriert von der Liebe Gottes und von der Freude an der Schönheit seiner Schöpfung; jede Minute, die damit verbracht wurde, einem behinderten Kind Lesen oder Laufen beizubringen; jede Tat der Pflege und des Aufziehens, des Trostes und der Unterstützung von Mitmenschen und anderen Mitgeschöpfen und natürlich jedes Gebet, alle geistgeleitete Lehre, jede Tat, die das Evangelium verbreitet und die Kirche aufbaut, umarmt und verkörpert Heiligkeit statt Korrumpierung und hilft, dass der Name Jesu in der Welt geehrt wird – alle diese Dinge werden durch die Auferstehungskraft Gottes ihren Weg in die neue Schöpfung finden, die Gott eines Tages aufrichten wird.[76]

Ein Freund von mir war als Referent zu DefCon eingeladen, einer Konferenz für Computerhacker und für Leute, die ihnen das Handwerk legen wollen. Er zögerte etwas, ob er annehmen sollte, weil ihm klar war, dass sein Vortrag auch den „bösen Buben" nutzen konnte. Schließlich kam er jedoch zu der Überzeugung, dass es mehr nützen als schaden konnte, wenn er über ein paar nennenswerte Lücken im System sprach.

Das letzte Kapitel wird deutlich machen, warum ich meinen Freund verstehen kann. Es mag passieren, dass Menschen dieses Buch dazu missbrauchen, einen halbherzigen und laschen Glauben damit zu rechtfertigen. Ich glaube allerdings, dass in diesen Seiten vor allem das Potenzial steckt, Menschen zu helfen, Jesus entschiedener zu folgen.

18

Weitergehen

Im Herbst 2012 spürte ich, dass meine Zeit bei Starbucks sich dem Ende näherte. Der Gedanke beunruhigte mich zunächst. Ich schlug mir eine Nacht damit um die Ohren, mit Gott zu kämpfen, und dabei wurde mir etwas klar: Wenn ich wieder im vollzeitlichen Dienst war, würde ich keine Ausreden mehr haben. Anderthalb Jahre lang hatte ich auf jede Kritik daran, wie es in der Gemeinde lief, geantwortet, es läge an meinem zusätzlichen Job bei Starbucks. Und das war auch nicht ganz falsch – ich kam während dieser Zeit wirklich an die Grenzen meiner Belastbarkeit. Aber wenn ich nun wieder mit ganzer Stelle für die Gemeinde da war, würden, so befürchtete ich, auch die Erwartungen an mich steigen. Und ich hatte Angst, dass ich dem nicht gewachsen sein könnte. Die „Starbucks-Ära" war zweifellos eine sehr wichtige Etappe in meinem Leben gewesen; aber jetzt musste ich der Tatsache ins Auge blicken, dass ich auf der Stelle trat. Schließlich gab ich meine Selbstzweifel und meine Ausflüchte an Gott ab. „Vater, du hast mich so weit gebracht. Ich kann mich darauf verlassen, dass du mich auch die nächste Wegstrecke bestehen lässt."

Knapp drei Wochen später stand ich vor meiner Gemeinde und gab bekannt, dass dieser Sonntag der letzte war, an dem ich ein Pastor mit Nebenjob war. Eine überraschende Veränderung unserer Finanzlage (eine Geschichte für sich) machte es möglich, meinen Job aufzugeben und wieder ganz für die Gemeinde da zu sein. Jetzt war ich nicht mehr besorgt, sondern freute mich auf das, was vor mir lag. An diesem Sonntag hieß das Thema meiner Predigt: „Was ich bei Starbucks gelernt habe". Ich hatte mich entschlossen, meine grüne Starbucks-Schürze zu tragen, einerseits um sie dann am Ende der Predigt mit dramatischer Geste abzulegen, aber auch, und das war entscheidender, als letzte Attacke darauf, dass mir mein „normaler" Job noch immer ein klein wenig peinlich war.

Die letzte Lektion, über die ich in dieser Predigt sprach, war eine sehr persönliche. Ich sagte meiner Gemeinde, dass mir so lange nicht wirklich klar gewesen sei, wie glücklich ich mich schätzen könne, Pastor dieser Gemeinde zu sein, bis mir diese Aufgabe beinahe genommen worden war. Als ich dann über meine achtzehn Monate bei Starbucks sprach, musste ich immer wieder gegen einen Kloß im Hals kämpfen. Aber durch Gottes Gnade, so erzählte ich, hatten wir viele Herausforderungen gemeinsam gemeistert, und nun sei es Zeit, nach vorn zu blicken und weiterzugehen. Ich band die Schürze ab und sagte: „Was ist also der nächste Schritt?"

Dieses letzte Kapitel schreibe ich in einer sehr ähnlichen Haltung. Ich möchte dir danken, dass du mir bis hierher gefolgt bist. Ich hoffe, die Einsichten und Geschichten waren für dich so nützlich wie für mich. Aber jetzt ist es Zeit für den nächsten Schritt. Dieses Buch ist nicht der Weisheit letzter Schluss; es nur ein Sprungbrett. Ich bin sicher, der Heilige Geist wird dich und mich weiterführen. Aber ich möchte dir noch sieben konkrete Hinweise mit auf den Weg geben, die dabei helfen können, die Fallen von extremem oder halbherzigem Glauben zu vermeiden und das radikal normale Leben zu entdecken, das Gott dir schenken möchte.

1. Prüfe, wie du zu Gott stehst

Machen wir uns noch einmal bewusst: Es gibt kein christliches Zwei-klassensystem, in dem oben die Superchristen stehen und der Rest von uns sich mit den unteren Rängen zufriedengeben muss. Es gibt nur eine Ebene für alle: die Ebene, auf der wir „durch Gnade und nicht durch Werke gerettet" sind. Und auf dieser Ebene finden sich unter anderen Johannes der Täufer, Paulus, Mutter Teresa, Billy Graham, du und ich. Alle auf einer Ebene.

Wie überzeugt kannst du sagen: „Durch Gottes Gnade bemühe ich mich um eine Hingabe an Gott aus ganzem Herzen"? Markiere deine Antwort auf einer Skala von eins (= überhaupt nicht) bis fünf (= voll und ganz).

Jede Antwort unterhalb der Fünf sollte dich fragen lassen, warum du nicht voll zustimmen kannst. Vielleicht sagst du: „Weil ich es gar nicht will." Das wäre zumindest ehrlich. Eine Antwort wie „Weil ich es nicht kann" wäre nichts anderes als eine Lüge des Feindes. Jeder Christ erhält die Kraft zu ganzer Hingabe an Gott von Gott selbst und durch seine Gnade; und jeder von uns ist in der Lage, diese Gnade anzunehmen. Das Einzige, was wir unsererseits dazutun müssen, um die Fünf zu markieren, ist einwilligen.

2. Entdecke deine Größe

Ich möchte gern, dass du im Himmel mit folgenden Worten empfangen wirst: „Gut gemacht, mein guter und treuer Diener." Weißt du, woher diese Anerkennung stammt? Aus dem Gleichnis von den anvertrauten Talenten (Matthäus 25,14-30; NLB). Vielleicht erinnerst du dich: Ein

Diener hatte fünf Talente erhalten und weitere fünf dazugewonnen; ein anderer hatte mit zwei Talenten zwei weitere erworben. Ist dir schon einmal aufgefallen, dass beide exakt dieselbe Anerkennung erhalten? Dem Meister war das, was sie mit den anvertrauten Talenten getan hatten, weitaus wichtiger als der Reingewinn. Das finde ich persönlich sehr ermutigend. Denn es bedeutet: Gottes Definition von Größe ist anders als unsere. Der Einzige, der keine Anerkennung, sondern scharfen Tadel zu hören bekommt, ist der Diener, der mit seinem Talent gar nichts angefangen hat.

Unsere Chance auf Größe liegt darin, dass wir die Talente entdecken, die Gott uns anvertraut hat, und dann mit ihm zusammenarbeiten. Wir müssen uns nicht darum kümmern, was andere tun; streben wir einfach nach der Größe, die Gott uns gegeben hat. Noch einmal zur Erinnerung: „Der Platz, an den Gott dich stellt, ist dort, wo deine Freude und der tiefe Hunger der Welt sich begegnen."[77]

Wenn du noch nicht weißt, worin deine tiefste Freude liegt, setze alles daran, es herauszufinden. Und entdecke dann, wie du den Hunger der Welt stillen kannst, indem du dich in diesem Bereich engagierst.

Das ist allerdings nur der erste Schritt. Größe fällt uns nicht einfach in den Schoß. Vielleicht müssen wir fragen, was wir opfern müssen, um unserer Berufung zu folgen. Um dieses Buch zu schreiben, musste ich beispielsweise darauf verzichten, bei meinem Lieblingsvideospiel hohe Punktzahlen zu erreichen; stattdessen musste ich mich hinsetzen und schreiben. Jetzt erscheint mir diese Entscheidung so selbstverständlich, aber als es darum ging, mich tatsächlich an den Schreibtisch zu setzen, hatte ich jede Menge Ausflüchte parat: Ich muss erst mal ein wenig abschalten, ich habe eine Pause verdient, ich spiele nur ein paar Minuten und so weiter. Schließlich musste ich das ganze Spiel vom Computer löschen. Hätte ich dieses Opfer nicht gebracht, hätte ich dieses Buch nie geschrieben.

Ist *Opfer* dafür nicht ein wenig hochgegriffen? Ich habe auf ein stupides Computerspiel verzichtet, um einen Lebenstraum zu verwirklichen.

Die kleine Freude (am Spiel) lässt sich mit der großen Freude (ein Buch zu schreiben) gar nicht vergleichen. Ich spiele immer noch gelegentlich Computerspiele und schaue auch immer noch gelegentlich Fernsehshows. Aber in einem Bereich etwas Großes zu schaffen, hat mich einen Teil meiner Freizeit gekostet.

Wo kommen deine tiefste Freude und der Hunger der Welt zusammen?

Was musst du eventuell opfern, um deine Größe zu verwirklichen?

3. Genieße das Leben

Geistliche Freuden sind nicht besser als irdische Freuden – beides hat seinen Platz. Wenn du denkst, Gott freue sich mehr darüber, dass du betest, als dass du Fußball guckst, wirst du ihn beim Fußballschauen wohl kaum dabeihaben wollen. Und wenn du Jesus nicht dabeihaben willst, ist die Wahrscheinlichkeit höher, dass auch ungute Dinge geschehen.

Nimm dir einen Moment Zeit für die Frage: Was tue ich wirklich gern? Markiere dann auf einer Skala von eins bis fünf, wie häufig du Jesus einlädst, dabei zu sein, wenn du dich dieser Tätigkeit widmest.

Wenn du nicht die Fünf angekreuzt hast, frage dich, warum. Fällt es dir schwer zu glauben, dass Gott wirklich möchte, dass wir das Leben genießen? Oder weißt du im Grunde, dass das, was dir Vergnügen macht, nicht ganz so harmlos und unschuldig ist? Wie gesagt: Mein Ziel wäre es, dass du in der Lage bist, in einem Moment aus voller Kehle über ein Fußballtor zu jubeln und im nächsten ein „Danke, Jesus" zu flüstern.

4. Lebe fromm und glücklich

Sünde macht Spaß – zuerst. Aber am Ende stürzt sie uns ins Unglück. Frömmigkeit, ein Leben nach Gottes Maßstäben, ist vielleicht nicht immer einfach, es führt aber zu viel größerer Freude. Glaubst du, dass Gott wirklich dein Bestes will? Dann lege es darauf an, nach seinen Maßstäben zu leben. Baue dir deinen eigenen Konsequenzenvorwegnehmer. Und entscheide dich, Gottes Weisheit mehr zu vertrauen als deiner eigenen.

Überlege, wo du noch an einer Sünde festhältst. Bist du bereit, von jetzt an Gott zu vertrauen und zu glauben, dass Gehorsam Freude bringt? Wenn ja, beginne mit dem einfachen Gebet: „Ich glaube, hilf meinem Unglauben!"

Fromm und glücklich zu sein, erfordert nicht nur, dass wir mit bestimmten Dingen aufhören; es erfordert auch, mit bestimmten Dingen anzufangen.

Welche geistliche Praxis willst du neu einüben?

Schweigen und Alleinsein

Gebet

Fasten

Bibellesen

Teilnahme am Gemeindeleben

5. Übe Freigiebigkeit

Freigiebigkeit ist eine großartige Möglichkeit, die Freude zu erleben, die aus dem Gehorsam erwächst. Aber vielen von uns fällt diese Haltung sehr schwer. Das biblische Ideal ist weder ein Anhäufen von Gütern, wie es ein allzu weltorientierter Glaube praktiziert, noch ein zwanghafter Verzicht auf jeglichen Besitz. Wir werden gesegnet, um ein Segen zu sein – Gott beschenkt uns großzügig, damit wir großzügig weitergeben und uns auch selbst an seinen Gaben freuen. Indem Gott so handelt, prüft er, ob wir in der Lage sind, auch mit Größerem verantwortungsvoll umzugehen.

Markiere auf einer Skala von eins bis fünf: Wie sicher kann Gott sein, dass du für andere zum Segen wirst, wenn er dich segnet?

Wenn du nicht die Fünf markieren kannst, frage dich, warum. Nur zur Erinnerung: Eine Fünf hieße nicht, dass du auf alles verzichten musst. Es bedeutet gewöhnlich, dass wir fähig sind, wie die vorbildhafte Frau aus Sprüche 31 zu handeln, die von ihrem Hab und Gut großzügig den Armen gibt, aber die Früchte ihrer Arbeit auch selbst genießt. Bist du bereit, darum zu beten, dass Gott dir hilft, die Freude der Freigiebigkeit zu entdecken? Wenn ja, benenne jetzt eine konkrete Möglichkeit, Freigiebigkeit zu üben. Vielleicht musst du ein paar kleinere Freuden aufgeben, um die größere zu erleben.

6. Kultiviere Hunger

Die Freuden dieses Lebens können uns entweder von Jesus fortziehen oder unsere Sehnsucht nach ihm verstärken. Gott hat unser Herz mit einem himmelförmigen Loch versehen, damit wir uns auf dieser Erde nicht allzu sehr zu Hause fühlen. Wenn wir versuchen, diesen Hunger nach dem Himmel mit irdischen Dingen zu stillen, werden die Freuden, die diese Welt zu bieten hat, uns vom Wesentlichen ablenken und uns letztlich enttäuschen. Kultiviere also besser diesen Hunger, der dich Gott näherbringt, mit geistlichen Dingen. Dann werden unsere irdischen Freuden zu einem Vorgeschmack der ewigen Freude und lassen unsere Sehnsucht nach Gott wachsen.

Markiere auf einer Skala von eins bis fünf: Wie sehr genießt du dieses Leben und sehnst sich zugleich nach dem ewigen Leben?

Wenn du nicht die Fünf angekreuzt hast, frage dich: Was fällt mir schwerer – dieses Leben zu genießen oder mich nach dem ewigen Leben zu sehnen? Solltest du eher deinen Hunger kultivieren, etwa durch Fasten, oder solltest du die Freude pflegen, indem du die guten Dinge dieser Welt genießt?

7. Sei gewiss: Dein Leben hat eine Bedeutung!

Dieses Leben ist kein Rohentwurf, den Gott am Ende wegwirft, um noch einmal von vorn anzufangen. Es ist das erste Kapitel in seiner großen Geschichte. Wie wir dieses Leben gestalten, wirkt sich auf das ewige Leben aus. Was wir hier tun, ist deshalb nicht egal.

Markiere auf einer Skala von eins bis fünf: Wie erfreut bist du über die Nachricht, dass dieses Leben nur das erste Kapitel darstellt?

Wenn du nicht die Fünf markiert hast, überlege, warum. Hast du vielleicht Angst, dass dein Umgang mit deinem Körper, deinen Ressourcen und mit diesem Planeten so ist, dass er dir in der Ewigkeit Nachteile einbringt?

Notiere jetzt nur einen Lebensbereich, dem du mehr Aufmerksamkeit widmen willst – deinem Körper, deinem Einsatz für Arme und Unterdrückte, deiner Beschäftigung mit Kunst und schönen Dingen, dem Einsatz für die Umwelt.

Wir können es schaffen!

Vielleicht denkst du, ich hätte dieses Buch als Reaktion auf andere Werke geschrieben, die eine radikalere Version des Christseins vertreten. Aber das ist nicht der Fall. Vermutlich verbindet mich mit den Autoren dieser Bücher sogar ein gemeinsames Ziel. Ich glaube, wir haben alle die Tragödie eines allzu lauen und halbherzigen Glaubens miterlebt und sind leidenschaftlich dafür engagiert, Gottes Volk davor zu bewahren. Der größte Unterschied zwischen diesem Buch und einigen anderen besteht darin, welche Strategien wir wählen. Vielleicht stellen manche Autoren deshalb so hohe Anforderungen, weil es ihnen darum geht, dass wir dem Ziel wenigstens ein wenig näher kommen. Vielleicht wären sie schon glücklich, wenn sie den Durchschnittschristen dazu bewegen könnten, zehn Prozent ihres Einkommens zu spenden und mit den Nachbarn über Jesus zu reden.

Aber ich sehe zwei Probleme, wenn man sich zu extreme Ziele setzt. Erstens ist es irreführend. Du weißt ja bereits, dass ich der Meinung bin, eine Extremform des Glaubens sei nicht biblisch. Zweitens funktioniert es nicht. Ich habe die Erfahrung gemacht: Die Leute, die diese Art von Büchern lesen, bekommen ein schlechtes Gewissen, weil sie den darin gesetzten Maßstäben nicht gerecht werden. Aber sie ändern sich nicht. Ich habe also einen anderen Weg gewählt: Ich habe versucht, dich zu motivieren, indem ich darlege, dass ein Gehorsam aus ganzem Herzen uns größere Freude schenkt.

Ich habe außerdem versucht, die größte Ausrede und die tiefste Angst zu entkräften, die in den meisten von uns steckt: „Das kann ich nicht." Vielleicht wird man mir vorwerfen, dass ich nur sage, was die Leute gern hören wollen, dass ich einen verweltlichten Glauben predige, es den Leuten zu leicht mache und alles, was nach Opfer schmeckt, aus dem Christsein streiche. Glaub das einfach nicht. In Wirklichkeit mache ich es schwerer, Hingabe an Gott aus ganzem Herzen zu leben. Denn ich mache es *möglich*. Ist dir aufgefallen, dass ich bei allen Fragen, in denen die Skala ins Spiel kam, erwarte, dass du die Fünf ankreuzt? Gottes Gnade macht es möglich, dass jeder von uns aus ganzem Herzen Jesus folgt. Du hast in diesem Buch nichts gelesen, was von dir verlangt, nach Indien auszuwandern oder ein Armutsgelübde abzulegen. Wenn ich meinen Job gut gemacht habe, hast du nicht gedacht: „Schön, wenn es Missionare und Pastoren gibt, die Jesus auf diese Weise folgen können." Stattdessen hast du, so hoffe ich jedenfalls, gedacht: „Das kann ich schaffen." Radikal normal zu sein ist nicht einfach, aber es ist ganz sicher möglich – und zwar (und zwar einzig und allein) durch Gottes Gnade. Vor allem aber lässt es uns viel mehr Freude erfahren als ein extremer und sauertöpfischer oder ein halbherziger Glaube.

Happy End

Das erste Kapitel habe ich damit beendet, dass ich beschrieb, wie wir unseren Töchtern erzählten, wir würden mit ihnen nach Disneyland fahren. Zwei Monate nach meiner abschließenden Starbucks-Predigt saßen wir alle vier in einem Flugzeug mit Kurs auf Südkalifornien. Für diese Reise hatte ich jahrelang gebetet und mich ebenso lange darauf vorbereitet. Und nun erlebten wir Gottes Großzügigkeit auf umwerfende Art. Niemand, der so wenig verdient wie ich damals, ist in der Lage, seiner Familie einen solchen Urlaub zu schenken. Wir erlebten wirklich Segen um Segen, auch schon bevor wir nach Disneyland kamen.

Meine vielleicht schönste Erinnerung ist die an unsere Fahrt vom Flughafen zum Hotel. Für den Preis einer Taxifahrt konnte ich meine kleinen Prinzessinnen (und ihre Mutter) mit der ersten Stretchlimousinenfahrt ihres Lebens überraschen. Sie glucksten vor Begeisterung, tranken 7 Up aus Champagnergläsern und sahen fasziniert zu, wie die Innenbeleuchtung die Farben wechselte. Mir standen vor Freude und Dankbarkeit Tränen in den Augen. Die Fahrerin machte einen Abstecher zu einem Drive-in-Schnellimbiss und wir verzehrten ein spätes Abendessen in der Limousine, während sie uns kreuz und quer durch Anaheim chauffierte. Ich gab ihr ein großzügiges Trinkgeld.

Der nächste Tag war einfach fantastisch. Die Schlangen waren nicht zu lang und wir konnten fast alle Attraktionen ausprobieren. Auf Marilyns Eintrittskarte war ein Bild von Bambi – ihrer Lieblingsfigur in der Disney-Welt. Es war fast, als ob Gott ihr zuzwinkerte. Dank der großzügigen Unterstützung eines Freundes konnten wir all das tun, was ich als Kind nie hatte tun können, inklusive Erinnerungsalben kaufen und essen, was wir wollten. Wir machten Fotos von den Mädchen mit Tinker Bell. Als ich die Mädchen am Abend zu Bett brachte, brauchte ich gar nicht zu fragen, was ihnen am besten gefallen hatte: einfach alles. Sie schliefen auf der Stelle ein. Ich blieb noch einen Moment stehen und sah meine beiden kostbaren Mädchen an. Ich war so glücklich, dass ich ihnen eine solche Freude hatte machen können.

Gott ist immer gut. Aber manchmal spüren wir seine Güte deutlicher als sonst. Ich trauerte den Schwierigkeiten, durch die er uns hindurchgebracht hatte, nicht nach. Aber jetzt war ich dankbar für diese Momente des Glücks. Und während ich noch ein paar Minuten wach lag, wusste ich: Mein Vater blickte jetzt mich an, seinen kostbaren Menschen, und war glücklich, dass er mir eine solche Freude bereiten konnte.

Wenn du Lust hast, folge mir auf Twitter (@joshkelley) und besuche meine Website und meinen Blog auf www.RadicallyNormal.com (englischsprachig). Wenn du im Forum mitdiskutieren möchtest, verwende den Hashtag #RadicallyNormal oder antworte auf einen Blogbeitrag. Oder noch besser: Starte dein eigenes Forum!

Anmerkungen

1 C. S. Lewis, *Pardon, ich bin Christ* (Basel: Fontis – Brunnen Basel, 2014), S. 83.

Kapitel 1: Zwischen übertriebenem und lauwarmem Glauben

2 C. S. Lewis, *Das Gewicht der Herrlichkeit* (Basel: Brunnen, 1982), S. 94.

3 So erklärt sich der Titel seiner Autobiografie: *Überrascht von Freude.* Lewis beschrieb, was er meinte, auch als eine Sehnsucht nach etwas, das über diese Welt hinausgeht. Aber es ist sicher kein Zufall, dass Lewis in einem Ausmaß über Lebensfreude verfügte, das weit über das hinausgeht, was ich bei den meisten anderen Christen beobachten kann.

Kapitel 3: Es ist okay, normal zu sein

4 S. Wayne Grudem, *Systematic Theology* (Grand Rapids, MI: Zondervan, 1994), S. 775-777.

5 *Thora* ist der hebräische Ausdruck für den Pentateuch, die ersten fünf Bücher der Bibel.

6 Apostelgeschichte 1,15 berichtet von 120 Gläubigen, die sich versammelt hatten, aber damit waren vermutlich nur die Judenchristen in Jerusalem gemeint. Wir wissen aber zum Beispiel, dass viele Samaritaner und etliche Heiden auch an Jesus glaubten, aber nicht zu den regelmäßigen Versammlungen kamen. Vgl. Kenneth O. Gangel, *Acts, Bd. 5* von *Holman New Testament Commentary* (Nashville: Broadman & Holman, 1998), S. 12.

7 Vgl. Johannes 4,4-43, Markus 5,18-19 und Lukas 10,38.

8 C. S. Lewis, *On Learning in Wartime*, Kap. 2, in: *The Weight of Glory and Other Addresses* (New York: HarperCollins, 2001), S. 51.

Kapitel 4: Jede Arbeit zählt!

9 Es gibt ein paar wenige Verse im Neuen Testament, die etwas positiver sind, zum Beispiel 1. Korinther 7,1-6 und Hebräer 13,4, aber selbst diese verblassen (oder erröten?) im Vergleich mit dem Hohelied.

10 Vielleicht bist du beunruhigt, dein Job könne mit deinem Glauben nicht vereinbar sein. Fragst du dich …
  • Zwingt mein Job mich zu sündigen? Kann ich in meinem Job etwas erreichen und gleichzeitig Gott dabei dienen?
  • Werden die Menschen, die meine Dienste in Anspruch nehmen, automatisch zum Sündigen verleitet? Ich habe Freunde, die Internetdienste installieren. Aber das macht sie nicht verantwortlich dafür, dass manche Menschen sich damit auch Pornografie downloaden.
  • Schadet mein Job mir persönlich?
  Wenn du eine dieser Fragen mit Ja beantwortest, solltest du dich beraten lassen und erwägen, eine neue Stelle zu suchen.

Kapitel 5: Ganz normal besonders

11 Vgl. Cal Thomas und Ed Dobson, *Blinded by Might* (Grand Rapids: Zondervan, 1999). Die Autoren waren während der Reagan-Ära auf der konservativ-politischen Seite sehr engagiert und haben aus erster Hand miterlebt, wie wenig die Politik sich dazu eignet, Dinge auf lange Sicht zu verändern.

12 Philipper 2,15-16.

13 1. Korinther 6,3.

14 Apostelgeschichte 22,3.

15 Johannes 18,10-18.

16 Frederick Buechner, *Wishful Thinking* (New York: Harper & Row, 1973), S. 95.

17 Dieser Frage bin ich zuerst im Rahmen des Saddleback Church S.H.A.P.E.-Programms begegnet – ein nützliches Instrument, wenn es darum geht, die eigene Berufung zu finden.

Kapitel 6: Komische Christen

18 Vgl. 1. Mose 34,9-10.21-23. Assimilation war genau das, was die Einwohner von Sichem erhofften.

19 Vgl. 1. Mose 46,43-44.

20 5. Mose 22,9.

21 Vgl. Apostelgeschichte 10.

22 Römer 11,13-21; Galater 3,29.

23 Wörtlich steht das so nicht in der Bibel. In der Formulierung verschmelzen zwei Verse: Johannes 17,11 und Johannes 17,16. Die Sache selbst ist also biblisch, wenn auch nicht der exakte Wortlaut.

24 Diese Meinung beruht auf einem logischen Fehlschluss, in dem ein Gegenstand (Halloween) nicht aufgrund seiner gegenwärtigen Bedeutung beurteilt wird, sondern nach seinem Ursprung. Christen begehen denselben Fehlschluss, wenn sie fordern, Ostern solle besser Tag der Auferstehung heißen, weil Ostern sich angeblich vom Namen einer angelsächsischen Göttin Eostre ableite. Ich kann glaubhaft versichern, dass es in meiner Gemeinde kein einziges Osterritual gibt, das zu Ehren von Eostre begangen wird. Unsere Furcht vor heidnischen Ursprüngen unterschätzt Gottes Erlösungsmacht beträchtlich. Er kann eine lange Geschichte vorweisen, in der er immer wieder Dinge, die schlecht begonnen haben, in Gutes verwandelt und zu seiner Ehre genutzt hat.

Kapitel 7: Ganz natürlich von Gott reden

25 Vgl. Tony Kriz, *Neighbors and Wise Men* (Nashville: Thomas Nelson, 2012). Tony erzählt davon, wie Gott (unter anderen) einen Muslim und einen Atheisten gebraucht hat, um ihn aus einer Glaubenskrise herauszuholen.

26 Prüf nach:
- gute Beziehungen – Sprüche 17,1
- Vorsorge für die Familie – Sprüche 31,11; 1. Timotheus 5,8
- gerechte Regierung – 1. Timotheus 2,1-3
- Gesundheit – 3. Johannes 3
- langes Leben – Sprüche 16,31
- Respekt – Sprüche 22,1.

27 Ehrgeiz gilt bei Christen häufig als verdächtig; aber die Bibel hat durchaus Positives darüber zu sagen. „Kennst du jemanden, der geschickt ist bei seiner Arbeit? Er wird erfolgreich sein, und du wirst ihn nur bei einflussreichen Leuten finden" (Sprüche 22,29). Das Problem ist nicht der Ehrgeiz an sich, sondern der selbstbezogene Ehrgeiz (vgl. Galater 5,20).

28 Woher das Zitat genau stammt, ist unbekannt. Es könnte eine falsch wiedergegebene Äußerung aus seinen Schriften sein, etwa der Aussage über das Predigen durch Taten. Vgl. seine *Regel von 1221, Artikel XVII.*

Kapitel 8: Freude an irdischen Dingen

29 Weitere Wörter aus diesem Bedeutungsumfeld wären *sich freuen, jubeln, selig, frohlocken, froh, Wonne, erfüllen, befriedigen*. Manche Christen unterscheiden zwischen Glück und Freude; die Bibel kennt diese Unterscheidung nicht.

30 Die Studie und eine Erklärung meiner Vorgehensweise findet sich auf meiner (englischsprachigen) Website www.RadicallyNormal.com.

31 Gute Beispiele sind die Psalmen 65 bis 67, die sogenannten Dankpsalmen.

32 Vgl. Sprüche 5,18-19 und das Hohelied.

33 Siehe z.B. 5. Mose 16.

34 Sprüche 15,23

35 1. Timotheus 6,17.

Kapitel 9: Wenn Gott eine Party gibt

36 H. G. M. Williamson, *Ezra, Nehemiah, Word Biblical Commentary*, Bd. 16 (Dallas: Word, 1998), S. 292.

37 5. Mose 16,13-15.

38 C. S. Lewis, *Pardon, ich bin Christ* (Basel: Fontis – Brunnen Basel, 2014); S. 153.

Kapitel 10: Freude an geistlichen Dingen

39 Dahinter steht, dass jeder Sonntag ein kleines Osterfest ist, und an Festtagen wird nicht gefastet.

40 Vielleicht hast du schlechte Erfahrungen mit Gemeinden gemacht. Das täte mir ehrlich leid. So sollte es nicht sein. Die Gemeinde sollte ein Ort sein, wo wir bedingungslos geliebt sind, geistliche Nahrung erhalten und immer wieder an Gottes umfassende Gnade erinnert werden. Vielleicht brauchst du noch etwas Zeit, damit die Wunden heilen. Aber such dir dann eine gute Gemeindefamilie.

41 So in etwa ging der Text eines Songs aus meiner Jugend mit dem Titel „Das Höchste meines Lebens ist, dich kennen, Herr". Vielleicht kennst du es ja auch. Es gibt aber noch unzählige weitere Beispiele.

Kapitel 11: Fromm und glücklich

42 Louis Markos, „Smuggled Theology – Chronicles of Narnia 1", Vorlesung 9 in *The Life and Writings of C. S. Lewis*, The Great Courses: Literature and English Language (The Teaching Company, 2000), Download. Lewis und Markos wussten beide sehr wohl, dass die Puritaner nicht freudlos waren. Markos verwendet den Begriff hier so, wie er allgemein verstanden wird.

43 C. S. Lewis, *Dienstanweisung für einen Unterteufel* (Moers: Brendow,1995), S. 111.

44 Ellen Charry, *God and the Art of Happiness* (Grand Rapids, MI: Eerdmans, 2010), Teil 1.

45 C. S. Lewis, *Das Gewicht der Herrlichkeit* (Basel: Brunnen, 1982), S. 93.

46 C. S. Lewis, *Das Gespräch mit Gott* (Einsiedeln: Benziger, 1992), S. 41.

47 Markus 9,24.

Kapitel 12: Money, Money

48 Lies Offenbarung 18. Die Beschreibung von Babylon dort erinnert in erschreckender Weise an Amerika.

49 So schreibt Paulus etwa an die großzügige Gemeinde in Korinth: „Ihr werdet alles so reichlich haben, dass ihr unbesorgt weitergeben könnt" (2. Korinther 9,11) und bezieht sich damit auf materielle wie auf immaterielle Reichtümer. Johannes betet darum, dass es Gaius an Leib und Seele gut geht (3. Johannes 2). Die erste Christin in Europa, Lydia, war eine wohlhabende Geschäftsfrau. Vermögende Christen unterstützten die Verbreitung des Evangeliums entscheidend und öffneten ihre Häuser für die Zusammenkünfte der frühen Gemeinde.

50 Siehe zum Beispiel Jesaja 58,3.6-7.10.

51 Siehe Lukas 12,16-21; Jakobus 5,1-6.

52 Siehe dazu Craig Bloomberg, *Neither Poverty nor Riches* (Downers Grove: InterVarsity Press, 2000). Bloomberg stellt besonders heraus, dass die Verteilung des Landes an die Israeliten durch Gott (Josua 13–19) und das Gebot, in jedem 50. Jahr das Land den ursprünglichen Besitzern zurückzugeben (3. Mose 25,10-16), Israel vor den enorm auseinandergedrifteten Extremen von Superreichtum und Verelendung bewahrt hat, die wir in der heutigen Welt kennen.

53 Die entsprechenden Stellen sind Lukas 18,22 und 12,33. Das griechische Wort für *alles (hosa)* findet sich nur in 18,22, aber nicht in 12,33. Gott kann sehr wohl von Einzelnen verlangen, alles aufzugeben; aber das erwartet er nicht von jedem Christen.

54 Siehe Sprüche 13,23; 19,15 und 5. Mose 15,11.

Kapitel 13: Zwischen Gesetzlichkeit und Verweltlichung, Teil 1

55 Es gibt natürlich auch Ausnahmen. Ich begleite gerade einen Freund, der pornosüchtig ist. Er hat mich um Hilfe gebeten, herauszufinden, welche Zäune er aufstellen sollte. Und natürlich müssen Eltern Zäune für ihre Kinder errichten, bis sie alt und weise genug sind, das für sich selbst zu tun.

Kapitel 14: Zwischen Gesetzlichkeit und Verweltlichung, Teil 2

56 F. Wilbur Gingrich und Frederick William Danker (Hg.), *Shorter Lexicon of the Greek New Testament*, 2. Aufl. (Chicago: University of Chicago Press, 1965).

57 Paulus macht das deutlich in 1. Timotheus 4,3-5. Viele heidnische Kulte gingen davon aus, dass die materielle Welt böse und die geistliche Welt gut sei. Gegen diese Auffassung wendet sich Paulus energisch.

58 Galater 5,7, Philipper 3,13-14 und 2. Timotheus 2,5 sind nur ein paar Beispiele für die Vergleiche aus dem Sport, die Paulus verwendet. 1. Korinther 15,33 ist ein Zitat aus dem Drama *Thais* des griechischen Komödiendichters Menander. Das bedeutet aber offensichtlich nicht, dass Paulus alles guthieß, was bei diesen Veranstaltungen geschah.

59 G. F. Hawthorne, *Philippians*, Bd. 42 des *Word Biblical Commentary* (Dallas: Word, 2004), S. 249.

60 Auch Psalm 101,3 scheint nahezulegen, wir sollten nichts Böses anschauen; aber der Vers steht in einem Kontext, in dem David darüber nachdenkt, wie Menschen beschaffen sein müssen, die er an seinem Hof duldet.

Kapitel 15: Leid, das Früchte trägt

61 „Wahrscheinlicher ist jedoch, dass es der Anblick des verheerenden Schadens war, den Sünde und Tod in dieser Welt unter den Menschen anrichten, was Jesus die Tränen in die Augen trieb." G. R. Beasley-Murray, *John*, Bd. 36 des *Word Biblical Commentary* (Dallas: Word, 2002), S. 193-94.

62 C. S. Lewis, *Die große Scheidung* (Gießen: Brunnen, 1998), S. 50.

Kapitel 16: Hungrig nach dem Himmel

63 Siehe 2. Korinther 5,2 und Römer 8,21.

64 Paulus war Gott unglaublich nah, er konnte weite Teile des Alten Testaments auswendig, er war ein Musterchrist, er hatte intensive geistliche Erfahrungen (darunter ein Besuch im Himmel) und dennoch hat er diesen Hunger weiterhin gespürt.

65 C. S. Lewis, *Das Gewicht der Herrlichkeit* (Basel: Brunnen, 1982), S. 97.

Kapitel 17: Dieses Leben ist wertvoll

66 Ich habe mich gefreut, als ich hörte, dass Starbucks mittlerweile entsprechende Richtlinien für das Recycling eingeführt hat. Auch in meiner früheren Filiale wird jetzt eifrig recycelt.

67 Lies dagegen 1. Timotheus 4,8 – das hört sich anders an.

68 So beschreibt etwa Jesaja (65,17-25) den neuen Himmel und die neue Erde als eine Art Rückkehr nach Eden: „Wolf und Lamm werden friedlich zusammen weiden, der Löwe wird Heu fressen wie ein Rind, und die Schlange wird sich von Erde ernähren. Sie werden nichts Böses mehr tun und niemandem schaden auf meinem ganzen heiligen Berg, spricht der Herr" (Vers 25).

69 Das griechische Wort, das hier mit „neu geschaffen" übersetzt ist, kommt nur zwei Mal in der Bibel vor – hier und in Titus 3,5, wo es die Neugeburt des Menschen durch den Heiligen Geist beschreibt. Der antike Schriftsteller Josephus verwendet denselben Begriff, um die Rückkehr Israels aus dem Exil zu beschreiben (Antiquities 11.3.9.66), und bei Philo (Moses 2,65) bezeichnet er die neue Generation von Menschen nach der Sintflut.

70 Der Fairness halber sei erwähnt, dass 2. Petrus 3,10 in der Forschung sehr umstritten ist, weil es dazu etliche wichtige Textvarianten gibt. Das Problem spiegelt sich in den unterschiedlichen Übersetzungen dieser Stelle in verschiedenen Bibelausgaben wider.

71 Wir finden einen ähnlichen Sprachstil in Jesaja 34,4: „Die Gestirne vergehen, der Himmel wird zusammengerollt wie eine Buchrolle. Die Sterne fallen herab wie dürre Weinblätter, wie trockene Blätter vom Feigenbaum." Was könnte das anderes sein als apokalyptische Rede? Himmel, die zusammengerollt werden wie Pergament! Aber im nächsten Vers entdecken wir, dass Jesaja hier das Gericht Gottes gegen Edom beschreibt, ein Ereignis, das zu seiner Zeit längst zurückliegt. Aber der Himmel ist noch an seinem Platz. Die Propheten des Alten Testaments verwenden häufig Katastrophenbilder, um irdische Ereignisse zu beschreiben. Wenn wir die Bibel interpretieren, müssen wir das berücksichtigen. Das Ziel einer guten Auslegung ist es zu verstehen, was der biblische Autor sagen wollte. Wenn Jesaja oder Petrus (wie in 2. Petrus 1,16-18) beispielsweise wortlich verstanden werden wollen, werden wir sie nicht in einem übertragenen Sinn deuten. Aber wenn sie bildhafte Sprache verwenden (wie in 2. Petrus, 2,17 – die Irrlehrer sind ja nicht tatsächlich Nebelschwaden), dann interpretieren wir die Worte als sprachliches Bild.

72 Das ist natürlich nur ein kurzer Überblick über ein viel weitreichenderes Thema. Wenn du mehr wissen willst, empfehle ich außerordentlich N. T. Wright, *Von Hoffnung überrascht* (Neukirchen-Vluyn: Neukirchener Aussaat, 2001).

73 C. S. Lewis, *Der letzte Kampf* (Moers: Brendow, 2000), S. 160.

74 Siehe Römer 10,14-15; Jakobus 1,27; Römer 12,15 und 1. Mose 1,28.

75 Diese meine Mutmaßung ist nachhaltig beeinflusst von C. S. Lewis' Beschreibung des Himmels in *Die große Scheidung* (Gießen: Brunnen, 1998).

76 N. T. Wright, *Von Hoffnung überrascht* (Neukirchen-Vluyn: Neukirchener
Aussaat, 2011), S. 167 f.

Kapitel 18: Weitergehen

77 Frederick Buechner, *Wishful Thinking* (New York: Harper & Row, 1973),
S. 95.

Adam Stadtmiller

Meine 100 Elefanten

Sprenge die Grenzen deiner Gebete
und erlebe Gottes Wunder

192 Seiten, Paperback
ISBN Buch 978-3-7655-2059-4
ISBN E-Book 978-3-7655-7381-1

Viele Christen haben Schuldgefühle, wenn es ums Beten geht. Sie denken, dass sie nicht genug beten, trauen sich nicht, bei Gott um alles zu bitten, wissen nicht, wofür sie beten sollen, und glauben nicht, dass ihre Gebete wirklich etwas bewirken. Biblisch fundiert und unterhaltsam inspiriert Pastor Adam Stadtmiller dazu, die selbst gesteckten Grenzen unserer Anliegen und Bittgebete zu sprengen. Alles ist möglich, wenn wir Gott selbst unsere verborgenen und ungeheuerlichsten Wünsche anvertrauen. Stadtmillers kreative Ideen machen Lust, diese neue Art des Betens auszuprobieren – und Gottes spendierfreudige Liebe zu erfahren, die jedes noch so kleine Detail im Blick hat.

Dieses Buch hat meinen Gebeten eine kindliche Freiheit zurückgegeben. Das tut
unendlich gut. Danke, Adam!
> Rebecca St. James, Sängerin, Songschreiberin und Autorin

BRUNNEN VERLAG GIESSEN
www.brunnen-verlag.de

David Togni / Andrea Specht

LOVE YOUR NEIGHBOUR

Es geht nicht um mich,
aber es ist meine Geschichte

216 Seiten, gebunden
ISBN Buch 978-3-7655-0965-0
ISBN E-Book 978-3-7655-7459-7

Ich bin jung und selbstbewusst, als ich in der Finanzwelt durchstarte. Mit 20 kann ich mir einen Porsche leisten und gebe nicht nur am Steuer Vollgas. Aber Schlaflosigkeit und eine fragende Leere nagen an meinem Ego. Bist du wirklich glücklich, David?

An meinem Tiefpunkt rufe ich zu dem Gott, den ich nach dem Tod meiner Schwester Anja aus meinem Leben verbannt habe. Seine Antwort lässt nicht lange auf sich warten …

LOVE YOUR NEIGHBOUR: Das Buch über den Initiator einer Bewegung, die zum Lifestyle wird – mitreißend, ansteckend, inspirierend: www.loveyourneighbour.ch

Sie werden beim Lesen dieses Buches inspiriert und herausgefordert werden, Gott mehr Glauben zu schenken.

Ben David Fitzgerald, Evangelist

BRUNNEN VERLAG GIESSEN
www.brunnen-verlag.de

Hat Dir dieses Buch gefallen?

Schreib's uns auf www.brunnen-verlag.de
Deine Meinung zählt!